L'ARGUMENTATION
Colloque de Cerisy

PHILOSOPHIE ET LANGAGE

Colloque de Cerisy

Textes édités par Alain LEMPEREUR

MARDAGA

© Pierre Mardaga Éditeur
Rue Saint-Vincent 12 - 4020 Liège
D. 1991-0024-17

Avertissement

Du 22 au 29 août 1987, s'est tenu, au Centre culturel international de Cerisy-la-Salle, un colloque dirigé par Michel Meyer et ayant pour titre *Argumentation et Signification.*

Ce sont les conférences plénières que propose le présent ouvrage.

Remerciements

Nous tenons à remercier tous ceux qui ont rendu possible le Colloque de Cerisy-la-Salle «Argumentation et signification», et plus particulièrement le *Centre national de la Recherche scientifique* qui nous a merveilleusement soutenus au travers de plusieurs de ses Sections.

Notre gratitude va également au Président de l'Université de Bruxelles, Hervé Hasquin, ainsi qu'à son Recteur Jean Michot. Enfin, ce colloque n'aurait pu avoir lieu sans le précieux soutien de Robert Martin et de Dominique Wolton, et l'aide de Marc Dominicy et surtout, de Christian Plantin, qui s'occupa de main de maître de toute l'organisation.

Grâce au concours de ce dernier, de Marc Peeters et de Benoît Timmermans, les traductions des textes anglais ont pu être menées à bien. La multiplicité des charges que j'ai dû assumer depuis 1987 m'ont malheureusement retenu loin des actes du colloque. C'est Alain Lempereur, qui, peu après son élection comme secrétaire du Centre européen pour l'Etude de l'Argumentation, a repris les textes des participants. Qu'il soit remercié pour son travail de mise en forme, de vérification et de restructuration du volume. Grâce à lui, cet ouvrage trop longtemps attendu a pu voir le jour.

Michel MEYER
Président du Centre européen
pour l'Etude de l'Argumentation

Présentation
Colloque de Cerisy
Espaces actuels de l'Argumentation

par Alain LEMPEREUR
F.N.R.S.

C'est en 1985 que fut fondé le Centre européen pour l'Etude de l'Argumentation, à l'initiative de spécialistes du domaine. L'idée était de voir se réunir à intervalles réguliers ceux qui se préoccupaient de l'élaboration d'une «rationalité du raisonnable».

L'intérêt pour l'argumentation, ou rhétorique des conflits, n'est pas neuf. Il fut celui des Sophistes du Ve siècle A.C., qui se faisaient forts de l'enseigner aux fins de remporter l'adhésion des auditoires les plus divers. Les avocats et les hommes politiques étaient formés par les meilleurs rhéteurs du moment. Il n'est jusqu'à Aristote qui n'ait consacré un traité entier à cet art de la persuasion, qui exige à la fois la maîtrise du raisonnement, des passions et du style. Si le pragmatisme romain, avec un Cicéron ou un Quintilien, a encore développé cet instrument de valorisation du langage naturel et de son potentiel, une parenthèse de plus de quinze siècles s'ouvrit. Ce n'est qu'à la Renaissance et à l'époque baroque que l'argumentation rhétorique est réétudiée en vue d'une pratique renouvelée. A partir de ce moment, elle évolue très vite. Rhétorique et argumentation se scindent et cessent d'être synonymes. La rhétorique se focalise sur l'expression, la forme, les figures de rhétorique; elle devient littéraire, tandis que l'argumentation proprement dite est délaissée en faveur de la méthode déductivo-démonstrative.

Il faut attendre le xxe siècle pour que l'argumentation retrouve droit de cité comme telle. Le *Traité de l'Argumentation* ou *Nouvelle Rhétorique* de Perelman, publié en 1958, renoue avec la synonymie d'antan et avec la subordination des phénomènes de langue à la volonté de convaincre. Perelman et d'autres, comme Toulmin, Grize ou Ducrot, ont fait école.

Dès lors, il a paru intéressant d'offrir des lieux pour la confrontation verbale ou écrite des recherches dans ce domaine en développement. C'est un des buts principaux du *Centre européen pour l'Etude de l'Argumentation*. Les colloques qu'il organise et les publications qui lui sont associées sont les outils nécessaires pour l'expression de cette conflictualité pacifique; ils sont même indispensables pour que l'on puisse circonscrire, à l'intérieur de ce que les anglo-saxons nomment les *humanities*, un domaine de l'argumentation.

Si aujourd'hui la revue *Argumentation* contribue par son extension à ce dessein, il ne fait pas de doute que le prestige qu'a revêtu la tenue à *Cerisy* du premier colloque du Centre en 1987 n'a pas été non plus sans importance. Ce colloque international «Argumentation et Signification», dirigé par Michel Meyer, se voulait représentatif des différents courants actuels en la matière. Il a permis à plus de quatre-vingts orateurs et participants de partager le goût pour l'argumentation en la pratiquant et en la passant au crible de leur critique.

Nous aurions bien entendu souhaité reproduire l'ensemble des interventions, en particulier celles auxquelles donnèrent lieu les tables rondes sur les relations entre l'argumentation, d'une part, et le droit, la linguistique, la pédagogie, la philosophie et les sciences, de l'autre. Le volume eût été en ce cas trois fois plus important qu'il ne l'est. Bien malgré nous, nous avons dû faire un choix. Il était impossible à opérer sur la base d'un autre critère que celui sans doute discutable, mais au moins équitable, qui a consisté à ne retenir pour cette publication que les textes des conférences plénières. Ces dernières représentent chaque fois de grandes orientations dans le champ argumentatif, comme nous allons tenter de l'esquisser.

*
* *

PREMIERE PARTIE :
HISTOIRE ET PHILOSOPHIE DE L'ARGUMENTATION

Il est inutile de rappeler les rapports intimes entre la philosophie et l'argumentation. Ils furent parfois tendus, la philosophie écartant tout ce qui pouvait faire la part trop belle à la *doxa*; ils sont aujourd'hui des plus étroits. Si l'argumentation n'échappe plus à la présence concurrente de la philosophie, sans doute est-ce parce que la première a constamment à se justifier à l'égard de la seconde de la place qu'elle veut occuper dans l'empire de la rationalité. En effet, si l'on accepte de définir par provision la philosophie comme le *discours* d'interrogation la plus radicale sur ce qui est principiel, il faut admettre que ce discours ne prétend plus comme hier adopter la forme démonstrative, qu'il ne saurait se vouloir «expression de ce qui est en vérité et pour toujours». Le discours philosophique devient multiple, ouvert à l'alternative et au débat. Pluralisme, contingence et discutabilité gagnent la philosophie. Or ces traits définissent précisément le champ argumentatif, à tel point que ce que l'on dit pour l'un doit valoir pour l'autre. Perelman, quand il s'attachait à l'argumentation la plus exigeante, celle qu'il destinait à l'auditoire universel, le plus critique, «des propos auxquels se complaisent les Dieux» (Platon, *Phèdre*, 273e), avait à l'esprit le discours de la philosophie. L'argumentation deviendrait philosophique là où elle se dégagerait d'un maximum de présupposés non questionnés et, partant, la forme même du philosopher serait argumentative. Jumeler philosophie et argumentation serait ainsi une des voies propres à assurer la renaissance de l'une et de l'autre.

Il n'est pas étonnant que dans ce contexte, il soit difficile de concevoir l'histoire de la seconde sans celle de la première. Par l'étude de la forme qu'adoptent les philosophies même les plus hostiles en apparence à l'argumentation, celles qui lui préfèrent un prétendu discours démonstratif modelé sur les mathématiques, il est possible de déterminer le champ d'exercice de l'argumentation et de justifier son importance en philosophie.

Ainsi Charles Kahn se penche-t-il sur le discours de Platon dans les dialogues socratiques; il décèle dans leur élaboration une vertu propédeutique, préparatoire à l'acceptation des thèses de la maturité. Par l'œuvre d'art, Platon provoque une attente de ses lecteurs. De la même façon, toute argumentation qui se veut efficace procède par la suggestion de conclusion, de préférence à leur expression explicite ou, pire encore, à leur imposition. L'opacité des concepts, voire leur problématicité, le fait de les poser comme questions, auraient une valeur persuasive incontestable, un effet pragmatique supérieur. Platon, l'anti-sophiste par excellence, se servirait donc des instruments de la discursivité rhétorique aux fins de la dialectique philosophique.

Si Kahn étudiait l'impact général de l'argumentation chez Platon, le texte de Henry Johnstone s'attache quant à lui à l'argument qui sert à contrer traditionnellement la théorie platonicienne des formes : l'argument dit du troisième homme. La régression à l'infini, nous explique Johnstone, ne serait pas en soi à rejeter. Elle serait *ad hominem* certes, mais au même titre que l'ensemble des arguments des philosophes. Si on le comprend bien, aucun argument, et dès lors aucun texte philosophique, ne pourrait être construit sans cet engagement personnel de celui qui s'exprime en direction de celui ou de ceux à qui il s'adresse. Et par conséquent, le discours philosophique serait intrinsèquement rhétorique dans son développement, en ce qu'un philosophe précis vise toujours un auditoire précis, chacun évoluant respectivement dans un référentiel humain propre.

Aristote, au-delà de sa critique platonicienne, dont l'argument du troisième homme est une des clefs, assume une prise en compte du caractère de l'orateur (*ethos*) et de l'état affectif de son auditoire (*pathos*), une même interaction pragmatique dans sa *Rhétorique* et ses *Topiques*. Mais Alain Michel, assurant la continuité historique des exposés précédents, nous montre qu'il faut attendre Hermagoras et Cicéron pour que «le processus de l'affrontement oratoire» soit quant à lui formalisé. Avec eux, s'affirme l'aspect hautement contradictoire de l'argumentation, celui que mettra en évidence la rhétorique juridique de Perelman. Chaque argumentation se construit sur des dichotomies, des alternatives ; et les thèses contradictoires des avocats, déproblématisant une affaire en fonction de l'intérêt de leur client, en sont une illustration. L'argumentation, qui a pour but de convaincre — c'est-à-dire d'obtenir qu'un auditoire s'identifie à une thèse — partirait d'un écart ; il s'agirait dans chaque cas de négocier une différence pour aboutir à une identité.

Si Kahn et Johnstone nous donnent à voir l'argumentation en philosophie (aspect de *praxis*), Michel et Golden expriment respectivement ce que fut hier et est devenue aujourd'hui la philosophie de l'argumentation (aspect de *theoria*). Golden exprime le passage du «paradigme issu des théories aristotéliciennes et de ses continuateurs romains» au paradigme élargi d'une rhétorique épistémique, conçue comme mode de connaissance. Cette héritière ne sert plus simplement à convaincre de vérités non questionnées à partir de lieux communs, mais à produire de nouvelles vérités. Il est à noter que cette ambivalence fonctionnelle de la rhétorique avait déjà été formulée pour décrire l'activité des Sophistes : certes ces derniers capitalisaient sur des valeurs acquises (procès de connivence), mais il arrivait fréquemment que leurs discours décapants produisent de nouvelles valeurs (procès de rupture). Golden dégage deux tendances majeures dans l'approche rhétorique américaine, la première qu'il qualifie de «dramatiste» qui insiste sur l'importance du récit dans la construction des raisons persuasives, la seconde d'«idéologie» qui relie la rhétorique à la critique sociale. On le voit, cette *rhétorique élargie* déborde largement de la philosophie traditionnelle pour s'appliquer désormais à des domaines aussi divers que la narratologie, la politique, la sociologie...

DEUXIEME PARTIE :
STATUT EPISTEMOLOGIQUE DE L'ARGUMENTATION

La renaissance de l'argumentation au XXe siècle s'explique aussi par un terreau historique favorable ; elle est contemporaine de l'intérêt progressif pour la langue naturelle. D'une part se multiplient les études sur le langage ordinaire, débouchant sur la pragmatique, qui s'imposent avec une autonomie chaque fois plus nette, à l'égard de celles sur la logique formelle, d'obédience logico-mathématique. D'autre part, les universités ont créé des enseignements axés sur la persuasion. Certaines facultés de droit par exemple, estimaient nécessaire de se doter d'un cours d'argumentation, distinct ou complémentaire de la logique traditionnelle. Aux Etats-Unis se sont aussi créés des départements entiers de rhétorique.

Ces études et ces enseignements ont déterminé en grande partie le cadre épistémologique de l'argumentation. Anthony Blair montre que l'émergence d'une logique non formelle a conduit de réforme en réforme à l'établissement d'une communauté de chercheurs. Ceux-ci se sont «retrouvés» dans l'argumentation. Ils se sont demandés ce qu'il fallait à un discours tenu en langue naturelle pour être considéré comme logique au sens large. Ils ont examiné un certain nombre de conditions qui sont toutes dotées d'une force contraignante moindre de celle de la démonstration mathématique, mais qui n'en obéissent pas moins à certaines règles ou régularités. Selon Blair, par exemple, la force d'une argumentation dépend de sa capacité à être soutenue, pertinente et suffisante, dans un contexte historique donné.

La définition d'un référentiel propre à la communauté des chercheurs en argumentation est aussi la préoccupation de Charles Willard. Le fait de partager à la fois une même problématique et un certain nombre d'*a priori* sémantiques permet la constitution d'une discipline. Cette dernière n'a rien de définitivement stable : elle est soumise à des forces centripètes, qui en renforcent l'identité (noyau dur), ou centrifuges, qui tendent à déplacer ses éléments en marge, à l'intégrer à une autre discipline[1]. Différentes logiques peuvent aussi coexister. Willard en cite trois, la première mettant l'accent sur la subjectivité, la seconde sur l'intersubjectivité, la troisième sur le consensus. Il est manifeste en effet que quelle que soit la perspective adoptée, la rationalité argumentative s'exprime entre individus ou groupes, avec pour chacun une identité et des différences par rapport aux autres individus ou groupes, identité et différences plus ou moins marquées. Consensus et dissensus, identité et différence, sont des maîtres-concepts des approches synthétiques de la rhétorique contemporaine.

Mais, comment définir «la» rhétorique? Olivier Reboul ne manque pas de nous introduire à la multiplicité de ses acceptions, et donc à sa problématicité. Le terme de rhétorique, comme son concept, n'échappe pas à la rhétoricité. Il est contingent et discuté. Il pose problème. Et ce qui vaut pour la rhétorique s'applique à l'argumentation. Certes, Perelman les prend pour synonymes, mais le problème subsiste même réduit à l'unité. Le problème est identique à celui des multiples chemins que toute argumentation est susceptible d'emprunter dans sa marche de résolution. Reboul d'ailleurs insiste sur ce pluralisme qui rompt à la fois avec le monisme de l'absolu et le dualisme du vrai et du faux. En argumentation, parce que c'est «l'homme total» que l'on vise, il faut faire une place à l'alternative, au tiers-exclu, à l'indétermination. Cet esprit d'ouverture ne signifie pas le naufrage dans le scepticisme. L'argumentation, par l'examen des «pour» et des «contre», prépare en effet à l'action, juridique, politique, pédagogique...

La rationalité de l'argumentation, alliant des qualités d'expression (forme) et de sensibilité aux valeurs (fond), définirait un statut de connaissance intermédiaire, plus souple et toujours instable, un troisième terme dont l'humain est la mesure et qui nous ferait sortir du dilemme du positivisme, qui réduit l'action en ne la justifiant qu'à des champs restreints, et du nihilisme, qui empêche l'action en lui retirant toute justification. Ce champ du raisonnable serait là pour ne pas désespérer du rationnel scientifique et de l'irrationnel arbitraire. Si en son sein on ne peut lui faire *entendre raison* une fois pour toutes, on peut à chaque fois *écouter ses raisons*.

TROISIEME PARTIE :
PRAGMATIQUE DE L'ARGUMENTATION

Cette dernière partie examine l'argumentation en situation. Ce contexte est celui de la confrontation aux signes langagiers ou autres, délibérés ou involontaires, quotidiens ou littéraires. Il implique ou non d'autres locuteurs qu'il situe dans un environnement descriptif ou prescriptif. Il va jusqu'à s'exprimer dans ses propres marges, où l'argumentation disparaît, pour faire place à la norme indiscutée ou à la séduction irrésistible.

La théorie de l'argumentativité radicale de la langue, que développe Jean-Claude Anscombre, a pour avantage de s'inscrire en faux par rapport à une vision linguistique qui exprime la signification en termes de valeurs de vérité, comme le faisait la logique formelle, inapte à rendre compte du langage quotidien. Avec Ducrot, Anscombre nous a habitués à découvrir les opérateurs argumentatifs qui articulent les phrases en leur conférant du sens — c'est-à-dire une direction en vue d'une signification. Décortiquant une multitude d'exemples, cette théorie actualise le concept de *topoï*, «trajets que l'on doit obligatoirement emprunter pour atteindre ... une conclusion déterminée».

La suggestion plus ou moins implicite de conclusions, par des mécanismes propres à l'agencement des phrases, se découvre également dans les textes littéraires. Selon Seymour Chatman, certains genres sont plus propices à se mettre au service d'une vérité déterminée, d'une conclusion préconçue, et donc d'une éventuelle argumentation. Mais il ne faut pas s'y tromper. Une narration apparente, de surface, peut n'être en fait qu'un argument. Il prend le cas de la fable qui n'adopte le mode narratif qu'en vue de servir une morale. Les narrations des faits par les avocats jouent le même rôle ; elles sont constamment argumentées et orientées. Cette imbrication du narratif et de l'argumentatif, Chatman l'illustre encore à travers des exemples tirés de Fielding, de Stendhal et de Tolstoï.

Les deux premières contributions de cette partie se concentrent déjà sur le caractère stratégique de la prise de parole. La pratique argumentative est inséparable de son contexte pragmatique. A son tour, Francis Jacques adopte une méthode de travail similaire. Il aborde la communication intersubjective, pour établir une typologie des situations de conversation, de dialogue et de négociation. Le type d'argumentation adoptée dépendrait directement de ces contextes pragmatiques. Elle viserait tantôt à l'enrichissement mutuel comme dans les hypothèses de conversation ou de dialogue, où la souplesse des points de vue des locuteurs est plus grande et les prises de position moins unilatérales, tantôt au règlement d'un conflit à son avantage, comme dans la négociation, où une thèse préétablie oriente d'emblée la résolution.

L'idée qu'*il faut* argumenter de telle façon dans tel contexte, que l'argumentation n'échappe pas à sa dimension pragmatico-dialectique, qu'en somme elle est déterminée, réglée par avance par son contexte d'énonciation, est défendue de manière encore plus nette par les tenants de l'école d'Amsterdam. Frans van Eemeren et Rob Grootendorst défendent une position qui se veut prescriptive d'entrée de jeu. Ils souhaitent une théorie de l'argumentation qui puisse préciser si un énoncé est correct ou non. Ils se démarquent des courants qui se limitent à décrire les techniques de conviction et leurs effets de persuasion sur un auditoire. Plus éloignés de la prudence axiologique de la plupart des courants rhétoriques contemporains, ils renouent avec l'ambition de séparer nettement rhétorique et argumentation. L'argumentation se réduirait à une théorie de l'enthymème, accompagnée, d'une part, d'un catalogue de sophismes à proscrire et, de l'autre, d'une mise à l'écart de l'*ethos* et du *pathos*. Cette approche quasi-logique débouche sur un «modèle normatif des actes de langage accomplis lors d'une discussion critique». Cette théorie de l'argumentation est-elle encore susceptible d'argumentation? Le passage du pouvoir-être au devoir-être ne marque-t-il pas les limites d'une approche pragmatique de l'argumentation?

Si le menteur ou le manipulateur semble exclu *a priori* d'une argumentation raisonnable, qu'en sera-t-il du séducteur?

Cette question est posée et développée par Herman Parret. Quels signes le séducteur manifeste-t-il? Il s'inscrirait en marge, en dehors de l'intention, dans un interstice esthétique, où il n'y aurait plus place pour la proposition de vérité, ni pour l'argument de vraisemblance. Herman Parret définit ainsi le séducteur dans un espace énigmatique, à distance à la fois du rationnel et du raisonnable. Il marcherait donc loin de ces riches brisées de l'argumentation, dont nous avons tenté de donner ici un aperçu.

NOTE

[1] Des disciplines très proches en fait peuvent s'ignorer, mener des existences parallèles sans jamais se rencontrer, sous la pression de forces centrifuges souvent peu justifiées. Il est ainsi aisé de reconnaître dans le marketing ou dans la «gestion de ressources humaines» une série de concepts qui les rapprochent de l'argumentation ou de la rhétorique. Mais leur intégration mutuelle n'est possible que s'il y a acceptation réciproque. Le vocabulaire propre aux deux premiers (e.g. public-cible), ainsi que leur liaison aux théories économiques et à ses objectifs propres, rentrent en concurrence avec le vocabulaire des deux seconds (e.g. auditoire), davantage ancré dans la philosophie. L'avenir nous dira si ces disciplines aujourd'hui distinguées à tort se rencontreront, accepteront ou non d'emprunter les unes aux autres.

PREMIERE PARTIE

HISTOIRE ET PHILOSOPHIE DE L'ARGUMENTATION

L'argumentation de Platon dans les dialogues socratiques

par Charles H. Kahn
Université de Pennsylvanie

Les dialogues de Platon contiennent l'ensemble le plus ancien, et peut-être aussi le plus riche, de raisonnements naturels dans toute la littérature philosophique. La logique de ces raisonnements a été étudiée à fond par Richard Robinson, Gregory Vlastos, et d'autres commentateurs. Jusqu'à un certain point, la fonction philosophique de ces arguments a été elle aussi mise au clair. On sait que la plupart de ces premiers dialogues sont aporétiques, sans conclusion positive. Habituellement Socrate laisse ses interlocuteurs, et Platon laisse ses lecteurs, dans un état de perplexité féconde : comment définir le courage ou la piété ? La vertu peut-elle s'enseigner ou non ? On comprend que cette perplexité même est une sorte de résultat positif : le premier pas dans le chemin de la sagesse est de se rendre compte de sa propre ignorance. Ainsi dans le *Sophiste*, Platon décrit-il le procédé socratique comme «la plus grande et la plus vraie des purifications», une purgation de l'âme qui la libère de l'ignorance involontaire, de l'illusion de savoir ce qu'elle ne sait pas (230a-d). En ce sens, la fonction positive et éducative des réfutations socratiques est parfaitement claire et généralement reconnue.

Mais dès que l'on quitte ces généralités et que l'on passe au détail des raisonnements précis, les choses sont beaucoup moins claires. Est-ce que Platon veut que l'on accepte comme vraie la conclusion de tel argument ? Ou est-ce qu'il entend que l'on mette en doute les prémisses, les propositions qui servent de point de départ ? La forme générale de *l'elenchos*, de la réfutation socratique, est de faire ressortir dans la prise de position de l'interlocuteur une inconséquence, en développant, à partir de propositions acceptées par l'interlocuteur, une conclusion qui contredit la thèse qu'il veut maintenir. Mais ces prémisses sont-elles valables? Est-ce que le raisonnement est solide? Et jusqu'à quel point les conclusions sont-elles des thèses que Platon veut nous proposer comme vraies?

Je pense que la réponse à de telles questions doit varier beaucoup de dialogue à dialogue. Dans une étude des raisonnements principaux du *Gorgias*, j'ai essayé de montrer comment les trois réfutations de Gorgias, de Polos et de Calliclès sont savamment construites pour faire voir une contradiction non pas entre les thèses et les propositions considérées en elles-mêmes, mais entre ce que l'homme croit et ce qu'il est obligé de dire devant l'auditoire (dans le cas de Gorgias), entre deux attitudes morales incompatibles (dans le cas de Polos), et finalement, dans le cas de Calliclès, entre ses convictions aristocratiques et les conséquences égalitaires de son hédonisme outrancier. Dans ces trois cas, l'argumentation tire sa force d'une incohérence entre la vie et la doctrine; elle dépend donc, de façon tout à fait essentielle, du caractère et du rôle social de l'interlocuteur.

Mais le *Gorgias* n'est pas un dialogue typique à cet égard. Je voudrais considérer ici quelques raisonnements du *Lachès* et du *Protagoras* où le lien entre le personnage et la logique est beaucoup plus lâche. Je ne veux pas dire que le choix du personnage y soit indifférent. Pour la discussion du courage dans le *Lachès*, par exemple, il s'impose que les deux interlocuteurs soient des généraux de grande renommée. Mais la ligne suivie par les arguments ne vise pas les personnages. Elle est dirigée par autre chose, par une intention philosophique plus large qui déborde le dialogue en question et qui englobe toute une série de dialogues. Du moins est-ce le point de vue que je voudrais défendre ici. Pour le préciser, il faut le mettre en opposition avec deux points de vue plus familiers, que je crois erronés.

La première interprétation des dialogues socratiques que je veux rejeter est celle que j'appellerai «historiciste». C'est le point de vue le plus traditionnel, représenté par exemple dans l'*Histoire* monumentale de Guthrie, qui conçoit ces dialogues comme un portrait fidèle des opinions philosophiques de Socrate lui-même. Dans cette interprétation, les premiers dix ou douze dialogues de Platon figurent comme autant de documents historiques de la vie intellectuelle du Ve siècle. A mon avis, cette interprétation méconnaît profondément le caractère essentiellement fictif de la littérature socratique. On peut aisément se rendre compte de ce caractère fictif si l'on regarde de près les restes des dialogues d'Eschine et les écrits socratiques de Xénophon. Mais dans l'œuvre même de Platon, le fait me semble également clair. (J'exclus ici l'*Apologie* de Platon, qui n'est pas un dialogue, et qui ne peut pas être tout à fait une invention de Platon). Mais dans le cas des deux dialogues qui nous concernent, le *Lachès* et le *Protagoras*, l'hypothèse selon laquelle Platon *se souvient* de conversations réelles est évidemment absurde. Car la conversation entre Socrate et Protagoras est censée avoir lieu plusieurs années avant la naissance de Platon. La date fictive du *Lachès* est un peu plus tardive, mais elle se situe encore dans la petite enfance de Platon, avant qu'il ait dix ans. Platon n'a probablement jamais vu Protagoras, et il ne pouvait connaître bien ni Lachès ni Nicias, qui sont morts tous les deux avant que Platon ne soit adulte. Les personnages des deux dialogues sont historiques, mais les conversations sont entièrement inventées. L'interprétation historiciste me semble victime d'une illusion artistique, qui est due au talent fabuleux de Platon pour donner à ces conversations l'impression d'un événement vécu.

La deuxième interprétation courante est plus subtile, mais, je crois, également fausse. C'est l'interprétation que j'appellerai «évolutionniste» qui suppose que dans ces dialogues on peut suivre l'évolution de la pensée de Platon pas à pas. Cette interprétation laisse ouverte la question du rapport entre le Socrate des dialogues et le Socrate de l'histoire. Mais elle voit dans les dialogues dits «socratiques» une étape définie dans le développement de la philosophie de Platon, une étape où la figure de Socrate représente une prise de position cohérente au sujet des problèmes de la vie morale et de la méthode à poursuivre en philosophie. Et cette étape de la pensée de Platon doit être nettement distinguée de la doctrine des grands dialogues de la période moyenne, où l'on voit apparaître la théorie des Idées et la transcendance de l'âme. Selon cette hypothèse, ces dix ou douze premiers dialogues représentent une période socratique dans la pensée de Platon, même si Platon y exprime essentiellement sa propre pensée et non pas celle de Socrate.

Cette hypothèse d'une étape de pensée antérieure aux dialogues moyens doit forcément contenir un noyau de vérité. Puisque ces dialogues sont effectivement antérieurs en date, ils doivent correspondre à un état de pensée atteint plus tôt dans la vie de l'auteur. Mais il ne s'ensuit pas que nous puissions constater l'évolution de la pensée du philosophe à travers ces dialogues. L'interprétation évolutionniste ne tient pas suffisamment compte de l'*opacité* des dialogues comme œuvres d'art. Il n'est pas vrai que nous puissions lire dans la pensée de l'auteur *à travers ces textes*. Ce ne sont ni des cahiers de notes, ni un journal philosophique où l'écrivain dépose ses réflexions au fur et à mesure qu'il les formule pour lui-même. Au contraire, ce sont des œuvres littéraires soigneusement construites pour produire un certain effet dans l'esprit du lecteur. Si le lecteur, comme l'interlocuteur de Socrate, est laissé dans le doute à la fin du dialogue, cela ne prouve nullement que le doute existe dans l'esprit de l'écrivain. L'interprétation évolutionniste commet l'erreur de *transparence* en supposant que l'on peut voir à travers le texte l'état de pensée de l'auteur. On oublie que dans ces dialogues Platon ne parle jamais avec sa propre voix.

Je voudrais proposer donc, pour le *Lachès* et pour le *Protagoras*, mais aussi pour certains autres dialogues que je n'aurai pas le temps d'analyser, une toute autre interprétation que j'appellerai *protreptique* et *proleptique*, où il s'agit moins de problèmes philosophiques que Platon veut résoudre pour lui-même, mais plutôt de l'effet intellectuel qu'il veut produire dans l'esprit du lecteur. Par *protreptique* je veux dire que l'effet visé par Platon est d'utiliser la puissance hypnotique de l'œuvre d'art pour attirer le lecteur dans l'univers de la pensée philosophique. C'est en fait l'effet produit par ces dialogues à travers les siècles, l'effet qu'ils continuent à produire, par exemple, sur nos étudiants qui les rencontrent pour la première fois. Et par *proleptique* je veux dire que la structure et le contenu de cet univers philosophique ne seront révélés que graduellement et partiellement dans ces dialogues. Ces écrits sont conçus pour provoquer la pensée du lecteur et pour la pousser en avant, sans lui offrir un point fixe de doctrine. C'est là le sens de cette forme aporétique : non pas que Platon lui-même reste perplexe devant le problème, mais qu'il veut laisser son lecteur dans cet état d'ignorance instructive. Dans le *Lachès* et le *Protagoras*, Platon nous engage à réfléchir sur la nature de la vertu et sur les moyens de la produire. Nous ne devons pas espérer trouver dans ces dialogues des doctrines — ni des doctrines socratiques ni des doctrines platoniciennes —, mais seulement des suggestions, des allusions, et des anticipations, d'une doctrine qui sera élaborée plus tard, notamment dans la *République*. Du point de vue de la doctrine, des dialogues tels que le *Lachès* et le *Protagoras* sont en mouvement vers une position qui n'est pas encore clairement indiquée, et que nous ne pouvons bien comprendre que rétrospectivement, en regardant en arrière une fois arrivés à la *République*. C'est en cela qu'ils sont «proleptiques».

Tournons-nous maintenant vers le *Lachès* et regardons les arguments qui s'y trouvent. Il en existe deux groupes, le premier adressé à Lachès et le seconde à Nicias. La question en cause est la suivante : quelle est la formation qui permettra au jeune homme d'atteindre à l'excellence, de posséder l'*arete*? Socrate souligne qu'avant de poursuivre cette question il faut s'entendre sur le but envisagé : qu'est-ce que c'est que l'*arete*? Ou plutôt, puisqu'il peut être trop difficile de définir la vertu tout entière, commençons avec une seule partie, le courage. Lachès s'est déjà exprimé favorablement sur la conduite militaire de Socrate à la bataille de Délium. Nous pouvons donc commencer par le fait que les trois interlocuteurs sont des hommes courageux et capables de reconnaître le courage chez les autres. Mais s'ils savent ce qu'est le courage, ils doivent pouvoir dire ce que c'est (190c).

Lachès est d'accord : il le sait et il devrait pouvoir le dire. Il propose d'abord l'exemple d'une conduite particulière : le courage pour un hoplite est de tenir ferme sur la ligne de bataille et de ne pas fuir devant l'ennemi. Socrate explique alors qu'il ne cherche pas une seule conduite courageuse, mais ce qu'il y a de commun à toutes les sortes de courage, telles qu'elles se manifestent non seulement au combat mais aussi dans les périls de la mer, de la maladie, de la misère, et dans la vie politique, en résistant aux plaisirs et aux dangers. Lachès spécifie donc un trait de caractère : le courage est la *karteria*, «l'endurance ou persévérance de l'âme» (192b). Mais Socrate fait remarquer que la persévérance n'est pas toujours admirable (*kalon*), par exemple quand elle est insensée et nuisible. Il propose donc de limiter la définition à la «persévérance intelligente» (*phronimos*), et cette correction est acceptée par Lachès (192d).

Notons que jusqu'ici nous avons acquis trois éléments essentiels pour l'analyse du courage : 1) une formule universelle, c'est-à-dire, une notion assez générale pour s'appliquer à tous les cas de courage, 2) un trait de caractère ou disposition morale (la persévérance), et 3) un élément intellectuel (la *phronésis*). Ces trois traits font partie intégrante d'une définition platonicienne du courage, par exemple dans le livre IV de la *République*. Pour améliorer la définition ici, il aurait fallu pousser plus loin, d'abord l'analyse de l'élément de caractère, la *karteria*, et ensuite celle de l'élément intellectuel, la *phronésis*. Mais en fait le trait de caractère est entièrement ignoré dans la suite, où les objections de Socrate visent uniquement la question d'intelligence : «intelligence en quoi?» (192e). Socrate cite d'abord des cas de persévérance prudente qui n'exigent pas de courage. Par la suite, il donne plusieurs exemples où celui qui affronte un danger sans connaissances techniques appropriées est plus courageux que celui qui affronte le même danger avec l'avantage de posséder l'art en question : par exemple, l'art de plonger dans les puits. Mais celui qui court de tels risques sans les connaissances nécessaires fait une chose insensée, et nous étions préalablement d'accord pour dire que la persévérance insensée n'était pas chose admirable, et n'était donc pas le courage. Nous tombons ainsi dans une contradiction avec nous-mêmes.

Lachès n'est pas à l'aise dans ce genre d'interrogations, et Socrate fait appel à Nicias pour se faire aider. Nous laissons donc les dernières objections adressées à Lachès sans réponse pour le moment; nous les retrouverons tout à l'heure dans le *Protagoras*.

Nicias commence avec une idée qu'il dit avoir reprise à Socrate lui-même : «Je t'ai souvent entendu dire que chacun est bon dans les choses où il est sage (*sophos*)», de sorte que le courage doit être une certaine sorte de *sagesse* (194d). Nicias propose donc la définition suivante : «une connaissance (*episteme*) de ce qui est redoutable et de ce qui n'est pas redoutable» (194e 11). Or cette formule est essentiellement la même que celle qui figure comme définition du courage à la fin du *Protagoras* (360d), et nous retrouvons une formule semblable dans le livre IV de la *République* (430b; cf. 442b 11-c 3). La définition donnée par Nicias est donc véritablement platonicienne, sinon socratique. Pourquoi néanmoins Socrate doit-il la réfuter dans le *Lachès*? Regardons ce raisonnement de près. Il se déroule en quatre étapes :

1. Socrate rappelle, et Nicias accepte, leur point de départ : ils cherchent le courage, qui est une partie de la vertu, dont il existe d'autres parties, telle que la tempérance et la justice.

2. «Ce qui est redoutable» veut dire ce qui produit la peur, et la peur est définie comme «l'attente d'un mal futur». (Cette formule est presque identique à la définition de la peur dans le *Protagoras*, 358d).

3. A l'aide d'exemples divers, Socrate établit que la connaissance dans un domaine donné est la même pour le passé que pour le présent et le futur.

4. Si donc le courage est la connaissance des maux et des biens futurs, elle l'est aussi de tous les maux et de tous les biens, qu'ils soient passés, présents, futurs. Mais celui qui a une telle connaissance des maux et des biens ne manquera ni de tempérance, ni de justice, ni de piété : Nicias n'a donc pas défini une partie de la vertu, mais la vertu tout entière.

Il est deux choses à noter dans ce raisonnement. Premièrement la dernière étape présuppose le paradoxe socratique qui prétend que connaître le bien suffit pour *faire* le bien (voir 199d-e 1), et que la vertu est donc une espèce de savoir. Deuxièmement, bien que le résultat de ce raisonnement soit traité par Socrate comme une défaite pour la définition de Nicias, de sorte que le dialogue se termine en impasse ou aporie, le lecteur qui se souvient du début pourrait faire une autre appréciation de ce résultat. C'est parce que nous voulions savoir comment éduquer les jeunes en *arete* que nous avons cherché à définir la vertu. Si nous nous sommes limités au courage, c'est que l'on supposait qu'il serait plus facile de trouver une partie seulement de la vertu plutôt que la vertu tout entière. C'est une ironie frappante, qu'en cherchant une partie nous avons trouvé le tout. Loin d'être laissés sur un résultat négatif, nous avons en effet deux conclusions positives à tirer. La première, c'est que ce serait une erreur de penser que l'on peut connaître une partie de la vertu si l'on ne connaît pas le tout, comme le *Ménon* le dira de façon explicite (79c); en termes logiques, on doit connaître le genre avant de définir l'espèce. La seconde conclusion, implicite ici mais explicite dans le *Protagoras*, c'est l'unité de la vertu : l'homme qui possède une seule vertu (telle que le courage) doit les posséder toutes, puisqu'en un sens elles sont toutes les mêmes.

Maintenant, si nous pouvons voir que ces deux conclusions sont implicites dans le *Lachès*, c'est surtout parce que nous les connaissons à partir du *Protagoras* et du *Ménon*. C'est ainsi que le raisonnement du *Lachès* est proleptique. Il nous pousse en avant vers des pensées qui ne sont pas pleinement élaborées dans cette petite conversation avec les deux généraux, mais qui deviendront claires dans des dialogues ultérieurs. Le lecteur sensible se rendra compte que la conclusion négative du *Lachès* est seulement apparente, et que Platon a signalé un résultat positif dans la définition de la vertu comme connaissance du bien et du mal. Mais puisque cette définition n'est ni défendue ni expliquée dans le *Lachès*, nous sommes laissés sur une indication vague. Notre appétit à ce sujet est stimulé sans être satisfait. Le dialogue se termine avec une promesse, de la part de Socrate, de continuer la discussion le lendemain. Peut-être pouvons-nous interpréter ce passage comme un signal au lecteur de la part de l'auteur, lui indiquant qu'il aura bientôt davantage à dire sur la question.

Rappelons-nous, avant de quitter le *Lachès*, que le trait de caractère désigné ici comme *karteria* ou persévérance est laissé totalement dans l'ombre à la fin du dialogue, qui s'occupe uniquement de l'élément intellectuel, du courage considéré comme une forme de savoir. Nous verrons que la même chose se passe dans le *Protagoras*, où le courage est encore défini comme «le savoir pour ce qui est du redoutable et du non-redoutable» (360d). Dans les deux dialogues cette définition est accueillie par les interlocuteurs comme un paradoxe, un défi au sens commun. Quand Nicias propose cette formule, Lachès pense qu'il dit des bêtises (195a). Et Protagoras aussi croit que le courage n'a rien à faire avec le savoir, mais qu'il dépend «de la nature et du bon entraînement de l'âme» (315b). Puis, comme c'est Platon qui fait parler Lachès et Protagoras, nous ne pouvons pas dire que Platon ignore cette conception ordinaire du courage comme trait de caractère, constitué par une disposition naturelle et perfectionné par une discipline habituelle. C'est une analyse de ce genre qu'il donnera lui-même dans la *République*, où l'élément naturel est représenté par le *thumos* et l'entraînement habituel par tout le système d'éducation morale par la musique et la gymnastique. Selon l'interprétation évolutionniste, il y a ici un changement de doctrine entre la théorie purement intellectuelle de la vertu dans les dialogues socratiques et la psychologie plus réaliste développée dans la *République*. Mais cela suppose que dans le *Lachès* et le *Protagoras* Platon nous parle directement par la voix de Socrate, et de ce fait on oublie que Platon est l'auteur du dialogue entier, c'est-à-dire, qu'il nous parle aussi par les voix de Lachès et de Protagoras. Platon se rend parfaitement compte de l'écart entre l'intellectualisme extrême inspiré par Socrate et l'opinion du sens commun exprimée par Lachès et par Protagoras. C'est seulement dans les dialogues ultérieurs qu'il rendra justice aux deux points de vue, par la distinction que présente le *Phédon* entre la vertu vulgaire et la vertu authentique (68d-69c), et qui revient dans la *République* comme une distinction entre la vertu civique basée sur l'opinion correcte (*orthe doxa*) dans le livre IV, et la vertu du philosophe basée sur une vraie connaissance, telle qu'elle est développée dans les livres VI et VII. Avant de connaître cette théorie de la vertu philosophique, nous ne pouvons comprendre que comme un paradoxe la thèse de l'unité des vertus et la définition de courage comme une forme de savoir.

Le *Protagoras* lui-même est un dialogue aporétique, qui se termine en posant les deux questions qui seront poursuivies dans le *Ménon* : quelle est la nature de la vertu et peut-elle s'enseigner? (C'est seulement dans le *Ménon* que Platon introduira la distinction entre vertu-savoir et vertu basée sur l'opinion correcte, la distinction qui permettra précisément de résoudre le paradoxe). Mais sans aboutir à des résultats définitifs, le *Protagoras* fait progresser la discussion sur plusieurs fronts. Dans les lignes qui suivent, je voudrais brièvement indiquer quelques passages où le *Protagoras* prolonge le raisonnement du *Lachès* et le développe dans un sens qui mène vers la doctrine plus explicite de la *République*.

Premièrement, il y a la distinction entre la connaissance technique et le savoir moral exigé par la vertu. Cette distinction est introduite au début du dialogue, dans le contraste entre ce que l'élève cherche à apprendre en fréquentant Protagoras et ce qu'il apprendrait s'il se faisait l'apprenti d'un médecin ou d'un sculpteur (311b-312b; cf. 318b-319a). C'est le contraste donc entre les «arts» en général, les *technai*, et «l'art politique», que professe Protagoras, l'enseignement qui fait d'excellents hommes et de bons citoyens (319a). Cette distinction capitale explique pourquoi la connaissance technique n'est pas le genre de savoir qui est spécifié dans la définition socratique du courage. Et c'est pour cela que les mêmes exemples — l'art hippique, l'art de plonger dans les puits — peuvent être cités dans le *Lachès* contre une conception intellectuelle du courage (193b-d), mais au contraire cités dans le *Protagoras* comme argument *en faveur* d'une thèse semblable (350a, un mauvais argument, d'ailleurs). C'est qu'une telle connaissance technique n'a rien à faire avec le savoir qui sert à définir le courage.

Le deuxième apport positif du *Protagoras* est de souligner l'importance pour la formation morale de l'éducation donnée aux enfants par les parents, par les maîtres d'école, et par la société tout entière. Ici encore c'est par la voix de Protagoras que Platon nous parle. Protagoras donne une description détaillée des procédés par lesquels la société athénienne façonne ses citoyens. C'est cette réalité athénienne que Platon voudrait transposer dans le système de musique et de gymnastique proposé pour les gardiens dans les livres II-III de la *République*.

En troisième lieu, il y a la thèse de l'unité des vertus dans la sagesse, thèse qui est présentée dans le *Protagoras* uniquement comme un paradoxe, mais qui sera développée dans les dialogues postérieurs sous la forme de la conception d'une vertu philosophique basée sur la connaissance des Idées.

En dernier lieu, il y a la longue section finale du dialogue où le savoir moral est présenté comme un art de mesurer les maux et les biens, et où le bien est représenté par le plaisir. Les commentateurs ont beaucoup discuté le rôle joué par le plaisir dans cette dernière partie du *Protagoras*. Cette identité entre le bien et le plaisir ne correspond ni à ce que l'on sait de l'attitude de Socrate, par exemple dans l'*Apologie*, ni à ce que dit Platon lui-même dans les autres dialogues qui traitent du plaisir. C'est pourtant Socrate qui introduit ici la thèse hédoniste, qui n'est de prime abord acceptée ni par Protagoras, ni par la plupart des hommes (*hoi polloï*).

C'est seulement par la suite que Protagoras sera amené, d'abord à convenir que la plupart des hommes seraient forcés de reconnaître le plaisir comme l'équivalent du bien, puisqu'ils n'auraient pas d'autre critère à invoquer, et finalement à accepter la thèse pour son propre compte. Pourquoi Platon a-t-il donc attribué cette thèse à Socrate?

Ici je dois être dogmatique, pour faire court. Je crois que l'hédonisme sert dans le *Protagoras* comme hypothèse commode pour donner un contenu à la notion de vertu conçue comme le savoir du bien et du mal, notion qui a été suggérée dans le *Charmide*, aussi bien que dans le *Lachès*. Cette conception de la vertu ne peut être réellement expliquée sans la théorie de l'*erôs* philosophique, l'amour des Idées, que l'on trouve dans le *Banquet* et dans le *Phédon*, ni sans la théorie du Bien qui domine la doctrine des idées dans la *République*. L'hédonisme du *Protagoras* sert de substitut provisoire à une telle théorie du Bien, comme le calcul hédonistique sert de substitut à la sagesse du philosophe. Ce n'est pas ici l'occasion de défendre cette interprétation d'un passage tellement controversé. Je signale seulement que la thèse hédoniste sert à établir des conclusions qu'il serait impossible de justifier de quelque autre façon, sinon en faisant appel à la psychologie des dialogues ultérieurs. Tout d'abord l'hédonisme fournit la base d'une explication purement intellectuelle de ce phénomène que nous appelons faiblesse de volonté et que les Grecs appelaient «être dominé par le plaisir» ou *akrasia*, le manque de contrôle sur soi-même. C'est un tour de force, et un paradoxe de plus, que d'expliquer comme erreur de jugement ce phénomène, où la raison semble être désarmée devant les impulsions sensuelles et émotives. En assimilant tout motif d'action à un jugement de plaisir, Socrate réussit à transformer la défaite apparente de la raison par les sentiments en faux jugement sur la quantité de plaisir ou de souffrance à venir. Ce résultat est essentiel pour justifier les deux thèses socratiques : que la vertu est un savoir, et que celui qui fait le mal agit toujours involontairement.

Pour terminer, nous pouvons noter avec quelle astuce Platon mène l'argumentation dans toute cette partie du dialogue. Puisque la thèse hédoniste n'est pas immédiatement du goût de Protagoras, Socrate l'invite à collaborer avec lui pour interroger la plupart des hommes. Protagoras répond donc dans un premier temps au nom de l'opinion vulgaire. C'est dans ce dialogue imaginaire avec la plupart des hommes que Socrate établit d'abord l'équivalence entre le bien et le plaisir, et qu'il en dérive l'explication de l'*acrasie* comme erreur de jugement, privation de l'art métrique, art de mesurer les biens et les maux, c'est-à-dire les plaisirs et les peines. Puisque le mauvais choix résulte ainsi d'un défaut de savoir, il faut à tout prix fuir cette grave ignorance. Socrate termine donc ce discours adressé à la plupart des hommes en signalant que «Protagonas, ici présent, affirme qu'il sait guérir cette maladie; de même Prodicos et Hippias» (375e, tr. Croiset) : si les hommes connaissaient mieux leur propre intérêt, dit Socrate, ils seraient prêts à payer cher l'enseignement de ces maîtres.

Après ce petit communiqué publicitaire, Socrate peut se tourner en toute innocence vers les trois sophistes et leur demander : « Vous semble-t-il que je dis la vérité ? » Nous ne sommes pas très surpris de voir les trois sophistes donner leur accord avec enthousiasme, puisque les conséquences de la thèse hédoniste se sont révélées à la fois moralement respectables et très avantageuses pour leurs affaires. (Ce petit jeu de scène, grâce auquel l'accord des sophistes est acquis, n'a pas été remarqué par tous les commentateurs, qui n'ont donc pas compris le ton ironique sur lequel sont tirées les conséquences de l'hédonisme).

C'est avec une finesse comparable que Socrate construit l'argument final, où Protagoras est contraint d'accepter la définition du courage comme une forme de savoir. Remarquons qu'il serait extrêmement difficile, sinon impossible, d'expliquer le courage comme un état d'esprit où l'on mesure les plaisirs et les peines. Dans le *Gorgias*, Socrate a utilisé contre Calliclès ce fait évident que celui qui manque de courage peut jouir d'autant de plaisirs que l'homme courageux. Dans l'argument du *Protagoras* Platon évite donc de donner un portrait psychologique de l'homme courageux qui en ferait quelqu'un qui mesure bien les plaisirs. Au contraire, cette conclusion est tirée de prémisses purement morales : puisque le courage est une belle chose, une chose admirable (*kalon*), il est aussi une bonne chose (*agathon*), c'est-à-dire un bien ; mais un bien est un excédent de plaisir (359e). L'homme courageux est donc celui qui sait choisir le maximum de plaisir. Ce raisonnement ne justifie nullement une préférence morale pour le courage ; il présuppose cette préférence.

Nous avons donc dans la dernière partie du *Protagoras* un modèle très simple pour représenter la vie morale comme l'œuvre de l'intelligence et du savoir. C'est un modèle provisoire, à employer ici où Platon n'est pas prêt à déployer la métaphysique et la psychologie des grands dialogues à suivre. C'est en même temps une théorie très élégante, l'expression la plus rigoureuse de l'hédonisme avant Bentham. C'est une marque du génie de Platon qu'il ait pu élaborer une telle théorie sans y croire un seul instant. (Sur ce point je me permets un petit péché de « transparence », de lire dans les pensées de l'auteur.) Mais pour développer une théorie de la vertu philosophique, il lui faudra la doctrine des Idées. Et même pour formuler une théorie de la vertu populaire ou civique, il lui faudra la doctrine psychologique plus riche présentée dans le livre IV de la *République*. En attendant, le *Protagoras* peut nous donner seulement ce modèle schématique, qui repose sur l'identification « vulgaire » du bien avec le plaisir.

Mais ce modèle n'est pas tout à fait trompeur. Le plaisir représente le bien sous un aspect fondamental : comme objet de désir et de poursuite universels. Et la raison restera pour Platon une capacité de calcul, un *logistikon*. Somme toute, le calcul hédonistique n'est pas un mauvais modèle pour la prudence ordinaire. Et la prudence elle-même est une sorte d'image, un simulacre inférieur de ce que sera la sagesse pour Platon.

La régression à l'infini et l'*argumentum ad hominem*

par Henry W. JOHNSTONE, Jr
Université de Pennsylvanie

Je voudrais vous entretenir de la régression à l'infini. Il me semble que cet argument typifie l'argumentation philosophique. Bien que tout argument philosophique ne soit pas une régression à l'infini, tout argument philosophique partage avec celle-ci un caractère particulier, en vertu de quoi il est philosophique. Donc, ma réponse à la question «Y a-t-il une spécificité de l'argumentation philosophique?» est affirmative.

Pour expliquer ma thèse, je commence en constatant qu'il y a des régressions et positives, et négatives à l'infini. Le but des régressions positives est de montrer que quelque chose d'une nature particulière existe, parce que, si elle n'existait pas, il y aurait un processus qui devrait continuer indéfiniment. Le Dieu dont on essaie de démontrer l'existence par la preuve cosmologique et le Souverain Bien d'Aristote sont des exemples de telles choses [1]. Restons en là pour la régression *positive* à l'infini.

Le but d'une régression *négative* à l'infini est de réfuter une thèse en montrant qu'elle manque de spécificité sémantique ou syntaxique, à moins qu'on en tire des conséquences qui procèdent à l'infini. Un exemple d'une telle réfutation est l'argument du Troisième Homme contre la théorie platonicienne des Formes. Cet argument est le suivant. C'est en vertu de la Forme de l'homme que les hommes individuels sont semblables les uns aux autres. Mais il faut que la Forme de l'homme soit elle-même semblable aux hommes individuels. Donc, il doit y avoir une Forme en plus, en vertu de quoi les hommes individuels et la Forme de l'homme sont semblables les uns aux autres. Et ainsi de suite, *ad infinitum*.

Le philosophe anglais Peter Geach nie la nécessité des mots «*ad infinitum*». Il dit que :

> Dans l'argument du Troisième Homme, il y a *déjà* une contradiction pour quelqu'un qui affirme simultanément (i) qu'il y a *exactement une* Forme en vertu de quoi chaque objet compris par le nom général «homme» doit être appelé «homme», et (ii) que puisque cette Forme aussi, voire même primairement, s'appelle «homme», il doit y avoir une *deuxième* Forme en vertu de quoi «homme» s'applique à la première Forme aussi bien qu'à chaque homme ainsi appelé dans le langage courant. Il n'y a absolument aucun besoin d'élaborer davantage l'argument, dans lequel Aristote [Geach dit «Platon» ici, mais comme nous allons prochainement nous le rappeler, cela revient à la même chose] tente de montrer que par la parité du raisonnement on obtient une série infinie de Formes[2].

Je voudrais discuter la différence entre la contradiction trouvée ici par Geach et la régression à l'infini. Il faut d'abord constater, comme l'a dit Sanford[3], que la possibilité de voir une contradiction dans la phase initiale de la série s'applique seulement à des régressions *négatives* à l'infini (et ne s'applique pas nécessairement, j'ajouterais, à toutes celles-ci). C'est pourquoi j'ai introduit la distinction entre les séries positives et négatives.

Est-ce que la contradiction que Geach voit dans la phase initiale élimine vraiment tout besoin de régression supplémentaire à l'infini ? Pour répondre à cette question, je commence avec un principe bien connu : accusé de faire une contradiction, on devrait faire une distinction. Dans ce cas, la distinction dont on a besoin est claire. Quand on dit que la Forme de l'homme est unique, on pense à cette Forme qui représente tout ce qui est commun aux hommes individuels. Mais quand on dit qu'il y a deux Formes de l'homme, on pense aux Formes qui comprennent non seulement celle que je viens de définir mais aussi une deuxième Forme qui surgit quand la Forme que je viens de définir est ajoutée à l'ensemble d'hommes individuels pour former encore un ensemble tel que tout ce qui est commun à tous les membres de tel ensemble soit représenté par cette deuxième Forme. Cette deuxième Forme de l'homme est évidemment distincte de la Forme de l'homme définie originairement. Elle est distincte parce qu'elle appartient à un niveau supérieur de prédication. Au niveau inférieur, la Forme de l'homme, qu'on peut désigner comme «M_1», est elle-même un prédicat à un niveau supérieur à celui des individus dont la nature commune elle représente. Au niveau supérieur, «M_2» représente cet aspect de la nature de M_1 qu'il partage avec les hommes individuels. Il est bien connu que l'identification de niveaux prédicatifs distincts mène à des contradictions. La contradiction de Geach en est simplement une.

Est-ce que Geach pourra être content si son adversaire échappe de cette façon à l'accusation de contradiction ? Cela paraît peu probable. Pour lui, ou pour quelqu'un d'autre, il serait bien facile de poursuivre l'adversaire le long d'une série sans fin de Formes nouvelles (M_3, M_4, ...), chacune surgissant pour répliquer à une nouvelle accusation de contradiction. Peut-être semble-t-il que l'adversaire puisse être toujours un pas au-delà du mal. Mais s'il a en premier lieu proposé l'existence des Formes pour que l'expérience soit ainsi simplifiée, sa position est intolérable, car il y aura éventuellement plus de Formes de l'homme que d'hommes eux-mêmes — ce qui n'est guère une simplification.

J'essaie de montrer que si Geach voulait substituer l'accusation de contradiction à l'argument de la régression à l'infini qu'on appelle «Le Troisième Homme», il faudrait qu'il garde une régression à l'infini — pas celle du Troisième Homme, mais une autre. Entre ces deux régressions, la différence consiste en ce que le Troisième Homme dépend de l'identification des niveaux prédicatifs normalement supposés être stratifiés.

Accuser un adversaire d'une contradiction catégorique, c'est une chose. Le plonger dans une régression à l'infini, c'est tout autre chose. Les deux styles d'argumentation diffèrent complètement. La régression, au moins comme je l'ai illustrée avec le Troisième Homme, me semble être un excellent exemple de l'emploi philosophique d'un *argumentum ad hominem* qui soit valable. J'utilise cette expression comme Locke l'a utilisée ; l'argument dont il s'agit, c'est «presser un homme avec des conséquences tirées de ses propres principes ou concessions»[4]. Cet argument a lieu, par exemple, quand un homme, dont les principes métaphysiques exigent la simplification de l'expérience, cause, comme résultat même de la poursuite de ces principes, une situation où l'expérience est rendue plus compliquée. Cet embarras, il semble, arrive quand la stratification des niveaux des prédicats se maintient partout dans l'exposé d'une théorie des Formes. Mais l'argument qui refuse de maintenir cette stratification — l'argument du Troisième Homme — est aussi *ad hominem*. Ceci se voit très clairement dans la version originale de l'argument qu'Aristote a appelé «Le Troisième Homme». C'est Platon lui-même qui était le premier à employer cet argument en cette forme. Pour Platon, il ne s'agissait pas de la Forme de l'homme, mais de celle de grandeur. Dans le *Parménide*, il y a un passage où Parménide dit à Socrate :

> ... Quand une pluralité d'objets t'apparaissent grands, ton regard dominant leur ensemble y croit découvrir, j'imagine, un certain caractère un et identique; et c'est ce qui te fait poser le grand comme unité.
> – Ce que tu supposes est vrai, aurait assuré Socrate.
> – Eh bien, le grand en soi et les multiples grands ne révéleront-ils pas, à un pareil regard de l'âme dominant leur ensemble, l'unité d'un nouveau grand, qui leur impose à tous cet aspect de grandeur?
> – C'est probable.
> – C'est donc une nouvelle forme de grandeur qui va surgir, éclose par-delà la grandeur en soi et ses participants : nouvel ensemble, que dominera une nouvelle forme, à qui tous les composants de cet ensemble devront être grands; et ce n'est donc plus unité que te sera chaque forme, mais infinie multiplicité[5].

Ce qui propulse cet argument n'est pas une contradiction initiale, mais le fait qu'à chaque phase, si Socrate attache «un pareil regard de l'âme dominant l'ensemble», alors paraît une nouvelle unité. Or ce que Socrate voit comme il «regarde l'âme», c'est l'essence de cet argument. Ce que Socrate verra lorsqu'il «regarde l'âme» n'est pas tout à fait ce que tout le monde verrait. Ce qu'il verra dépend de ce à quoi il croit; dans ce cas, il dépend directement de son engagement avec la théorie des formes. Parménide exploite cet engagement. Il argumente que si ce que Socrate voit quand il «regarde l'âme» est une version nouvelle du grand, alors, si Socrate continue de regarder, il devrait voir une version même plus nouvelle à la prochaine phase, et ainsi de suite, *ad infinitum*. Parménide fait appel à un principe de la parité : si une fois Socrate veut bien «regarder l'âme», comment pourrait-il justifier aucun refus plus tard d'en regarder de nouveau? Parménide en effet dit : «Il faut que tu dises ceci de nouveau *parce que tu l'as dit auparavant*. Si tu refuses de le dire de nouveau, tu as changé les règles du jeu».

Parménide argumente *ad hominem* contre Socrate; il presse contre Socrate les conséquences des principes mêmes auxquels Socrate s'engage. (Socrate a ces principes ἐν τῇ ψυχῇ). Ma thèse, c'est que le caractère résolument philosophique des arguments de la régression à l'infini dérive de leur caractère *ad hominem*. (Il est bien entendu possible de prétendre qu'il y a des régressions non philosophiques à l'infini telles que certaines preuves mathématiques[6]. Mais il est facile de constater que de tels arguments ignorent le caractère *ad hominem*[7].)

Au commencement, j'ai déclaré que tout argument philosophique partage avec la régression à l'infini un caractère particulier. Maintenant je peux spécifier ce caractère comme celui d'être *ad hominem*. Voilà une thèse très ambitieuse. Je la défends en ce moment seulement en constatant le manque de prémisses incontestables en philosophie. Toute prémisse philosophique s'esquive, particulièrement quand l'argument dans lequel elle se situe est formalisé[8]. Je donne un exemple très banal de cette situation — l'argument téléologique en faveur de l'existence de Dieu. En termes formels on pourrait exprimer cet argument de la façon suivante :

L'univers manifeste un dessein.
Tout ce qui manifeste du dessein doit avoir un auteur.
Donc, l'univers doit avoir un auteur.

(Il n'est pas nécessaire d'utiliser des variables x ou y pour que cet argument soit formel.)

Une fois que l'argument est exprimé de cette façon, l'attention de l'auditoire se déplace de la conclusion aux prémisses. Est-ce que l'univers manifeste vraiment un dessein? Est-ce que tout ce qui manifeste du dessein doit avoir un auteur? Le dessein ne peut-il pas être fortuit? Voilà ce que je veux dire quand je prétends que toute prémisse philosophique d'un argument formalisé s'esquive. Comment alors ancrer une prémisse philosophique? Ni la mathématique, ni la physique, ni aucune autre discipline ne semble lui offrir un ancrage. Il reste que les prémisses philosophiques doivent être ancrées dans les engagements de ceux auxquels les arguments sont adressés. Ces arguments sont alors précisément *ad hominem*.

NOTES

[1] Voir David H. SANFORD, «Infinite Regress Arguments», dans James H. Fetzer (éd.), *Principles of Philosophical Reasoning*, N.J., Rowman & Allanheld, 1984, pp. 100-101.
[2] Peter GEACH, *Truth, Love, and Immortality : An Introduction to McTaggart's Philosophy*, Berkeley and Los Angeles : University of California Press, 1979, pp. 100-101.
[3] Voir SANFORD, *op. cit.*, p. 100.
[4] John LOCKE, *An Essay Concerning Human Understanding* (1690) édité par John Yolton, Londres : J.M. Dent & Sons Ltd, 1961, vol. 2, p. 278.

[5] PLATON, *Œuvres Complètes*, tome viii, 1re partie, «Parménide», texte établi et traduit par Auguste Diès, Paris : Les Belles Lettres, 1956, 132a2-132b3.

[6] Voir Martin GARDINER, «The Infinite Regress in Philosophy, Literature, and Mathematical Proof», *Scientific American* 212(3), mars 1965, pp. 128-132.

[7] John PASSMORE critique d'une façon semblable une certaine régression mathématique à l'infini dans son livre *Philosophical Reasoning*, New York : Charles Scribner's Sons, 1961, pp. 23-33.

[8] Voir mon article «Argumentation and Formal Logic in Philosophy», qui a paru dans *Argumentation* 3 (1), février, 1989, pp. 5-15.

Rhétorique et philosophie dans le monde romain : les problèmes de l'argumentation

par Alain MICHEL
Université de Paris-Sorbonne

Il est nécessaire d'établir un lien entre la rhétorique et la philosophie. Telle est l'idée majeure qui domine l'œuvre de Cicéron et qui lui donne à la fois son sens et sa fécondité. Grâce à lui, elle s'est trouvée transmise à l'ensemble de la culture occidentale. Elle venait de la Grèce, des Sophistes, de Platon, d'Aristote. Il a fait la synthèse de leurs doctrines. Elle s'est transmise au Moyen Age et à la Renaissance (permettant alors au Stagirite de rester présent malgré le déclin des scolastiques). Tel fut le rôle culturel du monde romain : transmettre à l'avenir une synthèse du passé, marquer fondamentalement, dans l'ordre de la culture, le lien de la politique et de l'esprit et le rôle de la parole, qui assure l'unité des deux exigences. On comprendra dès lors que nous donnions la principale place à Cicéron. Mais il n'interviendra pas seul. Il faut bien sûr que son admirateur Quintilien lui tienne compagnie. D'autre part, les rhéteurs grecs tiennent une grande place dans la culture romaine la plus vivante. Nous nous bornerons à deux noms : Hermagoras de Temnos au IIe siècle av. J.-C., au moment où Rome assure sa domination sur la Grèce et où le monde hellénistique s'épanche dans la civilisation latine ; Hermogène de Tarse, au milieu du IIe siècle apr. J.-C., à l'apogée de l'Empire, lorsque s'épanouit la IIe Sophistique. Parmi les nombreux rhéteurs d'époque tardive, nous nous bornerons à évoquer, à côté de saint Augustin, Martianus Capella : *Les noces de Mercure et de Philologie*, au Ve siècle, constituent l'un des points de départ de la culture médiévale. Elles comportent un livre sur la dialectique et un autre sur la rhétorique.

Notons que, chez cet auteur, les deux domaines sont séparés. L'unité du savoir, telle que la préconisait Cicéron, semble donc mise en cause à propos de l'argumentation. De nombreux faits, que nous allons étudier, pourraient aller dans le même sens. Dans ses rapports avec la rhétorique, la philosophie peut rencontrer certaines concurrences. Elles viennent par exemple de la grammaire, qui se sent particulièrement concernée. Sans doute pourrait-on penser (comme le fait Cicéron) que la philosophie du langage doit ici intervenir. Mais c'est précisément ce rapprochement qui est contesté par des maîtres comme Hermogène. Le débat entre philosophie et sophistique trouve donc son expression majeure dans la réflexion sur la parole (linguistique, rhétorique, théorie de la communication, de la culture, de la société, de la vérité). Nous aurons à montrer que le rôle de Rome a été de discerner ces différents aspects et de les distinguer pour les unir.

Il convient d'abord d'étudier la théorie de l'argumentation[1], avant d'en vérifier les applications. Le sujet est complexe. Nous rappellerons brièvement les sources avant d'étudier les réponses romaines (car il s'agit bien de réponses à des problèmes et non de démarcations serviles).

Tout commence au Ve siècle, lorsque l'éloquence attique prend conscience de ses moyens. Avec l'épanouissement de la démocratie athénienne, elle découvre les pouvoirs et les moyens de la parole, qui est chargée de se substituer aux autres types de domination, d'affirmer et de décrire les valeurs de la cité. Une telle conception, chez Protagoras ou chez Gorgias, implique un relativisme généralisé[2]. Il n'existe pas de vérité absolue. La matière des affirmations que proposent et qu'étudient les sophistes se trouve chez les orateurs et chez les poètes tragiques. Elle est constituée par les «lieux communs», opinions largement répandues, que la parole peut rendre dominantes mais aussi battre en brèche : le domaine du sophiste et de l'orateur s'étend dans l'espace qui sépare les idées reçues (*endoxon*) des paradoxes. Ainsi s'expliquent les activités favorites de nos auteurs : ils pratiquent les «discours doubles», dans lesquels on traite successivement le pour et le contre à propos d'une question; ils recherchent, dans un esprit pragmatique, la culture encyclopédique qui permet seule de connaître et de définir les lieux communs; ils réfléchissent sur la psychologie et le pathétique.

Platon réagit fondamentalement contre un tel relativisme. Derrière l'opinion, il profile l'exigence de l'idée, c'est-à-dire du vrai. L'hypothèse des idées est nécessaire, même si on ne les atteint pas directement. Ce fait n'apparaît pas à première vue dans l'usage de la parole politique. Mais il est manifeste pour les savants et surtout pour les géomètres, les disciples de Pythagore, épris de mesure, de musique, d'harmonie. La musique répond à l'éloquence pour lui rappeler qu'aucune beauté n'est possible sans référence à l'absolu. La discipline qui permet alors de régler la parole s'appelle la dialectique. Comme l'a montré en particulier V. Goldschmidt[3], elle consiste à discerner dans toute notion les «exigences essentielles» auxquelles elle doit obéir pour subsister. Cela s'accomplit par le dialogue, qui accouche les esprits et fait appel à leur mémoire du fondamental, soit en pratiquant la dichotomie, la division, l'analyse qui remonte aux principes, soit en utilisant les constructions synthétiques du mythe. Platon, en somme, invente l'analyse et la synthèse et pose avant Descartes qu'elles ne peuvent exister sans référence à l'idée.

Vient Aristote. A travers Isocrate, il dépend de Gorgias et de Protagoras. Il est d'autre part le plus doué parmi les élèves de Platon. Il tente donc une synthèse des deux enseignements qui aboutit à deux démarches majeures. Il croit, lui aussi, à la dialectique mais, au lieu de la fonder dans les idées, il la formalise. Elle repose sur les inférences du général et du particulier, sur la déduction et l'induction. On peut alors arriver à une connaissance nécessaire, fondée sur le maniement du syllogisme et décrite dans les *Analytiques* : c'est l'objet de la logique. La dialectique proprement dite est fondée sur l'utilisation des «lieux» dans l'enthymème, qui est un syllogisme dialectique, dont les prémisses sont seulement vraisemblables (et peuvent donc être traitées selon le pour et le contre). On assiste à une interprétation philosophique de l'enseignement que les Sophistes avaient proposé. Aristote, plus que tout autre, essaie de marier rhétorique et philosophie.

Il le fait par deux moyens dont l'histoire, jusqu'à nos jours, n'a cessé de reconnaître périodiquement la valeur : le formalisme, la sociologie. En effet, dans sa *Rhétorique*, il va distinguer deux types de lieux : les *topoi* proprement dits et les *eidè*[4]. Les premiers constituent les ressorts logiques de l'argumentation, alors qu'elle est simplement vraisemblable. Ils ont été étudiés plus longuement dans les *Topiques*, qui constituent, chez Aristote, le principal ouvrage consacré à la dialectique proprement dite. Dans l'agréable désordre auquel la vivacité de son intelligence le conduit souvent, le Stagirite expose un ensemble de moyens qu'on peut regrouper sous trois rubriques : le possible et l'impossible, le réel et l'irréel, le grand et le petit. Le philosophe se pose donc les questions de l'être, de la quantité, de la qualité. Il se réfère à sa doctrine de la puissance et de l'acte, sous leurs deux aspects principaux : d'une part, les contraires, les affinités, la cohérence et la contradiction, d'autre part, ce qui permet de passer de la puissance à l'acte : la production, la poétique.

Il est facile de montrer qu'une telle doctrine nous conduit à rejoindre en fin de compte la liste des prédicables proposés dans les *Catégories*.

Les *eidè*, de leur côté, reviennent à l'enseignement sophistique pour analyser les notions communes, les idées reçues qui peuvent être utilisées selon le pour et le contre pour former la matière de l'argumentation dont les *topoi* constituent la forme. L'essentiel de l'exposé se trouve dans la *Rhétorique*. Il nous permet de souligner deux aspects qui mettent en lumière le génie d'Aristote. D'une part, une telle présentation constitue dans l'histoire de la pensée la première apparition d'une sociologie des mentalités, comme on dit aujourd'hui. D'autre part, elle implique une réflexion originale sur la psychologie et sur le rôle et la définition des passions.

Aristote a donc posé d'une manière admirablement complète les problèmes de l'argumentation. Il a établi entre la philosophie et la rhétorique telle que les sophistes l'avaient fondée un lien essentiel. Néanmoins, il ne nous laisse pas oublier le conflit à partir duquel sa doctrine s'est constituée. L'évolution de la philosophie à l'époque hellénistique les mettra en lumière. A ce qu'il nous semble, ils portent sur trois points. 1) Quel est le rapport entre la logique et la dialectique ou, si l'on veut, le dogmatisme et le probabilisme? Est-il possible de saisir le vrai? Peut-on connaître le vraisemblable sans le vrai? Académiciens et Sceptiques vont s'opposer sur ce point au dogmatisme des Stoïciens. 2) Qu'en est-il du langage dans le discours? Les Stoïciens insistent à la fois sur son ambiguïté et sur ses rapports avec la nature; les Péripatéticiens insistent sur son caractère conventionnel; les Platoniciens trouvent dans le *Cratyle* une problématique nuancée, qui combine les deux attitudes, mais qui ne conclut pas. 3) Ni Aristote, ni Platon, ni sans doute les Sophistes n'avaient décrit dans le détail le processus de l'affrontement oratoire, la constitution des causes et des débats, les séquences du discours. La théorie des états de cause s'établit chez les rhéteurs au cours de la période hellénistique. Cicéron la trouve sous une forme achevée chez Hermagoras.

Nous rejoignons donc l'Arpinate. On ne doit pas nous reprocher de le faire si tard. Le débat, tel que nous venons de le présenter, lui est bien connu et nous n'avons fait que résumer ses principales idées. Mais nous pouvons maintenant exposer ses principales réponses.

Elles portent en premier lieu sur la théorie même de l'argumentation. Le mot même est d'origine latine. Cicéron nous donne la définition : *licet definire (...) argumentum (...) rationem, quae rei dubiae faciat fidem* : «on peut définir l'argument comme un moyen rationnel qui nous fait donner foi à une chose douteuse[5]». La formule est à la fois riche et nuancée. Elle implique la raison et un assentiment qui la dépasse peut-être (*fides*). Elle apparaît dans le dernier ouvrage que Cicéron ait consacré à la rhétorique : il porte précisément pour titre : les *Topiques* et il est consacré à l'argumentation.

Nous devrons insister sur ce point. Mais il est préférable, pour commencer, de revenir au début de l'œuvre et de nous intéresser au *De Inuentione*, que Cicéron a écrit dans sa jeunesse, vers 86 av. J.-C., sous l'influence directe de ses maîtres rhodiens, qui dépendaient eux-mêmes en une large mesure d'Hermagoras. Au sujet de l'argumentation, Cicéron présente plusieurs enseignements notables. En premier lieu, il souligne le fait qu'elle porte sur le probable et le persuasif. Il s'inscrit ainsi dans la tradition aristotélicienne. Mais l'importance de l'idée de persuasion nous renvoie à la fois aux Sophistes et à l'Académie, qui avait repris ce terme, notamment avec Carnéade[6]. En second lieu, Cicéron nous présente une théorie des états de cause qu'il emprunte pour l'essentiel à Hermagoras (celui-ci nous est connu par lui et par la *Rhétorique à Hérennius*, contemporaine du *De Inuentione*; Hermogène, avec bien d'autres, reprendra la doctrine, à quelques nuances près). Les auteurs montrent donc comment se constitue une argumentation. Elle se construit à partir d'une attaque et d'une défense : Marcus a tué; il n'a pas tué. Mais cela ne suffit pas pour établir l'état de cause, c'est-à-dire la structure à partir de laquelle la discussion est possible. Elle apparaît lorsqu'on formule le point à juger. Il ne peut apparaître qu'après une première esquisse de l'argumentation. On peut s'en tenir à ce que nous venons d'écrire : Marcus a-t-il tué ou non ? La question, dite de conjecture, est alors relative au fait. Mais on peut aussi admettre le fait; l'interrogation porte alors sur sa définition. C'est le second état de cause : il a tué, mais ce n'était pas un assassinat. Enfin, on peut admettre le fait et le nom et se défendre encore de plusieurs manières : il a bien commis un meurtre, mais il avait des raisons morales et légitimes de le faire, mais il y a été conduit par un autre qui est le vrai coupable ou par les circonstances, mais il a respecté la loi et ses intentions, ou bien il a joué de ses ambiguïtés; il peut aussi utiliser ses lacunes, ses exceptions; au bout du compte, si aucun de ces moyens ne peut être utilisé, il peut encore avouer, avec ou sans circonstances atténuantes : dans le dernier cas, il recourt à la supplication. Nous n'avons pas ici le temps d'entrer dans les détails ni d'énumérer les termes très techniques qui sont employés. Retenons seulement le schéma d'ensemble. Il est à la fois complexe et progressif. Il procède par dichotomie, à partir du cas le plus simple. Il passe du fait au nom, à la relation, aux textes du droit écrit. Il englobe ainsi tous les aspects du langage, du référent au texte. Il permet à l'orateur de saisir séparément ou simultanément les divers aspects de sa cause.

Passons maintenant à l'exposé des arguments. Nous en retiendrons quatre principaux : l'énumération, le dilemme, l'induction, l'épichérème[7]. Les deux premiers tendent à enfermer l'adversaire dans une situation sans issue soit que l'on réfute à l'avance la totalité de ses moyens, soit qu'il soit pris entre les deux termes d'une alternative. Une argumentation ainsi conçue repose essentiellement sur l'idée de totalité. Mais elle peut aussi faire apparaître des exigences essentielles : c'est le cas de l'induction. Cicéron désigne ainsi une pratique antérieure à Aristote et couramment employée par Socrate, comme l'attestent les dialogues de Xénophon. Dans l'exemple que choisit l'Arpinate, Aspasie demande successivement à une femme et à son mari ce qu'ils désirent dans les biens qu'ils possèdent; réponse : qu'ils soient les meilleurs possibles. Dès lors, il leur faut reconnaître qu'ils doivent être eux-même les meilleurs époux possibles. On voit que l'énumération qui est à la base de l'induction telle que la concevra Aristote se combine ici avec la recherche des exigences essentielles. Platon s'intéressera surtout à cet aspect. Il n'est sans doute pas indifférent que Cicéron revienne ainsi au Socratisme qui lui permet de concilier par leur source commune les maîtres de l'Académie et du Lycée.

L'étude de l'épichérème permet à Cicéron d'analyser la structure même du discours dialectique. Il comprend une proposition, une assomption et une conclusion, dont les deux premières sont accompagnées de leur preuve (cela, toutefois, n'est pas nécessaire lorsqu'elles sont évidentes). Cicéron pose ici deux indications importantes : la forme théorique de l'argument est souvent masquée par sa présentation effective; il ne se confond pas toujours avec la preuve et peut tabler sur l'évidence ou la banalité.

Nous arrivons ainsi au deuxième aspect de l'argumentation à sa matière. Deux problèmes se posent : 1) comprend-elle la philosophie? 2) quels sont les principaux lieux? Sur le premier point, Cicéron se réfère à Aristote pour critiquer une assertion d'Hermagoras. Celui-ci distinguait la tâche du philosophe et celle du rhéteur auquel il réservait les trois fonctions majeures : éloquence judiciaire, délibérative, laudative. Cicéron pense avec le Stagirite que ces devoirs sont communs au philosophe et à l'orateur[8]. Ainsi se trouve préservée l'unité de la méthode et de la culture.

Quant aux lieux, sans entrer dans le détail, que Cicéron développe abondamment, il faut seulement souligner une distinction essentielle qui n'apparaissait pas au même degré chez Aristote : ils dépendent de *res* et de *personae*. L'aspect sociologique se trouve ainsi mis en valeur. Mais la notion de *persona*, qui désigne d'abord le masque et le rôle, le *prosopon* grec, se charge alors, sous l'influence du Stoïcien Panétius de Rhodes, d'une valeur philosophique et morale dont les dernières pages du *De Inuentione* marquent l'importance[9]. L'argumentation ne se limite pas à la mise en œuvre dialectique des catégories. Elle implique aussi la connaissance et le respect des convenances de l'humanisme[10].

On voit la richesse du *De Inuentione* et on comprend les raisons de son influence ultérieure. Les grands traités qui vont suivre, *De Oratore* (en 55), *Partitiones oratoriae* (vers 45), *Topiques* (en 44), vont faire apparaître l'approfondissement des connaissances philosophiques de Cicéron et l'assouplissement de sa pensée, qui se fonde désormais sur l'expérience oratoire et perd son caractère scolaire. A propos de l'argumentation, nous choisirons d'insister sur quelques points.

D'abord, dès le 1.II du *De Oratore*, Cicéron présente à propos de l'argumentation dialectique un schéma qui va se développer dans les *Topiques*. Les lieux qu'il décrit sont de purs *topoi*, ils n'ont plus de rapport avec les *eidè*, ils se rattachent, en la modifiant quelque peu, à la théorie des catégories. Cicéron insiste d'abord sur la définition, qui consiste à développer une *notio insita* et qui procède par partition, division logique ou étymologie. Etudiant ensuite les lieux de la relation, il examine la similitude, les causes et les conséquences ou les oppositions logiques. Il en vient enfin à la comparaison. Ainsi se trouve indiqué un double moyen de classer les arguments : d'une part on peut évaluer leur degré de nécessité ou de probabilité. D'autre part, ils s'appuient sur des valeurs dont la philosophie définit la portée. Nous n'entrerons pas ici dans l'étude des arguments extrinsèques (témoignages, torture), qui se ramènent en somme aux moyens dialectiques et moraux que nous venons d'esquisser[11]. Nous insisterons sur un seul point : les schémas d'argumentation que nous avons exposés procèdent, comme le dit Cicéron lui-même, *e media Academia*[12]. Cela signifie qu'ils sont issus d'une tradition philosophique dont l'Arpinate est à Rome le meilleur représentant, qui vient de Platon et qui admet un éclectisme stoïco-péripatéticien. Les éléments péripatéticiens sont manifestes dans nos textes. Le Platonisme est attesté par la théorie de la définition (avec cependant une réflexion aristotélicienne sur le genre et l'espèce), par les remarques relatives à l'étymologie (qui nous renverraient, si nous avions plus de temps, aux débats entre le *Cratyle* et les Stoïciens) et par la structure générale de l'exposé (définition, étymologie, causes) qui se retrouve, dans l'œuvre de Cicéron en *Académiques* II, 1, lorsque Varron expose la doctrine de l'école platonicienne.

Un deuxième point de grande importance concerne l'évolution de la théorie des états de cause. Elle apparaît dans le *De Oratore* et se trouve confirmée par les ouvrages suivants[13]. Cicéron simplifie le classement des *status* : ils ne sont plus que trois : conjecture, définition, qualité. Une telle simplification nous fait penser à la terminologie stoïcienne. Mais elle laisse pendante une question : que faire des états relatifs au texte de la loi ? Pour répondre, il faut en venir à l'innovation essentielle qui caractérise Cicéron et qui constitue peut-être son apport propre à l'histoire de la culture : la théorie des thèses.

Hermagoras séparait les domaines des philosophes et des orateurs. Aux premiers, il réservait les «thèses», c'est-à-dire les questions générales, sans intervention des personnes et des circonstances (a-t-on le droit de tuer?), aux seconds les «hypothèses», qui impliquent personnes et circonstances particulières (Paul a-t-il le droit du tuer ce jour-là?). Cicéron admet cette distinction. Elle lui permet notamment de classer dans les hypothèses les questions relatives à l'application de la loi, parce que l'équité, qui intervient alors, consiste à tenir compte des cas particuliers[14]. Mais l'Arpinate montre, dans la plus pure tradition aristotélicienne et selon une formulation qui lui est propre, que toute «cause» particulière procède d'une question générale. Pour décider au sujet de Paul, la pensée doit procéder en deux temps : elle doit dire en général quand il est légitime de tuer. Elle doit examiner en particulier si, dans les circonstances données, le cas particulier de Paul relève de la loi générale. Ni la thèse, ni l'hypothèse ne peuvent être négligées. Il est nécessaire de remonter à la totalité, qui prend sa forme logique dans l'idée générale. Mais il faut tenir compte des convenances propres aux cas particuliers. Telle est la double exigence de l'argumentation : elle est compréhension et intuition, interprétation par la totalité et par la convenance, connotation et dénotation. Nous retrouvons, au cœur de la dialectique, les lois du langage. Le génie de Cicéron est d'avoir perçu la cohérence des diverses démarches. Une telle exigence, qui veut à la fois la finesse et la complexité, explique la méthode qu'il emploie à partir du *De Oratore*. Il recourt au dialogue et même lorsqu'il revient plus tard à la méthode scolaire il laisse à son exposé une forme ouverte. Il a compris que toute argumentation implique sa propre pédagogie. Platon, avant Aristote et mieux que lui, avait montré que dans dialectique il y a dialogue. C'est pourquoi Cicéron apparaît comme le principal responsable, en Occident, de la pédagogie de la parole. C'est à cause de lui qu'on enseigne aux enfants l'art d'introduire leurs dissertations : poser un problème général, faire des applications originales. C'est lui aussi, par sa double réflexion sur l'abondance et sur la convenance, sur la force et sur la douceur, sur la cité et sur la personne, qui montre que ni la beauté, ni l'humanisme ne peuvent être exclus d'un enseignement portant sur la parole persuasive.

Nous avons essayé de dégager l'essentiel de la doctrine cicéronienne. Elle réside, nous l'avons vu, dans une conception philosophique de la parole. Mais, quelle que soit sa grandeur et précisément à cause d'une telle ampleur, elle pose des problèmes qui vont s'affirmer dans le monde romain et durer souvent jusqu'à nos jours. Nous en distinguerons trois principaux. 1) Il faut vérifier dans l'œuvre même de Cicéron qu'il met en œuvre ses préceptes (si tant est qu'on puisse employer le terme). 2) Cicéron avait essayé de rallier les Grammairiens et les Sophistes à sa philosophie. Mais n'allaient-ils pas s'allier contre lui? On peut le demander à la IIe Sophistique, à Permogène par exemple. 3) A l'intérieur de la philosophie même, l'argumentation ne prend-elle pas un caractère original? La question se pose pour Cicéron, mais aussi pour ses successeurs.

Nous chercherons donc d'abord dans les discours de Cicéron s'il met en œuvre sa philosophie. La réponse est difficile; elle divise actuellement les chercheurs. Beaucoup d'entre eux étudient directement les discours sans se référer aux traités de rhétorique; ils sont d'autant moins attentifs à la pensée philosophique. Le point qui les frappe à première vue est l'extrême souci d'efficacité qui anime l'avocat[15]. Tout, chez lui, est tactique ou stratégie. Il veut convaincre et il y parvient par deux moyens principaux. Il reprend les arguments de l'adversaire et, pour les réfuter, il semble bien souvent les placer hors de leur contexte, en modifier l'enchaînement et la disposition. Plutôt que de plaider la cause elle-même, il utilise le *probabile ex uita* pour donner une idée défavorable de l'adversaire et affaiblir son autorité. Tout se ramène à des récits orientés.

Ces observations ont un caractère incontestable. Mais elles sont incomplètes et ne rendent pas compte de tout. Il faut d'abord les rattacher à une des divisions majeures qui se dégagent du *De Inuentione* : les lieux peuvent procéder de *res* ou *persona*. Dans le monde romain, *persona* tient une place essentielle. Cela est vrai d'abord en ce qui concerne le droit (les *Institutes* de Gaius en diviseront l'étude en *personae, res,* incorporels) mais aussi dans le simple jeu des mentalités qui sont régies fondamentalement par la notion d'*auctoritas*. Le monde de l'avocat et de l'homme politique, dans lequel se meut Cicéron, laisse une place à la subjectivité ou plutôt à l'inter-subjectivité. Comme le souligneront avec insistance les *Partitiones oratoriae* après le 1.II du *De Oratore, fides* ne va guère sans *motus*. C'est pourquoi la parole oratoire fait appel aux passions : comment mieux les susciter que par les attaques ou les louanges personnelles?

Mais la vérité, dira-t-on? N'en parlons pas encore. Bornons-nous à chercher la dialectique. Nous constaterons que, dans ses discours judiciaires, Cicéron applique une tactique assez constante, qu'on ne peut apprécier que par référence à la théorie des états de causes. Il ne se contente pas de plaider soit le fait soit le droit. Il présente une mise en œuvre complexe des différents états de causes. Autrement dit, il ne se contente pas d'un seul mode d'argumentation. Il cherche à les utiliser tous ensemble. Cela répond à la fois à une tradition sophistique et à une conception de la persuasion qu'il a trouvée chez Carnéade, le dernier des grands maîtres de l'Académie. Les Sophistes avaient montré que toute vraisemblance pouvait être traitée selon le pour et le contre (les latins diront *in utramque partem*). Carnéade avait pratiqué cette méthode pour marquer qu'on ne connaît que le vraisemblable et non le vrai[16]. Le véritable persuasif intervenait lorsque deux argumentations contradictoires aboutissaient au même résultat : c'était le cas du dilemme. Cicéron applique ce principe à l'utilisation des états de causes. Il plaide successivement, dans un ordre variable, le fait, le droit, l'excuse tirée de la relation ou de la morale. C'est ainsi qu'il procèdera en 52 dans le *Pro Milone* : son ami Milon a tué l'agitateur Clodius. Il pourrait se contenter de plaider le droit; Salluste le lui conseille : il est légitime de tuer l'ennemi de la République. Mais Cicéron sait fort bien que beaucoup de juges rejetteront une telle présentation. Il ajoute donc une deuxième partie, conjecturale, dans laquelle il s'efforce de prouver que l'initiative appartenait à Clodius. Il argumente donc en deux sens qui aboutissent chaque fois, par des argumentations contradictoires, à justifier son client. Naturellement, cela ne va pas sans créer quelque confusion. Le cas le plus célèbre est le *Pro Cluentio*, où Cicéron se flattait d'avoir jeté l'obscurité dans l'esprit des juges. Il en avait bien besoin puisque, lui-même, dans un procès antérieur, avait plaidé pour les amis de son adversaire. Il répond à ce propos qu'un avocat doit toujours plaider sa cause et non le droit absolu. Mais il ajoute qu'en politique il faut à la fois rechercher une telle liberté et garder plus de constance. Comment y parvenir? L'analyse du discours nous permet de répondre. Le client de Cicéron est accusé d'empoisonnement. Mais il a contre lui l'*inuidia* personnelle suscitée par une condamnation antérieure : il avait perdu un procès pour corruption de juges. Cicéron insiste dans tout le discours sur les dangers du préjugé défavorable que constitue l'*inuidia*. Son argumentation comporte trois parties : 1) Contre l'*inuidia* (par *remotio criminis* qui fait partie des états de la relation : grâce à des prodiges de virtuosité, Cicéron cherche à montrer que le corrupteur des juges était précisément l'adversaire de son client : il a indisposé les juges par ses dons). 2) Sur la loi : Cluentius est un chevalier ; selon le texte, seuls les sénateurs peuvent être poursuivis pour corruption. 3) Cicéron n'a traité ce point que par une longue prétérition parce que, dit-il, son client refuse un tel moyen de défense. Il termine donc en essayant de montrer (par une analyse vraisemblable des motifs) que son client n'est pas un empoisonneur. Nous sommes ici dans la conjecture, qui aurait dû suffire. Mais Cicéron sait très bien qu'aucun de ses arguments n'est solide. Il dispose donc les états de la discussion de manière à ce qu'ils se renforcent. Au bout du compte, l'hypothèse reste douteuse, mais plusieurs thèses constantes se dégagent : il faut se défier de l'*inuidia*, qui intervient notamment dans les assemblées politiques ; il faut atténuer l'influence des tribuns populaires et développer celle des juges, qui appartiennent aux premiers ordres de l'Etat, sénateurs et chevaliers ; le procès était donc un procès politique et Cicéron s'en sert pour développer la concorde entre les ordres qui constitue son programme. Nous touchons ici à un des aspects majeurs de sa philosophie politique, qui se fonde sur le *consensus bonorum*. Tel est, dans son ambiguïté, le fonctionnement de l'éloquence. Elle n'exclut pas les ruses ; elle maintient les arguments personnels à côté des arguments dialectiques. Elle prétend, à tort ou à raison, le faire dans le cadre d'un humanisme politique.

Nous sommes conduits à notre second point. Nous avons dit que l'éloquence traite des personnes, qu'elle s'adresse aux passions. Dans ces conditions, est-il utile qu'elle mette en œuvre les techniques de la philosophie ? On peut admettre qu'elle se contente d'utiliser les mots et les concepts de la cité selon les techniques d'une linguistique de la communication. Ainsi se réaliserait, sans la participation des philosophes et peut-être dans le cadre d'un scepticisme empirique, l'accord des Sophistes et des Grammairiens. Nous retrouvons ici, au IIe siècle ap. J.-C., l'enseignement attribué à Hermogène de Tarse. Il comporte, en ce qui nous concerne, plusieurs aspects importants. Hermogène limite le rôle des thèses. Elles ne sont plus des argumentations dialectiques, mais des développements généraux destinés à orner le discours. Cicéron n'ignorait pas cet aspect, mais il l'avait dépassé, alors que Quintilien allait commencer à y revenir. C'est que, pour les rhéteurs, l'usage des lieux n'est plus celui que préconisait Aristote. Chez eux, chez Hermogène en particulier, le terme prend le sens qu'il a gardé aujourd'hui : «Le lieu appelé commun présente une amplification de l'acte sur lequel on est d'accord, attendu que les démonstrations ont déjà été faites[17].» Il ne s'agit plus que d'amplifier des idées qui sont, à tort ou à raison, reçues. Le risque intervient dès lors de tomber dans un art de la banalité et d'aboutir à la dépréciation qui n'a pas manqué de frapper la rhétorique.

Toutefois, comme l'ont montré les récents travaux de M. Patillon, une telle démarche présente un grand intérêt dans l'ordre de la linguistique appliquée au discours. Comme le dit le corpus hermogénien, il s'agit de mettre en œuvre la méthode selon laquelle s'enchaînent les différentes formules. Hermogène étudie les séquences qui gouvernent l'expression oratoire. Quand et comment peut-on dire : «je vais plus loin, je dirais même plus»? On peut sourire en pensant à tels personnages de *Tintin*, mais en somme ils auraient eu intérêt à relire Hermogène (je dis : relire, car il était présent dans leur inconscient culturel). Ajoutons que les recherches d'Hermogène poussent à son terme une méthode bien connue des Romains depuis le début de l'Empire et pratiquée également, depuis une époque ancienne, par les Grecs : la déclamation. Dans les controverses et les suasoires, les rhéteurs essayaient de se mettre à la place de personnages fictifs : ils présentaient donc des argumentations imaginaires où l'important était moins la matière que sa formulation. On s'apercevait alors que la valeur d'une formule varie selon l'intention du sujet. Prenons les vers célèbres de Victor Hugo (qui connaissait très bien ces techniques) :

> Ce siècle avait deux ans; Rome remplaçait Sparte;
> Déjà Napoléon perçait sous Bonaparte.

Le sens de telles formules change selon que leur auteur préfère Rome ou Sparte. La «couleur» de l'expression, comme disent les rhéteurs, ou sa tonalité déterminent la signification. Ces recherches sont essentielles jusqu'à nos jours pour discerner dans le langage la part de l'information objective et celle de la persuasion (toute l'antiquité a souligné qu'elles ne sont jamais tout à fait séparées, même si on doit les distinguer) [18].

Quelle est alors la place de la philosophie? Possède-t-elle des formes spécifiques d'argumentation? C'est notre dernière question. La réponse peut se faire à divers moments. Il faut d'abord revenir à Cicéron. Deux aspects sont significatifs : le choix du dialogue, la conception du style philosophique. Pourquoi le dialogue? Pour rejoindre Platon et Aristote, en adoptant l'esprit de l'Académie. Aucun système philosophique n'atteint à la vérité absolue. Tous comportent une part de vraisemblance. Il faut donc mettre les vraisemblances en commun. L'argumentation, dès lors, est doxographique. Elle tend à définir des questions communes à toutes les philosophies, afin de formuler les réponses de chacune d'elles, de les comparer, d'en faire la synthèse. On s'apercevra par exemple que tout le monde est d'accord sur le primat de la sagesse. Encore une fois la définition, la comparaison, la recherche des causes et des conséquences jouent un rôle essentiel [19]. Cela détermine le choix d'un langage. On s'en avise quand on étudie la discussion que Cicéron mène dans le

De Finibus IV contre les Stoïciens. Il leur reproche de fonder leurs démonstrations sur l'emploi de termes techniques et abstraits qui n'ont pas de signification véritable. Pourquoi parler des «préférables» au lieu de dire «bons, biens», comme tout le monde? L'objection est double : la philosophie doit parler le langage commun. Même alors, elle doit éviter les querelles de mots.

Que répondront les Stoïciens? Nous avons l'exemple de Sénèque le philosophe. Il vient après Cicéron. Il est le fils d'un déclamateur. Cela lui permet de donner une présentation originale du Stoïcisme. D'abord, il en récuse radicalement les abstractions. Il parle le langage de tous et suit manifestement en cela les exigences de Cicéron. Mais à ce langage il donne une force et une densité à quoi répugnaient quelque peu la douceur et l'harmonie classiques du dialogue académique. Sa connaissance des figures et des couleurs, chères aux déclamateurs, lui permet aussi d'exprimer ce que le Stoïcisme a de plus fort : l'intuition du concret, la singularité qui préfère le paradoxe au lieu commun. Il n'amplifie jamais sans approfondir. Voici par exemple qu'il parle de l'amour. Le lieu commun (qu'il attribue d'ailleurs aux Epicuriens) serait : aimer, c'est avoir quelqu'un qui nous fasse plaisir. Sénèque écrit : «aimer, c'est avoir quelqu'un pour qui mourir»[20]. La formule (*sententia*) permet de donner toute sa force de densité à un paradoxe qui réside, au-delà des conventions communes, dans la nature même de l'amour.

Nous arrivons à nos derniers auteurs. A partir d'eux va se développer la pensée médiévale en Occident. Ils résument les différents aspects que nous avons étudiés et ils nous permettront de conclure, ainsi qu'il convient, sur une ouverture. Nous citerons deux noms : Martianus Capella, saint Augustin.

L'auteur des *Noces de Mercure et de Philologie* ne dépend en rien de la tradition sophistique, qui va se continuer, après Hermogène, dans le monde byzantin, en se conciliant, là aussi, avec la tradition philosophique. Martianus Capella distingue rhétorique et dialectique[21]. Dans la dialectique, dont il traite d'abord, il fait entrer une topique détaillée qui s'inspire des derniers ouvrages de Cicéron mais qui leur ajoute une lecture plus directe des *Catégories* et des *Analytiques*. On va vers Boèce et vers son commentaire des *Topiques* de Cicéron. Toute la réflexion latine jusqu'au XIIe siècle se trouve ainsi préfigurée. Elle entrera naturellement en dialogue avec le courant dionysien.

Augustin est un rhéteur et un philosophe. Il a connu les techniques du dialogue cicéronien et la véhémence concentrée de Sénèque. Il associe les deux démarches dans sa conception de la prédication religieuse[22].

Comme Cicéron, il connaît la nécessité de se mettre à la place de l'adversaire, de pratiquer avec lui la «rétorsion». Une grande partie de son œuvre s'appuie sur cette démarche : c'est le paganisme même qui conduit au Christianisme, dans lequel il trouve son aboutissement. Mais aussi, au-delà de cette axiomatique, comme dit V. Goldschmidt, il y a l'expérience intérieure, celle du «cœur». Cicéron ne l'avait pas ignorée et nous avons vu comment Sénèque la mettait en lumière. Or Augustin, entre tous les hommes, est un de ceux qui ont prié le plus ardemment le *Deus interior intimo meo*.

Embrassement compréhensif, percée de l'intuitivit[23] amoureuse, telles sont les deux formes dernières de l'argumentation humaine. Platon et Aristote l'avaient su, ainsi que tous les Socratiques. Rome, depuis Cicéron a rassemblé leurs messages et elle nous les a transmis. Au-delà des structuralismes et des matérialismes, de la forme et du contenu, Pascal, héritier de ces traditions, nous rappelle comment il faut ordonner le cœur et la raison[24].

NOTES

[1] Parmi les travaux récents sur notre sujet, nous citerons : M.C. LEFF, «The topics of argumentative invention in latin rhetorical theory from Cicero to Boethius», *Rhetorica* I, 1, 1983, pp. 23-44; A. ZADRO, «Verità e persuasione nella retorica classica e nella retorica moderna», *Verifiche* (Trente), XII, 1983, pp. 31-50; M. KIENPOINTNER, *Argumentationsanalyse, argumentative Topik, Argumentationssequenzen und Argumentationsstrategien in argumentativen Dialogen*, Diss. Innsbrück, 1982; G.E. RYAN, *Cicero, Rhetoric and the sceptical Academy*, Diss. Princeton, 1983; C.M. KAUFFMANN, *The Platonic tradition and the theory of rhetoric*, Diss. Kansas, 1983. Parmi les auteurs plus anciens, nous renvoyons à B. Riposati et à G. et L. Calboli; v. en général la bibl. de R. JAMISON et J. DICK, «Rhetorik, Topik, Argumentation».

[2] Sur le scepticisme et la sophistique, on se reportera aux divers travaux de J.P. Dumont.

[3] V. GOLDSCHMIDT, *Les Dialogues de Platon*.

[4] Sur les *eidè*, v. *Rhétorique*, I; sur les *topoi*, II, 18 sqq. (notamment 23).

[5] CICÉRON, *Topiques*, 8 (de même on appelle lieu *argumenti sedem*).

[6] Bien sûr, la notion de persuasion est aussi présente chez Aristote.

[7] Nous résumons l'essentiel du *De Inuentione* I (notamment 51 sqq.).

[8] Cette doctrine est proposée dès l'introduction du 1.I du *De Inuentione*.

[9] La distinction entre *personae* et *negotia* apparaît dans le *De Inuentione*, I, 34.

[10] Sur le débat moral lié à *persona*, cf. *De Inuentione*, II, 156 sqq. (primat de l'*honestrum*). La théorie panétienne de la personne et de ses devoirs sera développée à la fin du *De Officiis*, I.

[11] Une place dominante est ici accordée à l'*auctoritas* (cf. *Topiques*, 24, 73 sqq.). L'un des problèmes posés est celui de l'autorité des dieux.
[12] Cf. *Partitiones oratoriae*, 139 (Cicéron ne précise pas s'il s'agit de l'ancienne ou de la nouvelle Académie; c'est sans doute que les deux écoles ont la même conception de l'argumentation).
[13] Sur *persona*, cf. *De Officiis*, I, 10 sqq. et la thèse inédite de Patrici Mintrebert (Paris-Sorbonne, 1987).
[14] *Topiques*, 95 sq.
[15] Cf. les divers travaux de W. STROH et C.J. CLASSEN.
[16] Le *pithanon* (que Cicéron traduit par *probabile*) intervient lorsqu'aucune vraisemblance contraire ne subsiste.
[17] *Progymnasmata*, 11 (trad. M. Patillon, dont nous suivons ici la thèse inédite, Paris-Sorbonne, 1986).
[18] Il faut nuancer en ce sens les recherches de F. DUPONT (Cicéron, sophiste romain, *Langages*, 65, mars 1922, pp. 23-46).
[19] Ajoutons l'exemple (qui se rattache à l'induction aristotélicienne) et l'ironie (chère à Socrate et Platon). L'un et l'autre interviennent aussi dans les discours.
[20] Cf. SÉNÈQUE, *Lettres à Lucilius*, 9, 10.
[21] La dialectique est traitée au l.IV (elle expose les lieux et la théorie des syllogismes); la rhétorique est traitée en V (outre les aspects esthétiques, elle comprend la théorie des états de causes).
[22] Cf. surtout le *De Doctrina christiana* et le *De Magistro*.
[23] Nous empruntons la formule à Raïssa Maritain qui l'emploie à propos de la poétique médiévale.
[24] On voit aussi que cette théorie de l'argumentation, tout en restant rationnelle, critique les illusions de l'esprit de géométrie. Pascal s'en souviendra dans ses essais fameux. Il s'agit d'apprendre à évaluer l'aléatoire, le subjectif et l'incertain au lieu de les rejeter dans le monde de l'irrationnel. La rhétorique antique prépare ainsi les recherches de Vico ou de Perelman.

Rhétorique et production du savoir : Les grands courants de la théorie rhétorique américaine

par James L. GOLDEN
Université d'Ohio

L'étude de la théorie rhétorique contemporaine et de la communication publique ne s'est réellement développée dans les universités et les collèges américains qu'à partir des années 1920. Pendant les trente années qui suivirent, la recherche dans ce domaine connut un expansion rapide et se développa selon un schéma remarquablement uniforme. Alliant leurs connaissances des théories classiques et britanniques à leur intérêt pour la communication publique, les chercheurs concentrèrent leur attention sur les milieux et sur les pratiques discursives des grands orateurs occidentaux — d'abord des orateurs grecs et romains, ainsi que des orateurs anglais et américains.

L'orientation ainsi donnée à la recherche, appuyée sur une approche théorique néo-aristotélicienne, a fourni des aperçus intéressants sur la situation de l'orateur dans un contexte historique donné et a permis de mieux comprendre comment les canons rhétoriques traditionnels pouvaient s'appliquer à tel discours public particulier. Nous avons pu ainsi mieux apprécier l'importance de la biographie et de l'histoire, l'attrait esthétique d'une prestation éloquente et bien argumentée tout comme l'intérêt d'une perspective critique en général. Mais cette orientation, dont le but était de promouvoir le statut de notre discipline, ne nous aidait guère à mieux saisir la nature dynamique de la théorie rhétorique. De fait, à l'aube des années cinquante, notre conception de la rhétorique était essentiellement celle qui avait été articulée dans les années 20. Pour la plupart des érudits, malgré le nombre croissant d'articles, de monographies ou de livres prenant pour thème la communication, la rhétorique restait associée à «l'ancienne rhétorique» d'Aristote et aux applications qu'elle trouve dans les affaires publiques.

Bien que nous n'en ayions pas eu alors pleinement conscience, les années 1952 et 1953 marquèrent un tournant qui allait s'avérer d'importance. En effet, ces deux années virent la publication dans le *Quarterly Journal of Speech* de trois articles qui s'attachaient à définir l'essence de la rhétorique et ses vastes potentialités jusque là passées inaperçues. En avril 1952, Marie Hochmuth (Nichols) publia une analyse des écrits de Kenneth Burke sous l'appellation de «Nouvelle Rhétorique»; et Leland M. Griffin dégagea les implications pour la rhétorique du concept de mouvement historique. Ces travaux trouvèrent un écho immédiat dans l'esprit de tous ceux qu'inquiétaient de plus en plus le défaut d'identité propre et le manque de perspective dans notre domaine.

Il était évident pour beaucoup que la diversité des vues expansionnistes de Burke allait étendre le champ de la rhétorique bien au-delà des frontières tracées par Aristote, et que l'étude des mouvements sociaux dans l'histoire allait briser les liens qui, depuis plus de trois décennies, nous avaient fait concentrer tous nos efforts sur l'évaluation des performances individuelles. L'influence extraordinaire de la célèbre théorie du «dramatisme» [dramatism] sur les grands courants de la pensée rhétorique américaine ne saurait être surestimée (Nichols, 1952; Leff & Procario, 1985).

La troisième étude est l'article de Donald Bryant «Fonction et domaine de la rhétorique» [«Rhetoric : Its Function and its Scope»] (1953). Cet essai, commandé par la «Speech Communication Association» cherchait à définir l'essence et les constantes essentielles d'une rhétorique, que Bryant définissait comme «l'analyse raisonnée du discours informatif et persuasif» en lui assignant la fonction «d'adapter les idées aux gens et les gens aux idées». Dans sa conclusion, il définissait le «quadruple statut de la rhétorique» comme «une discipline instrumentale», «un champ littéraire», un «champ philosophique» et un «domaine social» (1953, pp. 404, 413, 424).

Ces publications fondamentales ont apporté une contribution essentielle à l'édification d'une théorie rhétorique capable de prendre en compte les changements épistémologiques survenant dans nos sociétés. Mais, alors qu'elles allaient avoir un indéniable impact sur les travaux ultérieurs, elles n'affectèrent en rien, dans un premier temps, l'engouement persistant pour les analyses néo-aristotéliciennes du discours qui allaient continuer à dominer la recherche rhétorique pour les dix ou douze années à venir. C'est alors que, vers le milieu des années soixante, une autre œuvre d'importance capitale, *Rhetorical Criticism. A Study in Method* (1965) d'Edwin Black, joua le rôle de catalyseur et contribua, au moins indirectement, à frayer la voie, à déterminer l'orientation qui allait dominer la recherche en rhétorique dans les vingt dernières années, et qui sera le thème essentiel de la suite de mon exposé.

Avant d'en venir à cette analyse, résumons brièvement les thèses essentielles de Black. Celui-ci soutient à juste titre que le domaine de la critique rhétorique est toujours dominé par le paradigme issu des théories aristotéliciennes et de ses continuateurs romains : c'est cette approche qu'il qualifie de «néo-aristotélicienne»; d'autres théories doivent être approfondies et testées, ajoute-t-il, si l'on veut développer une méthode critique capable d'affronter les défis du changement que nous suggèrent si clairement les discours contemporains. Bien que la critique fut le souci essentiel de Black, ce qu'il avançait poussa un grand nombre de chercheurs en communication à concevoir une rhétorique élargie, libérée de toute servilité vis-à-vis du passé, à la recherche d'une intelligence renouvelée de sa nature et de ses pouvoirs. L'avis ne passa pas inaperçu.

Sur cette base s'est développé le courant connu sous le nom de «rhétorique épistémique» ou de rhétorique comme «méthode de connaissance» («way of knowing»). Cette théorie soutient en effet que la production du savoir est une des fonctions importantes de la rhétorique. Comme nous allons le voir, les multiples potentialités de cette thèse fondamentale ont été approfondies par ses nombreux adeptes.

A. ORIGINE ET DEFINITION GENERALE DU MOUVEMENT EPISTEMIQUE

Si l'ouvrage de Black, *Rhetorical Criticism*, fut le catalyseur dont nous avions besoin pour fixer de nouvelles orientations dans la recherche en communication, ce fut le livre de Stephen Toulmin *The Uses of Argument* (1958) qui fonda le mouvement épistémique. Toulmin, diplômé de l'Université de Cambridge et philosophe des sciences, actuellement enseignant à la Northwestern University, écrivit cet ouvrage dans l'intention de montrer que, dans l'exercice de n'importe quelle profession comme dans l'accomplissement de nos activités quotidiennes, nous n'usons pas du raisonnement formel, fondé sur la certitude mathématique, mais d'un raisonnement non formel, fondé sur la notion de probabilité, qu'il appelle «logique substantielle» [«substantive logic»] (Toulmin, 1983). En développant cette thèse, il avance également une théorie subtile de la notion de champ argumentatif, une analyse de sa signification, du concept de probabilité, un modèle en six étapes montrant comment on passe par le raisonnement d'une assertion de fait à une conclusion, par l'intermédiaire d'une loi de passage [«warrant»]. Ce modèle admet implicitement qu'une argumentation ne vise pas simplement la persuasion en soi, mais également la production des connaissances (Toulmin, 1958).

Découvrant l'ouvrage séminal de Toulmin, deux chercheurs américains en rhétorique — Douglas Ehninger et Wayne Brockriede — en saisirent immédiatement tout le potentiel novateur pour la théorie de l'argumentation. Il en sortit un article «Toulmin on Argument : An interpretation and application» (1960) et un livre, *Decision by Debate* (1963) qui appliquaient et développaient les théories de Toulmin.

Ehninger et Brockriede étaient particulièrement sensibles au côté dynamique de ce modèle, à son aptitude à interconnecter les éléments de la situation argumentative, ainsi qu'à l'accent qu'il mettait sur la notion de degré de probabilité. De même, comme je l'ai noté ailleurs, «ils virent le moyen de modifier et d'étendre le modèle pour en tirer un nouveau mode de classement des preuves "artistiques". En partie sous l'influence d'Aristote qui rangeait les preuves logiques, éthiques et passionnelles sous la catégorie du raisonnement artistique, ils virent dans le modèle à six étapes un moyen de rendre compte des différents types d'argumentations créatrices qui illustrent les différents parcours que les "garanties" peuvent emprunter. Ils donnèrent à ces différents modes argumentatifs les noms d'argumentation "substantielle", d'argumentation "d'autorité" et d'argumentation "motivée" (motivational).» (1987) Ils prirent les idées de Toulmin ainsi adaptées pour principes fondamentaux de leur ouvrage *Decision by debate* que l'on considère généralement comme l'un des manuels les plus originaux publiés aux Etats-Unis au XXe siècle dans le domaine de l'argumentation et du débat (Golden, 1987).

Alors que les chercheurs lisaient *The Uses of Argument* en liaison avec ces ouvrages d'Ehninger et Brockriede, parut toute une série de thèses et d'essais interprétant et évaluant la pensée de Toulmin. Notons en particulier que celles-ci influencèrent directement la pensée de Robert L. Scott, à qui la contribution originale «On Viewing Rhetoric as Epistemic» (1967) valut le titre de fondateur du mouvement épistémique aux Etats-Unis.

Prenant Toulmin comme point de départ, et s'appuyant sur la définition du débat comme «une enquête critique menée en collaboration» proposée par Ehninger et Brockriede, Scott exprime son désaccord avec l'opinion courante qui voit dans la rhétorique un moyen de «rendre plus efficace» une vérité pré-établie (1967, pp. 10-13). Il montre au contraire qu'une théorie rhétorique fondée sur le modèle argumentatif de Toulmin a la capacité propre de créer des connaissances. Celui qui développe un discours sérieux a en effet la responsabilité éthique de contribuer à la création de vérités qui, de par leur nature propre, sont non pas absolues mais contingentes : «Il nous faut considérer la vérité non pas comme quelque chose de définitivement établi, mais comme devant être créé à chaque instant, selon les circonstances dans lesquelles nous nous trouvons et dont il nous faut tenir compte» (1967, p. 17).

Dans un second article intitulé «Le point de vue épistémique sur la rhétorique : dix ans après» [On Viewing Rhetoric as epistemic : Ten years later] (1976), Scott précise et renforce les conclusions précédentes. Il décrit divers modes de connaissances, qui mettent l'accent sur la construction des réalités sociales par l'individu en accord avec des normes éthiques.

D'après Scott, l'adhésion à cette position philosophique suppose qu'une personne qui souhaite persuader soit elle-même «ouverte à la persuasion». En bref, il incombe à l'argumentateur et à son interlocuteur d'assumer une posture morale telle que l'un et l'autre soient également prêts à changer de position primitive lorsqu'ils sont confrontés à des faits nouveaux ou à de meilleurs arguments.

Scott participe toujours activement au mouvement épistémique, et en 1987 encore il réaffirmait sa conviction que le procès rhétorique est générateur de connaissances (Scott, 1987). Selon lui l'argumentateur et le répondant entrent dans une relation intersubjective où ils assurent alternativement les rôles de défenseurs et de critiques. L'argumentation devient ainsi un «art critique» visant à «ré-former» l'entendement, et par là même à créer des connaissances (1987, pp. 57-71).

Par son important article de 1967 Scott avait ouvert la voie à une nouvelle interprétation des fonctions et des tâches de la rhétorique dans le monde contemporain. Très vite, d'autres chercheurs lui emboîtèrent le pas mettant comme lui l'accent sur la fonction épistémique de l'argumentation, au tout premier rang desquels il faut signaler Richard McKeon, professeur de philosophie à l'Université de Chicago. En tant que délégué à la célèbre conférence de Wingspread «Perspectives rhétoriques» [The Prospect of Rhetoric], McKeon présenta une conférence intitulée «Fonctions de la Rhétorique à l'Age technologique : Un art architectonique et créateur» [The Use of Rhetoric in a Technological Age : Architectonic Productive Arts]. Aboutissant à des conclusions identiques à celles de Scott, McKeon enrichit le concept de rhétorique épistémique en le fondant historiquement et en portant plus loin les défis de l'action future. Il rappelle que, comme Cicéron, les érudits de la Renaissance cherchaient à promouvoir une haute conception de la rhétorique, en unissant sagesse et éloquence; et que c'est grâce à la rhétorique que se sont formés la culture romaine tout comme cet éléments unique de notre héritage, les canons du droit romain. Il souligne enfin la nécessité présente et future d'une approche créatrice, tendant à réunifier éloquence et sagesse, rhétorique et philosophie, et, fondamentalement, le fond et la forme (McKeon, 1971, pp. 45-63).

Pourtant de cette caractérisation générale du mouvement épistémique, il nous faut maintenant distinguer deux lignes de recherche émanant de cette tendance : on peut appeler l'une la perspective dramatiste, exprimant un point de vue fondé sur les valeurs; l'autre met au premier plan la question de l'idéologie.

Bien que toutes les recherches importantes menées au cours des deux dernières décennies, ne se réduisent pas à ces deux tendances, elles sont bien représentatives des efforts des chercheurs américains pour élucider la portée cognitive des théories épistémiques de la rhétorique.

Notre traitement de la tendance dramatiste (centrée sur les valeurs) s'appuie sur trois auteurs. Notons au passage que chacun d'eux a développé une théorie rhétorique propre, largement utilisée dans de nombreux ouvrages, thèses ou articles de revues spécialisées et qu'en outre elles ont été à l'origine de nombreuses discussions contradictoires. Ces modèles sont ceux de la «situation rhétorique» de Lloyd Bitzer, du «paradigme narratif» de Walter Fisher et de la «vision rhétorique ou le motif imaginaire» d'Ernest Bormann. La description de chacun de ces modèles, de ces paradigmes, nous permettra de mieux comprendre comment la réalité peut être socialement construite dans une situation rhétorique.

B. LA PERSPECTIVE DRAMATISTE, OU LE POINT DE VUE DES VALEURS

1. La situation rhétorique de Bitzer

L'étude de Bitzer «La Situation rhétorique» [The Rhetorical Situation] constitue l'article de tête du premier numéro de la revue *Philosophy and Rhetoric* publiée depuis janvier 1968. Depuis sa parution dans cette revue pluridisciplinaire maintenant classique, l'article est considéré comme un prérequis pour tous les cours avancés et les séminaires de rhétorique.

Bien que toutes les affirmations de Bitzer ne soient pas forcément nouvelles ou créatrices de perspectives inédites, l'article reprenait des thèmes traditionnels pour les développer de façon originale, en tenant compte des changements sociaux survenus dans les années soixante. Dans la mesure où, comme nous le verrons, il est centré sur la production des connaissances et sur les valeurs communes, il joue un rôle important au sein du mouvement épistémique.

En réponse à la question «Qu'est-ce qu'une situation rhétorique?» Bitzer affirme que celle-ci présente certaines caractéristiques structurelles appelant une réponse rhétorique, de nature fondamentalement pragmatique. En d'autres termes, la rhétorique utilisée a pour fonction de transformer, d'adapter la réalité inhérente à cet état de choses (pp. 3-4).

Les trois éléments constitutifs d'une situation rhétorique sont une urgence («un manque appelant une décision urgente»), un public composé d'auditeurs capables d'agir, et un ensemble de contraintes sociales qui déterminent le type de réponse nécessaire. Deux éléments doivent être soulignés dans cette analyse. D'abord, dans la mesure où elle est appelée pour porter remède à une imperfection, la réponse doit être adaptée à la situation. En second lieu, les partenaires du discours, le public, doivent jouer un rôle essentiel dans la concrétisation du changement (pp. 4, 11).

Fondamentalement, ce modèle de la situation rhétorique suppose un mode de communication imprégné de valeurs. En effet le type de changements que Britzer envisage est orienté par des valeurs que le public doit d'abord faire siennes. Mais, en tout premier lieu, il s'efforce de bien distinguer cet idéal de celui de la pure et simple persuasion :

> En tant que discipline, la rhétorique n'a de justification philosophique que dans la mesure où elle nous fournit des principes, des concepts, des procédures grâces auxquelles pourront s'effectuer des changements orientés par certaines valeurs. C'est en cela que la rhétorique s'oppose au pur et simple art de persuader qui, bien que pouvant légitimement faire l'objet d'une recherche scientifique, manque de bases philosophiques en tant que discipline appliquée (p. 14).

Ce modèle de la situation rhétorique, bien qu'il tienne compte du fait qu'une situation puisse évoluer, parvenir à maturité pour finalement se décomposer, est particulièrement bien adapté à ces situations qui «mûrissent et persistent». Ce sont en effet ces situations qui ont produit ces discours à la fois intemporels et de grande portée historique tels que l'«Apologie» de Socrate, le discours d'Edmund Burke lors des élections de Bristol en 1870, et de Lincoln à Gettysburg. Dans chacun de ces cas, les idées mises en scène dans ces discours s'adressaient non seulement au public présent, mais également à l'humanité future. En un mot, dans un discours accompli s'incarnent des valeurs que chaque génération doit se réapproprier. Et, comme nous venons de le dire, cet apprentissage s'effectue au cours d'un procès interactif, dont les parties prenantes sont le rhéteur et son auditoire, l'un et l'autre cherchant à répondre à l'urgence de la situation rhétorique.

Dix ans après la parution de son article définissant la situation rhétorique, Bitzer publia un autre texte développant une de ses premières hypothèses selon laquelle la rhétorique est à la fois productrice de savoir et centrée sur les valeurs. Intitulée «rhétorique et savoirs communs» [Rhetoric and Public Knowledge] cette étude définit ce qu'est un public et le rôle central que joue la prudence [wisdom] dans sa structuration. Après Platon, il oppose le vrai savoir à l'opinion vulgaire, indécise et capricieuse, et souligne le rôle de la vérité et des valeurs comme facteurs essentiel fondant l'unité, la cohérence et la stabilité de la notion de public (Bitzer, 1978).

Bitzer soutient que «la rhétorique doit s'articuler avec certaines formes de connaissances», et que le rhéteur doit être informé des connaissances partagées par son public afin de pouvoir ultérieurement le représenter alors qu'il s'assemble pour approfondir les vérités et les valeurs qui constituent historiquement sa propre philosophie. Notons à ce propos que dans de nombreux cas le public ne saurait être assimilé à l'auditoire; pourtant, tout comme un auditoire il peut être «appelé à l'existence en fonction des urgences déterminées par l'action commune» (pp. 71, 80). Rappelant un peu le concept perelmanien d'auditoire universel, le public de Bitzer se définit donc comme un groupe compétent, capable de maîtriser son héritage et d'apprécier le pouvoir du discours rhétorique, créateur et protecteur de savoir et de valeurs. Il apparaît ainsi que le public et le rhéteur qui le représente doivent, s'ils veulent être à la hauteur de leur rôle se montrer constamment soucieux de produire une rhétorique responsable et ayant une portée épistémique.

2. Le paradigme narratif de W. Fisher

L'œuvre de Walter Fisher (Southern California University) détermine une seconde grande tendance à l'intérieur du mouvement épistémique. Les textes suivants revêtent une importance particulière pour notre propos : «Vers une logique des bonnes raisons» [«Towards a Logic of Good Reasons», 1978]; «Fiction rhétorique et Fonction présidentielle» [«Rhetorical Fiction and the Presidency», 1980]; «La narration comme paradigme de la communication humaine; l'argumentation éthique» [Narration as a Human Communication Paradigm : The Case of Public Moral

Argument», 1984]; «Evaluation des auditoires et rationalité narrative» [«Judging the Quality of Audiences and Narrative Rationality», 1986]; et enfin «Logique technique, logique rhétorique et rationalité narrative» [«Technical Logic, Rhetorical Logic and Narrative Rationality», 1987].

Son ouvrage de 1987 *Human Communication as Narration : Toward a Philosophy of Reason, Value and Action* propose une vue d'ensemble des idées avancées dans ces différents articles. Nous baserons sur cet ouvrage notre description du «paradigme narratif» et de ses implications pour la rhétorique et le savoir en général.

Le but du livre, tel qu'il est exprimé dans la Préface, est de déterminer comment les expériences communicationnelles rendent l'individu capable «de croyances et d'actions», quelle fonction jouent la raison et les valeurs dans ces expériences, comment ce procès communicationnel peut être soumis à l'évaluation rationnelle. Globalement, c'est le concept de la narration qui permet de comprendre comment fonctionne la communication rhétorique dans la vie quotidienne.

La thèse centrale de Fisher — l'être humain est d'abord un narrateur — manifeste clairement l'influence de Kenneth Burke, de sa théorie du dramatisme et de ses idées sur la nature de l'être humain. Les hommes sont des conteurs qui rapportent leurs expériences nationales ou personnelles selon une forme narrative, avec un début, un milieu et une fin. Toutes les formes d'action symboliques peuvent ainsi «être vues comme des histoires, des séquences interprétatives» (p. 24).

Alors que se déploient ces histoires enracinées dans la tradition ou dans l'expérience personnelle des individus mis face à des choix, les acteurs de cette réactualisation peuvent fonctionner tour à tour en tant qu'agents, co-agents ou critiques. Ainsi, ils créent, renforcent ou évaluent le savoir et les valeurs communes leur permettant de participer activement à l'histoire en train d'être racontée (p. 19).

Si, comme le veut Fisher, il nous faut «concevoir la vie comme une série de récits» ou de «conflits» en cours, ou bien comme une suite d'actions symboliques avec des intrigues principales et des intrigues secondaires, alors se pose naturellement la question suivante : comment allons-nous évaluer la valeur d'une histoire, en particulier si elle diverge d'autres narrations également plausibles? La réponse de Fisher s'appuie sur deux critères, le critère de cohérence et le critère d'exactitude [fidelity] sur lesquels il construit sa théorie des «bonnes raisons».

L'idée de cohérence est fondamentalement liée à la notion de probabilité. On dit qu'une histoire est cohérente si elle «tient debout», de façon à être compatible avec les descriptions rapportées dans d'autres discours, et si elle met en scène des personnages crédibles, prévisibles. Le fonctionnement du second critère permettant d'évaluer la qualité d'une histoire et son exactitude, repose sur une «logique des bonnes raisons». Fisher définit celles-ci comme «des éléments fournissant des garanties motivant l'acceptation d'avis appuyés par toute forme de communication pouvant être considérée comme rhétorique» (p. 48). Puisque l'idée d'exactitude est d'abord liée aux «qualités de vérité», on demande à l'auteur d'une histoire de faire preuve d'un raisonnement correct, manifestant sa préférence pour les savoirs factuels, les argumentations pertinentes et étoffées, les conséquences intéressantes et un sens moral affirmé (pp. 108-109).

Globalement, cette caractérisation d'une «logique des bonnes raisons» par les notions de cohérence et d'exactitude rappelle de façon frappante la philosophie du raisonnement pratique de Perelman. Rien d'étonnant donc à ce qu'il place Perelman, avec Burke, au tout premier rang des rhétoriciens du XXe siècle pour son analyse des relations de la rhétorique au savoir (pp. 17, 98). Mais, plus que Perelman, Fisher fait pleinement confiance à l'auditoire ordinaire pour appliquer les critères de cohérence et d'exactitude, afin d'évaluer la valeur d'un récit, et invite les spécialistes de l'argumentation morale publique à s'en tenir au rôle de conseiller qui leur est imparti. S'acquitter de cette tâche importante, c'est «transmettre un savoir, comme un professeur, ou une philosophie, comme un sage» (pp. 72-73).

La théorie du paradigme narratif de Fisher trouve une illustration dans les auditions menées par le Congrès à propos des événements controversés connus sous le nom d'Irangate. Ces événements forment une histoire, avec ses personnages, ses intrigues, ses scènes se déroulant selon un certain ordre logique, et son auditoire, composé de purs spectateurs (le public) et d'experts (les membres de la Commission désignée par le Congrès et leurs conseillers juridiques). Parmi les personnages principaux du drame figuraient le lieutenant Colonel Oliver North et son supérieur hiérarchique, John Pointdexter.

Le récit fait par North et Pointdexter était truffé d'intrigues ayant des répercussions nationales et internationales. Ils exposèrent leurs faits et gestes — l'organisation du trafic d'armes avec l'Iran, l'utilisation d'une partie des bénéfices pour le financement des rebelles au Nicaragua. Ils reconnurent, avec une bonne conscience frôlant parfois la bravade, avoir dénaturé les faits, détruit des documents et dissimulé des informations essentielles au Congrès et au Président. Mais, en même temps, ils justifiaient leurs actes par les considérations suivantes : (1) Par leur nature, les activités secrètes doivent le rester; (2) il fallait encourager les éléments modérés iraniens à se rallier à une politique de réconciliation avec les U.S.A.; (3) on sauvait la vie à des otages américains et (4) on accroissait les chances des Contras dans leur lutte contre le pouvoir communiste en place. Bref l'argument essentiel de l'histoire narrée par North et Pointdexter était que la fin justifie les moyens.

Face à cette dramatisation, les membres de la Commission, jouant le rôle de conseillers du peuple américain, s'efforcèrent d'apprécier ce compte rendu en utilisant les critères de cohérence et d'exactitude. Ils étaient aidés dans cette entreprise par les témoignages de deux membres du gouvernement, — le Secrétaire d'Etat Georges Schultz et le Secrétaire à la Défense, Caspar Weinberger — qui s'étaient vigoureusement opposées à l'initiative iranienne.

Au cours des conclusions de la partie télévisée des audiences, la majorité des membres du Comité rappela au public américain que les activités et les déclarations de North et Pointdexter manquaient de cohérence et d'exactitude. Non seulement leur histoire «ne tenait pas», elle manquait d'unité et de cohérence, mais aussi de bien-fondé, de logique et de sens moral. En conséquence de quoi, le Comité incitait le public à renouveler son allégeance au mode de gouvernement ouvert et honnête si vivement souhaité par les Pères Fondateurs. En ce sens, les auditions furent un précieux exercice de rhétorique appliquée à la génération d'une compétence commune.

Le concept de «paradigme narratif» avancé par Fisher a bien entendu soulevé des critiques. Ainsi, on lui a récemment reproché d'être, en tant que modèle critique obscur, contradictoire, inconsistant (Warnick, 1987). Cependant on considère généralement que ce modèle permet de mieux comprendre comment une histoire produit un savoir et renforce notre adhésion aux valeurs sociétales, qu'il s'agisse d'une œuvre littéraire, d'un discours politique ou judiciaire, d'un sermon ou d'une simple confrontation interpersonnelle. Soulignons également le fait que, puisque le narrateur et son co-auteur sont en permanence engagés de façon dynamique dans la transaction rhétorique, il peut en résulter une expérience non seulement épistémique mais ontologique (pp. 17-18).

3. Le modèle de la «vision rhétorique» de Bormann

Avant même que Fisher n'ait développé sa théorie des «bonnes raisons», un autre chercheur, Ernest Bormann, de l'Université de Minnesota, travaillait dans une direction parallèle, s'inspirant également de la théorie dramatiste de Burke. Les deux centres d'intérêt de Bormann, la communication dans les petits groupes et l'éloquence américaine, l'amenèrent, dès le début des années 60, à situer le discours dans le contexte d'un drame ou d'une histoire.

Ce n'est cependant qu'en 1970 qu'il trouva l'instrument qui allait lui permettre de reconstruire et d'expliquer la réalité sociale sur la base de la communication rhétorique. A cette date en effet Robert Bales, professeur de psychologie à Harvard, publia un ouvrage sur le thème «Personnalité et comportement interpersonnel» [«Personality and Interpersonal Behavior»], dont un important chapitre est consacré à l'imaginaire du groupe. Bales avance qu'un groupe de personnes de différentes origines historiques va s'efforcer de se créer une culture commune au moyen d'une méthode dite de la «chaîne imaginaire». En partie sous l'influence de Freud, cette recherche soutient que l'individu, en tant que membre d'un groupe, a tendance à développer des histoires ou des argumentations prenant la forme de fables [fantasies]. Les autres membres du groupe prenant en charge à leur tour ces affirmations fabuleuses, il en résulte pour finir une «vision rhétorique» commune.

Analysant les thèses de Bales, Bormann les mit en parallèle avec ses propres résultats sur l'analyse communicationnelle des petits groupes et sur l'examen des pratiques oratoires au XIXe siècle — telles qu'elles apparaissent en particulier dans la pratique des Puritains de la Nouvelle-Angleterre et dans l'art oratoire d'Abraham Lincoln.

Le modèle de la vision rhétorique, issu de la réunion de ces expériences, trouva sa première formulation dans un article que Bormann publia dans le *Quarterly Journal of Speech* en 1972. De nombreux travaux suivirent, jusqu'à son œuvre la plus importante, *The Force of Fantasy* (1985) [La Force de la fable]. Pour le dixième anniversaire de son premier essai sur le thème de la rhétorique de la fable, Bormann dénombra seize articles dans diverses revues et douze thèses ayant fait un large usage de ce modèle. En outre, un programme de la Speech Communication Association et une Tribune de 1982 du *Quarterly Journal of Speech* prirent pour thème le modèle de la vision rhétorique en tant qu'instrument d'analyse critique (Bormann, 1982).

Nous nous intéressons d'abord au vocabulaire de base de ce modèle, avant de passer à quelques considérations sur sa nature générale pour montrer enfin comment il s'applique à la description d'un événement rhétorique particulier. Bormann définit la fable [fantasy] comme l'interprétation créative et inventive [imaginative] de certains événements, interprétation ayant une fonction rhétorique ou psychologique (1983, p. 434). Comme le fait remarquer Bormann, cette définition doit être distinguée de celle de Bales : alors que la seconde relève d'une perspective psychiatrique allant jusqu'à englober des éléments irrationnels, la première met l'accent sur les contenus rationnels de la rhétorique.

Cette notion générale de fable permet de redéfinir trois nouveaux termes, «thème», «schéma» et «vision». Un thème fabuleux est «le contenu d'un message à fonction dramatique» qui déclenche les enchaînements imaginaires (1983, p. 434). Ainsi, en racontant une histoire, le narrateur glorifiera les bons et noircira les méchants. L'effet d'une telle interprétation sera évidemment renforcé par une mise en scène élaborée (1985, p. 9).

Si les acteurs d'un récit répètent un scénario mettant l'accent sur une idéologie particulière, nous avons affaire à un schéma mythique (1983, p. 434; 1985, p. 7). Bormann s'est intéressé aux types fabuleux de la purification et de la restauration. Les Puritains insistent sur la nécessité dans laquelle se trouvent les Chrétiens de se soumettre à une purification afin de mériter le pardon de Dieu et de renforcer leur influence morale et spirituelle ici-bas. Lincoln manifestait une prédilection pour un tel modèle de la restauration, qui l'incitait sans cesse à un retour aux préceptes des Pères Fondateurs. Ce même schéma de la restauration se retrouve dans la campagne de Reagan en 1980 ainsi que dans les résolutions de la Commission d'enquête sur l'Irangate qui exhorte les Américains à renouveler leur foi dans la Constitution.

La composante essentielle de la théorie de Bormann est l'idée de «vision rhétorique», par laquelle une communauté s'approprie une série de thèmes et de schémas et les unifie de façon à produire une réalité symbolique commune. Souvent, ce processus de coalescence s'effectue autour d'une «analogie maîtresse» exprimée par une étiquette ou un slogan, tels que «la nouvelle politique», «la guerre froide», «la majorité silencieuse», «la majorité morale», «la nouvelle gauche» et «le pouvoir noir» (1983, p. 435 et 1985, p. 8).

Bormann décrit ensuite le processus en trois étapes par lequel un individu en vient à partager une vision rhétorique. Dans un premier temps («émergence de la conscience»), l'individu est témoin, alors qu'un groupe réactualise son mythe constitutif. Au cours du second temps («prise de conscience»), il éprouve une véritable conversion; et au troisième stade («renforcement»), il renouvelle son engagement envers sa vision (1983, p. 437).

Pour montrer que le concept de «vision rhétorique» a une portée théorique et un pouvoir explicatif, Bormann utilise maintenant l'expression de «convergence symbolique» pour décrire sa méthode. En combinant ainsi des thèmes et des types fabuleux pour former sa propre vision rhétorique, un groupe se donne une théorie générale de la communication comparable à celle qui caractérise le champ de la science normale. Ceci deviendra plus clair lorsque nous aurons examiné la méthode que Bormann suit dans ses analyses pratiques.

Conformément aux principes de Bales, Bormann insiste sur la nécessité de recueillir des données exprimant le «contenu manifeste». A partir d'enregistrements audio et vidéo, de manuscrits, d'interviews et d'observations directes, le critique recueille des données sur le passé, le présent et le futur tel qu'on peut l'imaginer. Il rassemble des informations sur la nature de l'intrigue et sur son dénouement, sur les différents personnages de l'histoire, sur les méthodes utilisées par le groupe pour enchaîner les thèmes et les schémas fabuleux. Il réunit également des informations sur les relations qu'entretiennent les gens entre eux et vis-à-vis de la communauté, comme sur les principaux mobiles sous-tendant les décisions du groupe (1972, pp. 397, 401-402; 1983, p. 446).

Sur la base des données ainsi recueillies, le critique peut reconstruire la «vision rhétorique» et la justifier à partir de la théorie de la convergence symbolique. Il faut se rappeler à cette étape que les significations inhérentes à la «vision rhétorique» ne sont pas seulement dans les individus, comme le suggère la théorie traditionnelle de la communication, mais dans les termes du message :

> Les significations sont essentiellement dans les messages. Lorsque les membres d'un groupe actualisent leur vision, ils reviennent de l'assemblée porteurs de nouvelles significations qui, sans doute, n'existaient pas auparavant — sinon comment pourrions-nous rendre compte de la nouveauté et de l'innovation? Les significations nouvelles sont renfermées dans les messages produits lors de ces réunions (Bormann, 1972, p. 406).

C'est cette importance donnée à la signification et à son émergence dans le procès de communication qui permet sans conteste de placer Bormann aux côtés de tous ceux qui associent rhétorique et production du savoir.

Comme on pouvait s'y attendre, la théorie de la vision rhétorique a provoqué de vives réactions. Parmi tous ceux qui mettent en question l'efficacité du modèle, citons G.P. Mohrmann qui affirme que Bormann et ses disciples négligent la théorie freudienne dont Bales avait pourtant souligné l'importance ainsi que, par ailleurs, la théorie du dramatisme de

Kenneth Burke. En outre, soutient Mohrmann, «ils argumentent de façon circulaire, ils prétendent en effet avoir mis à jour une réalité sociale contraignante, alors qu'ils n'ont fait que décrire une charpente dramatique» (1982). Malgré ces réactions négatives, le modèle de la vision rhétorique fait sans cesse de nouveaux adeptes, non seulement parmi les chercheurs en rhétorique mais également parmi les théoriciens de l'organisation et les spécialistes des média (Putnam & Cheney, 1985, pp. 145-146 ; Brown, 1985, p. 210).

C. LE POINT DE VUE IDEOLOGIQUE

On peut voir dans les analyses idéologiques proposées par Michael McGee (University of Iowa) et par William Brown (Ohio State University) le tout dernier développement du courant liant rhétorique et production du savoir. Dans leurs écrits de ces douze dernières années, ces auteurs, qui reconnaissent leurs dettes vis-à-vis de Kenneth Burke, voient dans les symboles l'instrument permettant de construire une réalité sociale, et s'efforcent de situer la fonction symbolique dans la réalité humaine. Leur conception globale de l'idéologie leur assure une place à part dans les études rhétoriques américaines.

Bien que leurs points de départ soient différents, qu'ils n'utilisent pas le même vocabulaire, et qu'ils s'opposent sur la valeur et la portée pratique des idées de Marx, leurs conceptions de l'idéologie comme une des principales composantes du discours tendent néanmoins à se rejoindre : McGee me disait récemment qu'il considérait Brown comme son interlocuteur privilégié dans le débat autour de la théorie de l'idéologie (1987b).

1. McGee et la théorie matérialiste de la rhétorique

McGee qualifie de «matérialiste» son approche de la rhétorique (1982, pp. 23-48). Pour comprendre pourquoi, voyons d'abord ce qu'il entend par «le peuple», notion sur laquelle repose son idéologie. Dans sa première contribution importante, intitulée «A la recherche du peuple : une alternative rhétorique» [In search of the People : a Rhetorical Alternative] (1975), il reproche en effet à Perelman comme à Platon d'avoir défini le peuple de façon si restrictive que le terme ne désigne plus que les individus raisonnables, appartenant à l'élite intellectuelle (pp. 237-238). Le «vrai» peuple, soutient-il, est formé de l'ensemble des citoyens, y compris «ceux qui agissent davantage selon les lieux communs et leur propre intérêt qu'en fonction de raisons et de preuves» (p. 238).

C'est donc cet électorat mixte que le rhétoricien doit étudier, afin de déterminer les croyances, les valeurs, et les attitudes «du peuple», en tant qu'il est appelé à prendre des décisions, qu'elles soient d'ordre politique, sociologique ou privé. Ignorer les convictions et les schémas de comportement du public, ce serait construire une rhétorique idéaliste à laquelle McGee oppose une rhétorique apportant selon le vœu de Burke, «une contribution effective à la compréhension des processus sociaux et de l'homme en général» (pp. 247-248).

Dans la mesure où McGee assimile les concepts de peuple à la notion générale de «masse», plutôt qu'à l'élite au pouvoir, où il cite librement les écrits de Marx tout en adoptant en partie son vocabulaire, on a parfois fait de McGee un intellectuel marxiste, qualification qu'il refuse absolument (1987). L'essentiel reste qu'en élargissant la définition du «peuple», il a comblé une lacune importante de la théorie rhétorique.

Cette conception élargie et élevée du peuple se manifeste encore d'une autre façon. Au moment où, en Amérique, la plupart des observateurs déplorent que les électeurs réagissent plutôt en fonction des images que des problèmes, McGee soutient des positions opposées. Si le peuple doit occuper la fonction qui lui revient à juste titre dans le processus social, on doit permettre aux gens de se déterminer en fonction des éléments qu'ils comprennent le mieux, c'est-à-dire les images des leaders politiques ou des candidats. Ils sont en effet pleinement qualifiés pour se prononcer sur la loyauté et l'expertise d'un candidat ou du titulaire d'une fonction, même si, dans bien des cas, on ne peut pas leur demander de maîtriser tel problème particulier dans toute sa complexité technique. McGee rejette ainsi radicalement la philosophie Whig du XVIIIe siècle selon laquelle les problèmes doivent avoir la priorité sur les personnes (1978, pp. 141-154).

La notion de peuple étant ainsi posée, comment faut-il comprendre et expliciter les discours qui conditionnent l'idéologie et les processus de décision d'une communauté donnée? En réponse à cette question, il propose d'étudier des documents consignant les discours effectivement prononcés durant la période qu'on se propose d'analyser. Il emprunte cette idée à Ernest Wrage, qui, dès 1947, incitait ses collègues à étudier les discours non du point de vue des canons rhétoriques mais selon la perspective du débat d'idées (1947, pp. 451-457).

Les recherches de McGee sur le discours public et l'interaction théorique ont mis en évidence le pouvoir mobilisateur du slogan et des syntagmes tronqués, qu'il s'agisse de défendre une cause ou de promouvoir des valeurs, ainsi qu'il l'écrit dans un de ses textes les plus novateurs

«The ideograph : a link between rhetoric and ideology» (1980) [«L'idéographe : un lien entre rhétorique et idéologie»]. Définissant le langage politique comme une «idéologie en acte» et l'«idéographe» comme «la totalisation unitaire d'une orientation» [«one term sum of an orientation»], McGee voit dans celui-ci une force de persuasion capable de créer et de soutenir les croyances et la politique d'une communauté (pp. 5-15). Qu'il fonctionne verticalement ou horizontalement, l'idéographe capture les forces et les intentions à l'œuvre dans une situation rhétorique, comme en témoignent ces slogans caractéristiques ou «idéographes», dont chacun constitue, d'après McGee un des piliers d'une idéologie : «propriété», «religion», «protection de la vie privée», «liberté de parole», «règle légale», «liberté» : à quoi on pourrait ajouter «justice», «égalité» et «ordre». Un «peuple» donné reconnaît l'autorité de tels termes liés à une culture, où il faut voir une version abrégée d'une idéologie à visée normative.

McGee a donné en 1982 une version détaillée de sa rhétorique matérialiste, où il réaffirme le postulat matérialiste voulant que le chercheur commence par l'examen du discours lui-même, discours dans lequel on peut voir «un objet, le produit matériel de l'interaction humaine» (1982, pp. 25, 45). A la différence de l'idéaliste dont l'analyse se limite aux cinq canons de la rhétorique, le matérialiste traite d'abord les paramètres «locuteur/discours/auditoire/occasion/changement» (pp. 29-30). Il est d'une importance capitale de bien voir comment interagissent ces différents termes, dans la mesure où c'est de là que pourra provenir une meilleur compréhension de l'«expérience humaine concrète» (p. 30). Pour un matérialiste donc, la rhétorique relève «d'un phénomène social naturel, au cours duquel sont avancées des prétentions symboliques visant le comportement ou les croyances d'une ou plusieurs personnes, soutenues par le ferme espoir de provoquer ainsi des changements significatifs» (p. 38).

Il est donc clair que la philosophie matérialiste de McGee s'oppose à tous ceux qui réduisent l'étude de la rhétorique à l'étude des écrits de Platon, Aristote ou Perelman. La façon dont ces derniers ont composé leurs théories est bien plus significative que leurs affirmations sur la rhétorique : d'après McGee, à moins que ces grands auteurs n'aient procédé avec le souci de lier la théorie à la pratique, pour McGee, le produit fini ne saurait rendre pleinement compte de la signification attachée aux transactions rhétoriques à l'intérieur du peuple.

Il est donc clair que pour McGee la rhétorique trouve sa source, son inspiration et son impulsion dans une association étroite à la pratique.

C'est pourquoi McGee considère que ses analyses théoriques trouvent leur impulsion première dans l'analyse du discours public (1987). Mais il se voit également comme un adepte de la méthode de «l'enquête rhétorique», qui est devenu le signe distinctif de l'université de l'Iowa. Selon cette méthode explique-t-il, (1) la recherche doit être conçue comme une action créative dans et sur le monde et (2) la rhétorique occupe une place à part parmi les théories et les pratiques discursives, dans la mesure où elle est à la fois critique, active et performative (1987). On voit ainsi comment cette approche relie rhétorique et savoir.

Bien que la théorie de McGee n'en soit qu'à ses premières formulations, elle se distingue déjà par l'importance de sa contribution à la discussion de la fonction épistémique de la rhétorique. On considère que McGee a précisé nos connaissances dans les domaines de la rhétorique et de l'idéologie, et que sa conception de l'idéographe «représente une construction théorique importante» (Leff & Procario, 1985, pp. 24-25). On pourrait encore ajouter qu'il a contribué à dégager l'étude du discours politique des influences néo-aristotéliciennes pour y trouver matière à un renouvellement des théories rhétoriques.

2. Brown, la théorie de l'idéologie et de l'intervention sociale

Comme Bitzer, Fisher Bormann et McGee, Brown partage la passion de Kenneth Burke pour les symboles et leur fonction dans la création et la structuration de l'expérience humaine : d'où la place centrale qu'occupe le procès de symbolisation dans sa théorie de l'idéologie et de l'intervention sociale. Pour lui, c'est par le biais de constructions symboliques que la personne saisit les idées, ordonne le monde, entre en relation avec les autres, se donne et leur donne une identité. En s'engageant dans «une activité symbolique créatrice d'abstractions telles que "le soi", "l'autre", "rôle", "statut", dans l'attribution mutuelle de "motifs" ou de croyances "idéologiques" qui sont supposés rendre compte de leurs comportements, les humains agissent de sorte que le monde prenne sens pour eux» (1978, p. 133). C'est ainsi qu'une idéologie constitue une vision du monde.

Brown soutient que, comme les individus utilisent les symboles pour former leur idéologie, celle-ci peut être vue comme un procès de communication «susceptible de fournir une nouvelle clé pour l'étude du comportement humain» (1978, p. 140).

Pour expliquer le surgissement ou la stabilité d'une idéologie, Brown introduit deux types de systèmes dits «compensateur de déviance» et «amplificateur de déviance». Etant donné qu'à tout moment de son histoire une idéologie est caractérisée par des déviances ou des imperfections, un leader se trouve face à une alternative : soit il amplifie et magnifie les exigences, soit il tente de les gommer. Mais on sait qu'en prenant des mesures compensatoires dans un sens, on peut amplifier les imperfections dans un autre. Brown illustre ce fait en rappelant les deux premiers mandats de Franklin D. Roosevelt. Au début de son premier mandat, en 1933, Roosevelt instaura un système d'intervention fédéral visant à compenser les déséquilibres en matière économique, afin de corriger le désengagement excessif des administrations précédentes. Mais la mise en pratique d'une telle politique introduisit ou amplifia d'autres imperfections qui, plus tard exigèrent à leur tour une correction. Il semblerait donc que le système compensateur et le système amplificateur soient en relation symbiotique parallèle, selon qu'on a affaire à une idéologie conquérante ou en repli.

A partir de cette conception de l'idéologie, Brown a développé sa propre philosophie de la rhétorique selon d'autres dimensions également importantes, notamment le motif de la polarisation de l'attention, de l'intervention sociale et du pouvoir. Remarquant que fondamentalement, une idéologie se manifeste par une polarisation de l'attention, Brown utilise l'image de la pierre tombant dans une eau tranquille qui engendre des cercles d'influence qui vont s'élargissant (1982, p. 22). Cette modification de l'attention peut renforcer l'idéologie dominante de la communauté, ou bien, en l'affaiblissant, produire une «nouvelle gestalt».

Ces variations de l'attention peuvent revêtir différentes formes en particulier (1) les membres d'une communauté peuvent s'attacher ou se détacher d'une *épistémè* particulière; (2) ils peuvent passer d'un ensemble de croyances ou de valeurs ontologiques à un autre; (3) ils peuvent rejeter un type de métaphore pour un autre; (4) ils peuvent osciller entre une conception stricte ou large de certains problèmes (1982, p. 22).

Un leader qui entend détourner l'attention du public des lacunes ou des difficultés inhérentes à son idéologie a deux stratégies rhétoriques à sa disposition, soit la «camoufler», soit la «mettre en vedette» (1978, p. 139). Le rhéteur peut ainsi masquer ou négliger les faits qui ne cadrent pas bien avec le changement ou l'idéologie dont il se fait l'avocat, et mettre en avant ceux qui lui sont favorables. Il faut tenir compte ici du fait qu'un disfonctionnement peut être exploité aussi bien pour prévenir une intervention que pour la soutenir.

Les variations dans la polarisation des intérêts sont d'abord le résultat d'interventions sociales, dont l'efficacité dépend de relations de pouvoir.

Ces interventions surviennent alors que la communauté réfléchit à des choix avant d'opter pour le futur qui semble le plus conforme à ses aspirations. Ces choix dépendent de la relation de pouvoir conçue comme «relation de communication» (1986, p. 182).

L'analyse du pouvoir proposée par Brown soutient une certaine conception des relations entre le «détenteur de pouvoir» et le «sujet de pouvoir», l'un et l'autre disposant d'un certain pouvoir. Alors qu'ils sont engagés dans une entreprise commune où «les buts de l'un sont médiatisés par les buts de l'autre», ils doivent adopter une attitude de respect mutuel et de responsabilité dans l'interdépendance (1986, p. 185). Cette conception du pouvoir s'applique à l'analyse de l'influence persuasive de «l'*ethos* et de la crédibilité», en tant qu'«exemplaires de la relation de pouvoir» (1986, p. 182).

Sa dernière contribution, à mon sens essentielle, «La Conception holographique de l'argumentation» [The holographic view of argument], parue dans le premier numéro de la revue *Argumentation* (1987), repose également sur cette théorie de l'idéologie et de l'intervention sociale mettant l'accent sur les phénomènes de pouvoir.

Cette étude est d'abord un exemple de l'idéologie holiste qu'a décrite Stephen Pepper dans son ouvrage *World Hypotheses* (1970) sous le nom d'organicisme. L'organiciste admet une métaphore première mettant en lumière l'intégration d'un organisme et considère que le savoir progressse d'un niveau inférieur à un niveau supérieur de «globalité» et de «détermination» jusqu'à approcher d'une totalité organique (Pepper, pp. 298, 310). Cette vision du monde suppose une théorie de la vérité-cohérence et une interprétation théologique de la causalité, mettant l'accent sur l'idée de fin prédéterminée.

A partir de cette philosophie organiciste, Brown entreprend de construire une théorie capable de faire contrepoids aux théories classiques de la rhétorique, dominées successivement par les conceptions formistes, mécanistes et contextualistes, et par les métaphores premières associées : la «similarité», la «machine» et «l'événement historique» (Pepper, 1970). Brown entend ainsi attirer l'attention sur les possibilités de transcender les catégories discrètes du «formisme», du «mécanisme» behavioriste et ainsi que de l'interactionnisme symbolique du «contextualisme». Il propose pour cela la métaphore de l'hologramme qui met l'accent «non pas sur la connaissance issue de la vision des parties dans un tout, mais sur celle qui émane de la vision du tout dans chacune de ses parties» (1987, p. 89).

Brown étant, comme Pepper, un pluraliste capable d'apprécier la valeur intrinsèque de chacune des quatre hypothèses, il n'entend pas substituer sa théorie holographique de l'argumentation au formisme, au mécanisme ni au contextualisme, mais plutôt attirer notre attention sur une autre conception du monde qui peut apporter beaucoup à notre connaissance du raisonnement formel et informel.

Les idées stimulantes de Brown n'ont pas encore reçu l'attention qu'elles méritent. On peut cependant penser que son modèle de l'intervention sociale, enracinée dans la vision théorique de l'hypothèse organiciste et d'un holisme radical, a une valeur explicative, comme le montrent la dizaine de thèses en cours qui utilisent ce modèle. Globalement, le point de vue idéologique renforce ainsi le courant reliant rhétorique et création des connaissances.

Nous avons tenté de montrer dans ce panorama que, durant ces vingt dernières années, les chercheurs en communication ne se sont pas bornés à l'étude traditionnelle de la persuasion, non plus qu'à appliquer les paramètres d'une critique néo-aristotélicienne à l'analyse d'un personnage ou d'un événement rhétorique. Tout au contraire, ils ont tenté de développer la rhétorique comme moyen de production de connaissances. Comme nous venons de le voir, les résultats sont encourageants, et les chercheurs du futur trouveront dans les idées de Bitzer sur la situation rhétorique, dans le paradigme narratif de Fisher comme dans la théorie matérialiste de McGee et le modèle de l'intervention sociale de Brown, des instruments capables de les aider dans leur travail.

Traduit par Christian Plantin

REFERENCES

BALES Robert, *Personality and Interpersonal Behavior*, New York Holt, Rinehart, and Winston, Inc., 1970, pp. 136-155.
BITZER Lloyd F., «The Rhetorical Situation», *Philosophy and Rhetoric* 1, January, 1968, pp. 1-14.
BITZER Lloyd R., «Rhetoric and Public Knowledge», *Rhetoric, Philosophy, and Literature : An Exploration*, Don BURKS M. (Ed.), West Lafayette, Ind. : Purdue University Press, 1978, pp. 67-93.
BLACK Edwin, *Rhetorical Criticism : A Study in Method*, New York : The Macmillan Company, 1965.
BORMANN Ernest G., «Fantasy and Rhetorical Vision : The Rhetorical Criticism of Social Reality», *Quarterly Journal of Speech* 58, December, 1972, pp. 396-407.
BORMANN Ernest G., «Fantasy and Rhetorical Vision : Ten Years Later», *Quarterly Journal of Speech* 68, August, 1982, pp. 288-305.
BORMANN Ernest G., «Fantasy Theme Analysis», James L. Golden, Goodwin F. Berquist & William E. Coleman, *The Rhetoric of Western Thought*, Dubuque, Iowa : Kendall/Hunt Publishing Company, 1983^3, pp. 432-449.
BORMANN Ernest G., *The Force of Fantasy*, Carbondale, Ill. : Southern Illinois University Press, 1985.
BROCKRIEDE Wayne and EHNINGER Douglas, «Toulmin on Argument : An Interpretation and Application», *Quarterly Journal of Speech* 46, February, 1960, pp. 44-53.
BROWN William R., «Ideology as Communication Process.», *Quarterly Journal of Speech* 64, April, 1978, pp. 123-140.
BROWN William R., «Mass Media and Society : The Development of Critical Perspectives», Thomas W. BENSON (Ed.), *Speech Communication in the Twentieth Century*, Carbondale : Southern Illinois University Press, 1985, 210.
BROWN William R., «Power and the Rhetoric of Social Intervention», *Communication Monographs* 53, June, 1986, pp. 180-199.
BROWN William R., «The Holographic View of Argument», *Argumentation* 1, 1987, pp. 89-102.
BRYANT Donald, «Rhetoric, Its Function and Its Scope», *Quarterly Journal of Speech* 39, December, 1953, pp. 401-424.
EHNINGER Douglas and BROCKRIEDE Wayne, *Decision by Debate*, New York, Dodd, Mead and Company, 1963.
FISHER Walter R., «Toward a Logic of Good Reasons», *Quarterly Journal of Speech* 64, December, 1978, pp. 376-384.
FISHER Walter R., «Rhetorical Fiction and the Presidency», *Quarterly Journal of Speech* 66, April, 1980, pp. 119-126.
FISHER Walter R., «Rationality and the Logic of Good Reasons», *Philosophy and Rhetoric* 1, Spring, 1980, pp. 121-130.
FISHER Walter R., «Narration as a Human Communication Paradigm : The Case of Public Moral Argument», *Communication Monographs* 51, 1984, pp. 1-22.
FISHER Walter R., «Judging the Quality of Audiences and Narrative Rationality», James L. GOLDEN & Joseph J. PILOTTA (Eds), *Pratical Reasoning in Human Affairs*, Dordrecht : D. Reidel Publishing Company, 1986, pp. 85-103.
FISHER Walter R., «Technical Logic, Rhetorical Logic, and Narrative Rationality», *Argumentation* 1, 1987, pp. 3-21.
FISHER Walter R., *Human Communication as Narration : Toward a Philosophy of Reason, Value, and Action*, Columbia : University of South Carolina Press, 1987.
GOLDEN James L., «Douglas Ehninger's Philosophy of Argument», *Argumentation* 1, 1987, pp. 23-40.
GRIFFIN Leland M., «The Rhetoric of Historical Movements», *Quarterly Journal of Speech* 38, April, 1952, pp. 184-188.
LEFF Michael C. and ORGAN PROCARIO Margaret, «Rhetorical Theory in Speech Communication», *Speech Communication in the Twentieth Century*, pp. 3-27.
MCGEDE Michael Calvin, «In Search of ‹the People› : A Rhetorical Alternative», *Quarterly Journal of Speech* 61, 1975, pp. 235-249.

McGEE Michael Calvin, «Not Men, but Measures : The Origins and Import of an Ideological Principle», *Quarterly Journal of Speech* 64, April, 1978, pp. 141-154.
McGEE Michael Calvin, «The ‹Ideograph› : A Link Between Rhetoric and Ideology», *Quarterly Journal of Speech* 66, February, 1980, pp. 1-16.
McGEE Michael Calvin, «A Materialist's Conception of Rhetoric», *Explorations in Rhetoric*, RAY E., McKERROW (Ed.), Glenview, Ill. : Scott, Foresman and Company, 1982, pp. 23-48.
McGEE Michael Calvin, «A Certain Ethics of the Intellectual : Facism in Europe and America», Lecture delivered at Ohio State University, May, 1987.
McGEE Michael Calvin, Interview with James L. Golden, Columbus, Ohio, May, 1987.
McKEON Richard, «The Uses of Rhetoric in a Technological Age : Architectonic Productive Arts», *The Prospect of Rhetoric*, Lloyd BITZER and Edwin BLACK, Englewood CLIFFS (Eds), N.J. : Prentice-Hall, Inc., 1971, pp. 44-63.
MOHRMANN G.P., «An Essay on Fantasy Theme Criticism», *Quarterly Journal of Speech* 68, May, 1982, pp. 109-132.
NICHOLS Marie Hochmuth, «Kenneth Burke and The ‹New Rhetoric›», *Quarterly Journal of Speech* 38, April, 1952, pp. 133-144.
PUTNAM Linda L. and CHENEY George, «Organizational Communication : History, Development and Future Directions», *Speech Communication in the 20th Century*, pp. 145-146.
PEPPER Stephen C., *World Hypotheses*, Berkeley : University of California Press, 1970.
SCOTT Robert L., «On Viewing Rhetoric as Epistemic», *Central States Speech Journal* 18, 1967, pp. 9-17.
SCOTT Robert L., «On Viewing Rhetoric as Epistemic : Ten Years Later», *Central States Speech Journal* 27, 1976, pp. 258-266.
SCOTT Robert L., «Argument as a Critical Art : Re-Forming Understanding», *Argumentation*, 1987, pp. 57-71.
TOULMIN Stephen, *The Uses of Argument*, Cambridge : Cambridge University Press, 1958.
TOULMIN Stephen, «Logic and the Criticism of Arguments», *The Rhetoric of Western Thought*, pp. 391-401.
WARNICK Barbara, «The Narrative Paradigm : Another Story», *Quarterly Journal of Speech* 73, May, 1987, pp. 172-182.
WRAGE Ernest J., «Public Address : A Study in Social and Intellectual History», *Quarterly Journal of Speech* 33, December, 1947, pp. 451-457.

DEUXIEME PARTIE

STATUT EPISTEMOLOGIQUE DE L'ARGUMENTATION

Qu'est-ce que la logique non formelle?

par J. Anthony BLAIR
Université de Windsor

A. QUE RETROUVE-T-ON DANS UN NOM?

«Logique non formelle» est le nom adopté par un mouvement de réforme dans le domaine de la logique, principalement en Amérique du Nord anglophone. Ce mouvement, né il y a environ quinze ou vingt ans, affiche des objectifs à la fois pédagogiques et théoriques. Il ne s'agit pas d'un «mouvement» en ce sens qu'il y aurait un programme organisé, mais bien dans le sens qu'il existe une série d'intérêts et de questions partagés par bon nombre d'enseignants et de théoriciens. Son but, en tant que courant pédagogique, est de modifier le contenu de ces cours universitaires visant prétendument à développer le raisonnement logique. A cet égard, il a connu un succès appréciable : en Amérique du Nord anglophone, depuis le début des années 70, la plupart des collèges et universités se sont dotés d'un cours de logique non formelle. En tant que courant théorique, son objectif est de couvrir tous les aspects requis pour une évaluation logique non formelle des arguments et de l'argumentation. Sur ce point, le travail demeure inachevé — pour preuve, en 1987, Douglas Walton pouvait encore poser la question, «... sur quoi peut-on se baser pour qualifier un argument de raisonnable ou non?» (Walton, 1987 :1).

B. L'ASPECT PEDAGOGIQUE

Il est important de comprendre que l'expression «logique non formelle», à l'origine, était un slogan, un geste politique. Elle représentait une insatisfaction envers la logique déductive formelle comme instrument de prédilection pour l'enseignement de la logique. Au moins trois objections existaient. La première doutait de la possibilité d'analyser, en règle générale, l'argumentation du langage naturel de manière déductive. La deuxième objection portait sur les limites des mérites, à des fins d'évaluation d'arguments, de la reconstruction déductive et de l'encodage symbolique de l'argumentation dans le langage naturel. Troisièmement, on s'interrogeait sur la donnée selon laquelle l'enseignement aux étudiants du calcul propositionnel ou de la logique des prédicats améliorait leurs aptitudes au raisonnement. Bref, le nom de «logique non formelle» révélait initialement le besoin unifié d'un mouvement de réforme dans l'éducation de la logique. L'idée était de remettre en question le postulat, jusqu'alors non discuté, selon lequel les progrès théoriques éminents de ce siècle en logique formelle doivent constituer la matière de l'enseignement, au niveau élémentaire, de l'argumentation.

Les cours étiquetés «logique non formelle» conçus durant les quinze dernières années regroupent des approches très diversifiées. J'aimerais faire la distinction entre les accents suivants généralement combinés à l'intérieur des cours. a) L'approche des «*paralogismes*» et des «*sophismes*» : enseigner les caractéristiques d'un ensemble de paralogismes et de sophismes non formels, afin de reconnaître et de critiquer les arguments dans le langage naturel du discours quotidien. b) L'approche «*pensée critique*» : inculquer une série de compétences et de dispositions considérées comme importantes pour l'analyse critique des questions publiques et pas seulement des questions techniques. c) L'approche «*évaluation de l'argument*» : enseigner aux étudiants la manière d'analyser une argumentation de façon critique en se concentrant sur un cas plus ou moins entièrement argumenté en faveur d'une position, et en utilisant une technique heuristique quelconque pour son analyse et son évaluation [e.g. la méthode en «sept étapes» de Scriven (1976) ou le modèle d'analyse ainsi que la suggestion d'évaluation pratique de Toulmin (1979)]. d) L'approche «*logique appliquée*» : utiliser des éléments de la logique des classes et/ou des phrases, voire une part de logique inductive — allant des modèles traditionnels (aristotéliciens, voir Barker, 1981) aux ultra-modernes (théorie des mondes possibles, voir Nolt, 1984) — en conjonction avec une attention pour l'argumentation en langage naturel, dans le but d'enseigner l'interprétation et l'évaluation de l'argument.

Les cours de logique non formelle varient en qualité, comme tous les cours d'ailleurs, mais les meilleurs offrent autant de clarté et de précision que le permet le sujet, et suffisamment de matériel théorique et pratique pour stimuler sérieusement les étudiants — dans l'esprit de la recommandation de Wittgenstein : «... à quoi bon étudier la philosophie... si elle n'améliore pas votre pensée sur les questions importantes de la vie quotidienne...» (Malcolm, 1958 : 39).

C. THEORIE : (1) REMARQUES GENERALES

Il est évident que ces développements pédagogiques n'étaient pas sans implications théoriques et, dans plusieurs milieux, ils étaient alimentés par des présuppositions théoriques [généralement influencées par les derniers travaux de Wittgenstein et par la philosophie du langage ordinaire d'Oxford, ainsi que, pour certains, par le travail de Perelman et Olbrechts-Tyteca (1958), Toulmin (1958) ou Hamblin (1970)]. L'orientation théorique générale était, comme l'a déclaré Scriven (1980 : 149), un retour à l'étude de l'argument. Les questions théoriques sur lesquelles reposent ces implications et présuppositions sont donc toutes reliées aux arguments et à l'argumentation. Le problème était de savoir quel était l'intérêt de la logique non formelle pour l'argumentation.

L'argumentation est clairement un complexe d'actes du discours, comme l'ont démontré van Eemeren et Grootendorst (1984); elle est dialectique en ce sens qu'elle présuppose des rôles réciproques différents, comme de nombreux autres l'ont soutenu; elle est enracinée dans la problématicité, comme l'a mentionné Meyer (1986); puis elle est rhétorique, comme l'ont affirmé Perelman et les théoriciens américains de la communication du discours. Je crains que les partisans anglophones nord-américains de la logique non formelle, ne soient moins familiers avec cette documentation qu'ils ne le devraient; mais, selon moi, tous ces éléments sont admis.

Mon intérêt le plus récent a trait à l'approche de la logique non formelle sur l'argumentation. Plus précisément, j'ai tenté d'établir une théorie de la critique logique telle qu'elle s'appliquerait aux arguments et à l'argumentation. En partant des suppositions générales précitées sur la nature de l'argumentation, nous pouvons nous demander si un argumentaire en faveur d'un point de vue est logiquement irrésistible ou convaincant. Cela nous amène à nous interroger sur les conditions selon lesquelles l'on devrait accepter une conclusion — une affirmation mise en question — en se basant sur les raisons invoquées à son avantage. J'aimerais voir ce que l'on peut dire pour appuyer l'opinion selon laquelle il existe des conditions générales de force d'un argument.

Il est regrettable que certains théoriciens aient adopté des positions qui semblent vouer mon entreprise à l'échec. Walton (1987) soutient qu'il n'existe pas d'ensemble unique de conditions de force d'un argument, mais bien différentes conditions pour différents types d'arguments. Willard (1983) déclare, si je le comprends bien, que les conditions de puissance (a) varient d'un champ d'arguments à un autre et (b) sont relatives aux croyances des argumentateurs dans chaque domaine. Comme à mon avis il existe des critères généraux de force d'un argument, ces deux dernières positions semblent incompatibles avec les miennes. Je souligne ces positions dans le but de reconnaître l'obligation de s'y attarder à un moment donné; cependant, je poursuivrai en considérant que les objections qu'elles peuvent représenter auront une réponse. De fait, je crois que ma position n'est pas aussi opposée que l'apparence le laisse penser.

Dans cet article, j'aimerais explorer une théorie générale sur la puissance de l'argument dans son rapport à la théorie de van Eemeren et Grootendorst (1984) sur les discussions argumentatives visant la résolution de mésententes; cette dernière s'avère l'une des théories les plus détaillées et approfondies jusqu'ici.

D. L'ECOLE D'AMSTERDAM ET LES NORMES DE PUISSANCE

De prime abord, il pourrait sembler que la théorie de van Eemeren et Grootendorst appuie un relativisme convaincu à l'égard des normes de puissance d'un argument. Ils suggèrent que les deux parties qui s'engagent dans une argumentation dans le but de résoudre une dispute doivent respecter un code de conduite — un ensemble de règles qui favoriseront cet objectif (151). Le code de conduite qu'ils préconisent exige que les parties s'entendent sur les règles qui «détermineront si un protagoniste a réussi à défendre son point de vue et... si l'antagoniste l'a attaqué avec succès» (163). Le protagoniste avance un point de vue et le défend en présentant des arguments qui, à son avis, l'étayent. L'antagoniste pourra mettre en cause soit le «contenu propositionnel» de l'argument — que j'appellerais la soutenance de ses prémisses («tenability», suivant Naess, 1966; 108ff) — soit le «potentiel justificatoire ou réfutatoire» de l'argument — c'est-à-dire la relation entre les prémisses et la conclusion (165). Ils doivent s'entendre sur «la méthode à adopter pour déterminer si une proposition devrait être acceptée ou non» (167) et sur les règles qui seront utilisées pour évaluer la validité des prémisses par rapport à la conclusion (169). Van Eemeren et Grootendorst déclarent que les argumentateurs doivent s'entendre sur ces règles (notamment) pour que leur argumentation puisse résoudre rationnellement la mésentente.

On pourrait croire, selon cette théorie, que les règles établies par les interlocuteurs («discuteurs»), peu importe lesquelles, sont à considérer comme adéquates pour des prémisses et un raisonnement acceptables. Si tel était le cas, de telles règles seraient, de fait, totalement relatives aux argumentateurs. Un tel résultat ne semble pas désirable ; il impliquerait qu'un désaccord aurait été résolu de façon rationnelle, même si les règles utilisées dans ce processus sont *prima facie* inadmissibles. Ainsi, une règle dont le contenu propositionnel est «ce qui paraît dans X (X étant un tabloïd publiant des affirmations invraisemblables) nous est acceptable», ou une règle dont le potentiel justificatoire ou réfutatoire est «Une seule preuve décide de la situation», pourrait recevoir l'accord des deux parties impliquées dans une dispute. Malgré tout, même si des parties avaient adhéré à de telles règles, elles pourraient être amenées à conclure qu'elles ne se considèrent pas liées, après réflexion, par les accords produits par ces règles.

Cependant, un examen plus approfondi de la position de van Eemeren et Grootendorst révèle qu'ils refusent d'être restreints à une telle position. Ils citent des exemples du type de procédure sur lesquelles les interlocuteurs pourraient s'entendre en vue de décider des propositions à accepter : «la conclusion de sources orales ou écrites (encyclopédies, dictionnaires et autres travaux de référence) ou... les observations ou expériences mixtes» (167). En d'autres mots, ils souhaitent voir les protagonistes s'entendre sur des normes objectives ou intersubjectives portant sur l'acceptabilité du contenu propositionnel des prémisses. De plus, ils exigent que le protagoniste reconstruise ses arguments pour les rendre *valables* et insistent ainsi pour que les interlocuteurs «aient des *règles logiques* qu'ils peuvent appliquer en vue d'évaluer la validité de l'argument du protagoniste» (169). La définition exacte de «valable» n'est pas donnée ; toutefois, au cours de leur discussion sur les prémisses non exprimées, van Eemeren et Grootendorst se rallient à Grice pour dire que les arguments devraient être reconstruits pour préserver leur validité (chap. 6), et dans ce contexte, une inférence «valable» est telle que l'on ne peut accepter constamment ses prémisses et en rejeter la conclusion. Il s'agit également là d'une norme objective. Le but des théoriciens d'Amsterdam n'est donc pas d'établir une série de normes argumentatives pour la résolution de disputes, qui feraient usage de procédures d'entente au relativisme inacceptable.

Un autre point de clarification s'avère nécessaire. Les règles de van Eemeren et Grootendorst constituent, «un code de conduite pour les argumentateurs rationnels» (151). Nous devons ici noter l'ambiguïté de «rationnel», particulièrement à travers la distinction entre rationalité procédurale et rationalité substantielle. Les participants à la discussion peuvent être rationnels en ce sens que les méthodes qu'ils utilisent conviennent pour atteindre le but fixé (en l'espèce, une entente); ils peuvent d'autre part être rationnels au sens où leurs méthodes entraînent un résultat raisonnable (pouvant être caractérisé comme un accord défendable). Les règles que nous avons considérées ne sont censées être rationnelles qu'au premier sens : «la valeur pratique des règles à proposer dépend du degré selon lequel elles entraînent la *résolution de disputes*» (151). Rien n'empêche un tiers d'examiner la position convenue ou les arguments utilisés par les interlocuteurs pour obtenir un accord; ce tiers peut appliquer d'autres critères d'évaluation. Au cas où les deux protagonistes s'entendent sur des règles qui, aux dires d'un observateur, sont susceptibles de produire des prémisses insoutenables ou des arguments non valables, les théoriciens d'Amsterdam apportent deux réponses. Premièrement, les interlocuteurs peuvent toujours suivre une procédure qui les aide à résoudre efficacement leur conflit. Deuxièmement, la théorie n'implique pas que leur entente soit suffisante pour produire des règles qui déboucheront sur des prémisses soutenables et des inférences valables. La théorie ne se prononce pas sur ce dernier point.

Ainsi, contrairement à une impression initiale, on ne peut traiter la théorie d'Amsterdam de relativiste. Cependant, en notant les raisons pour lesquelles cette critique ne s'applique pas, nous avons découvert que la théorie ne nous fournit pas les normes de puissance d'argument que nous recherchons.

On voit assez clairement où une théorie de la force d'un argument — réponse à la question de Douglas Walton — pourrait s'ajouter aux règles de van Eemeren et Grootendorst sur la discussion rationnelle. (1) Les règles qu'ils proposent pour l'étape argumentative d'une discussion exigent que les parties s'entendent sur une «procédure d'évaluation intersubjective» pour déterminer l'acceptabilité ou le rejet d'une prémisse (167). Une théorie normative de la force d'un argument fournirait aux argumentateurs des techniques pour décider de l'acceptabilité d'une prémisse, lorsqu'elle s'avère soutenable. (Je les nomme conditions de puissance de l'acceptabilité d'une prémisse). (2) Ces règles exigent également que les interlocuteurs s'entendent sur une «procédure de raisonnement intersubjective» (169) — une procédure pour décider du «potentiel justificatoire ou réfutatoire» de l'argument (168). En d'autres mots, ils ont besoin de pouvoir décider si la conclusion résulte bien des prémisses. Je suis d'avis que nous nous trouvons ici en présence de deux questions : (2a) les prémisses sont-elles *pertinentes* pour la conclusion ? et (2b) les prémisses offrent-elles des bases *suffisantes* pour accepter la conclusion (voir Johnson et Blair, 1983 : chap. 2) ? Une théorie normative de la force d'un argument offrirait des conditions de pertinence et de suffisance pour déterminer la justesse de l'argument.

E. THEORIE : (2) CONDITIONS DE FORCE

Un argument, au sens d'effet argumentatif isolé de ses dimensions rhétoriques, consiste en une série de prémisses (raisons, preuves, bases, etc.) invoquées pour appuyer une conclusion (affirmation, point de vue, etc.). La critique d'un tel argument peut porter sur la justesse des prémisses ou sur celle de leur relation avec la conclusion.

Quelles exigences devraient-elles s'appliquer ? Selon la position standard de la logique déductive formelle, l'argument doit être «solide» : les prémisses vraies et la relation déductivement valable. Ce requisit ne s'applique pas ici. En effet, la vérité des prémisses n'est ni nécessaire, ni suffisante pour leur acceptabilité : des prémisses probables ou plausibles (par exemple) peuvent être soutenables dans de nombreux contextes, alors que des prémisses vraies ne sont pas soutenables si les discuteurs ne possèdent pas de raison valable d'y adhérer (Hamblin, 1970 : 234ff.; Govier, 1985 : 77). La validité n'est ni nécessaire ni suffisante pour l'acceptabilité d'une relation : des arguments inductifs (Salmon, 1984) ou des arguments utilisant des analogies conceptuelles ou normatives (par exemple) (Govier, 1987) peuvent constituer des prémisses appuyant adéquatement la conclusion, même si elles ne sont pas valables déductivement ; un argument qui présume la question résolue, bien que déductivement valable, ne possède pas l'appui adéquat à sa conclusion.

Je remplacerais le conte, l'histoire standard de la logique déductive formelle par ce qui suit. Les prémisses d'un argument convaincant, si elles ne sont pas nécessairement véritables, seront au moins *soutenables*. La relation prémisse-conclusion d'un argument convaincant, si elle n'est pas nécessairement valable du point de vue déductif, sera au moins (a) *pertinente* et (b) *suffisante* (offrira assez de preuves du type adéquat). Ces trois conditions sont généralement indépendantes les unes des autres. Un argument comportant les trois conditions s'avère convaincant. Etant donné qu'au moins la soutenance et la suffisance sont des questions de degré, il en sera de même pour la force. Ce que je dois produire, ainsi, est une explication de ce que comportent la soutenance, la pertinence et la suffisance. Ce sujet pourrait faire l'objet d'un livre entier. Dans les pages qui suivent, je ne pourrai qu'indiquer le niveau de soutenance de prémisse, sur lequel je travaille, et ajouter quelques mots sur la suffisance de la prémisse.

La question de soutenance d'une prémisse n'est soulevée que pour les prémisses non appuyées. Toute prémisse appuyée est ainsi la conclusion d'un argument, et sa justesse sera fonction de la force de *cet* argument. A un moment donné, cependant, l'interlocuteur doit cesser de soulever des objections — si son travail doit s'arrêter — et il doit traiter certaines de ses prémisses comme soutenables sans appui additionnel. Quand est-il légitime de le faire? A quelles conditions une prémisse est-elle acceptable sans devoir plus la défendre?

J'assume que la justesse de la prémisse n'est pas relative à ce qui est reconnu soutenable par n'importe quel interlocuteur. La pratique courante de l'argumentation présuppose des normes valables entre personnes. Mais, et je le prends aussi pour acquis, ces normes n'exigent pas de perspective transcendante, de point-de-vue-de-Dieu, car aucune ne nous est offerte. Quelle explication de la soutenance peut-elle satisfaire à deux suppositions apparemment contradictoires?

Si l'on cherche une réponse à cette question, il est important de considérer certaines normes spécifiques de soutenance déjà proposées. Pour illustrer ceci, je consulterai le manuel de Govier (1985).

Exemple 1 : «Tout le monde sait cela». La prémisse affirme quelque chose qui est connu de pratiquement tous et qui fait partie des croyances générales, du contexte partagé de l'argument (voir Govier, 1985 : 81-82, 86). Remarquons que dire d'une affirmation que «tout le monde sait cela» n'implique pas qu'on y croie universellement. La critique d'une telle prémisse n'y croit précisément pas. Ainsi, «tout le monde sait cela» est un concept quasi-normatif : il dénote *ce qui est connu par ceux qui sont modérément bien informés ou documentés sur le sujet duquel l'affirmation relève.*

Exemple 2 : «Témoignage fiable». La prémisse concerne une question pour laquelle le témoignage d'une personne est approprié et l'auteur de l'argument se fie à quelqu'un dont le témoignage sur la question est digne de foi (voir Govier, 1985 : 82-83, 86). Ce qui fait qu'une personne est une source fiable n'est pas son regard honnête mais plutôt le fait que cette personne satisfait *aux critères de fiabilité qui ont été établis et qui sont revus de temps à autre, dans chaque secteur ou domaine, par ceux qui sont familiers avec les problèmes à l'origine des jugements ou des observations*. Un exemple saisissant est tiré des études sur les témoignages en cours de procès ; ces études ont révélé que les observations rapportées sous la pression des circonstances, telles les déclarations faites suite à un accident de la circulation ou à un vol, sont souvent erronées et ne devraient pas être considérées comme dignes de confiance.

Exemple 3 : «Autorité légitime». La prémisse est appuyée par l'autorité directe de la personne argumentant (ou l'autorité indirecte d'une autre personne), ce qui revient à dire que l'argumentateur (ou cette autre personne) possède des compétences spécialisées dans un domaine où l'on retrouve des normes d'expertise acceptées et qu'il y est reconnu comme expert. La prémisse relève du domaine de connaissance en question ; il n'y a pas de désaccord parmi les experts du domaine sur l'affirmation présentée dans la prémisse, et la crédibilité de l'argumentateur (ou celle de l'autre personne) n'est pas mise en question (voir Govier, 1985 : 83-85, 86). Remarquons combien cette exigence fait appel à *un groupe de personnes dont l'autorité propre n'est pas contestée*. On vise les gens que nous jugeons suffisamment *compétents et désintéressés* pour désigner leurs propres successeurs. Cette forme d'auto-perpétuation, nous la considérons de façon bienveillante aussi longtemps qu'il y a ouverture à la critique et au dissentiment.

Ces trois exemples d'exigences de soutenances spécifiques pour les prémisses suffisent pour illustrer les bases d'une théorie générale. Je suggère que chaque échange argumentatif soit jugé comme s'il se déroulait par rapport à des normes de soutenance. Ces normes sont exemplifiées dans les pratiques critiques et le travail de communautés d'interlocuteurs modèles. Elles sont les critères d'excellence et les recueils de croyances acceptées, qui sont maintenues au sein de groupes qui discutent ensemble et sont unis par un engagement envers ces normes et croyances, ainsi que par leur intérêt partagé pour un sujet particulier.

La communauté pertinente d'interlocuteurs modèles pour toute prémisse donnée sera composée des familiers du domaine *ad hoc*. Peut être dit familier celui qui connaît les propositions acceptées et celles qui font l'objet de controverses, et la raison de ce partage, celui aussi qui est au courant des méthodes d'investigation fiables utilisées dans le domaine. Il n'y a pas qu'une seule communauté ; la communauté pertinente variera d'une question à une autre. Le niveau des normes est élevé, mais peut être apprécié car il apparaît à l'examen du travail des gens. Les normes de chaque communauté sont historiques : elles ont été héritées des prédécesseurs et seront modifiées de diverses façons au passage par les membres en place, avant d'être transmises à leurs successeurs. Ainsi, les normes de soutenance seront toujours relatives à une époque donnée de l'histoire.

Les interlocuteurs modèles sont raisonnables dans leur application des normes. Ils sont d'habiles dialecticiens, c'est-à-dire sensibles aux demandes et aux limites des échanges argumentatifs. Ils réfléchissent et notent avec cohérence les hypothèses et problèmes pouvant être mis en question. Ils sont ouverts d'esprit et justes, reconnaissant, par exemple, que le scepticisme d'un certain type n'appelle aucune réponse.

Je crois que les normes invoquées pour déclarer qu'une prémisse n'est pas soutenable, ou au contraire qu'elle ne requiert aucune défense, sont les normes d'argumentation dialectique employées par un groupe d'individus modèles. Nous les connaissons, il s'agit soit des spécialistes de notre propre domaine, soit de penseurs avertis dans des secteurs comme les affaires publiques, où il n'existe aucune expertise unique spécifique. Le concept de communauté d'interlocuteurs modèles est une construction représentant les meilleurs traits de chacun de ces groupes. Et les critères particuliers que nous formulons, comme ceux de Govier cités ci-dessus, ainsi que leurs applications, sont autorisés par des appels aux pratiques et croyances de chaque communauté.

Je crois que la construction servira pareillement à justifier des conditions de suffisance. Ainsi, il semble que des preuves suffisantes pour une affirmation auront été administrées, en général, lorsque la communauté pertinente d'interlocuteurs modèles n'aura plus aucun défi à opposer. Dans des domaines spécifiques, les communautés ont déjà des normes particulières pour décider que le fardeau de la preuve est plus lourd. Par exemple, une fois que nous avons compris quelque peu le principe de la recherche par enquêtes, nous savons qu'un sondage d'opinion publique auprès d'un échantillon d'une population hétérogène est une preuve insuffisante pour tirer des conclusions sur la population globale, surtout si la propriété-cible est vraisemblablement affectée par des variations non représentées dans l'échantillon.

Il reste à voir si la construction de communautés d'interlocuteurs modèles pourra aussi entraîner des conditions de pertinence.

Une note finale. Si les normes des communautés d'interlocuteurs modèles varient selon le type d'argumentation, on peut se rallier à ce que dit Walton. Et, si je concède que les normes sont relatives, du moins historiquement et peut-être selon les disciplines particulières, j'appuie presque Willard.

Il est évident que cet article demeure l'esquisse, la faible ébauche, d'une théorie. Néanmoins, il peut servir d'exemple pour indiquer certains des problèmes sur lesquels nous devons nous pencher si nous nous intéressons à construire une logique non formelle[1].

REFERENCES

BARKER E.M., *Everyday reasoning*, Prentice-Hall, 1981.
EEMEREN VAN F.H. & GROOTENDORST Rob, *Speech acts in argumentative discussions*, Foris, 1984.
GOVIER T., *A practical study of argument*, Wadsworth, 1985.
GOVIER T., «Beyond Induction and Deduction», VAN EEMEREN F.H. et al. (éds), *Argumentation : across the lines of discipline*, Foris, 1987.
HAMBLIN C.L., *Fallacies*, Methuen, 1970.
JOHNSON R.H. & BLAIR J.A., *Logical self-defense*, McGraw-Hill Ryerson, 1983.
MALCOLM N., *Ludwig Wittgenstein, a memoir*, Oxford, 1958.
MEYER M., *De la Problématologie : philosophie, science et langage*, Mardaga, 1986.
NAESS A., *Communication and argument*, Universitetsforlaget, 1966.
NOLT J.E., *Informal logic: possible worlds and imagination*, McGraw-Hill, 1983.
PERELMAN C. & OLBRECHTS-TYTECA L., *La Nouvelle Rhétorique. Traité de l'Argumentation*, Presses Universitaires de France, 1958, Editions de l'Université de Bruxelles, 1988[5].
SALMON M.H., *Introduction to logic and critical thinking*, Harcourt Brace Jovanovich, 1984.
SCRIVEN M., *Reasoning*, McGraw-Hill, 1976.
SCRIVEN M., «The philosophical and pragmatic significance of informal logic», BLAIR J.A. and JOHNSON R.H. (éds), *Informal logic*, Edgepress, 1980.
TOULMIN S.E., *The uses of argument*, Cambridge, 1958.
TOULMIN S.E., RIEKE R. & JANIK A., *Introduction to reasoning*, MacMillan, 1979.
WALTON D.N., *Informal fallacies, towards a theory of argument criticisms*, Benjamins, 1987.
WILLARD C.A., *Argumentation and the social grounds of knowledge*, University of Alabama, 1983.

NOTE

[1] J'aimerais remercier Rob Grootendorst pour ses précieux commentaires concernant une version antérieure de cet article.

L'argumentation et les fondements sociaux de la connaissance

par Charles A. WILLARD
Université de Louisville

Nous sommes, je crois, actuellement témoins de l'évolution d'une nouvelle discipline située à la confluence des développements d'anciennes : la rhétorique, l'argumentation et la logique; il est peut-être souhaitable de précipiter le débat sur son contenu et sur ses contours. L'émergence d'une discipline est un type de développement dont on peut explicitement suivre le tracé; les disciplines en germe sont par définition riches de choix : leurs principes ne sont pas encore doctrines, ni leurs méthodes appliquées dans le concret. On ne peut tout simplement en remarquer ou en nommer de nouvelles comme si elles étaient des événements impersonnels et factuels que décrirait un langage tractarien. Nos tentatives de les comprendre sont fondamentalement dépendantes de leur nature.

Ma stratégie rappelle l'idée de Diderot et de d'Alembert d'une *classification par recoupement* : à la fois comme dispositif heuristique et comme méthode permettant aux disciplines de problématiser réciproquement leurs théories ou recherches. Cependant, mon hypothèse est tout à fait différente de celle des Encyclopédistes. Je ne considère pas en effet les disciplines ou corps sociaux comme définitivement établis, ni la connaissance comme inévitablement réductible à l'unité. Le symbolisme interactionniste soutient que les corps sociaux sont vivants, ou plus précisément des organismes vivants animés par les activités de leurs membres.

Le statut revendiqué pour la connaissance est caractéristique de l'ordre dans chaque communauté. Cette place à part, accordée à la connaissance, et les charpentes sociales quelquefois non mesurables présentent un panorama épistémique différent de celui des Encyclopédistes. L'échec des tentatives d'unifier les sciences, ou même la connaissance en général, peut en effet être considéré comme l'apport définitif du XXe siècle (Willard, 1983-1987).

A. L'IDEE DE DISCIPLINE

Avant d'étudier les spécificités essentielles de cette nouvelle discipline, je voudrais définir le terme «discipline» et examiner la nature générale de la construction d'une discipline. Par «discipline» j'entends une communauté de discours ou «école de pensée» (par exemple le behaviourisme, le freudisme) qui ait un *problème central* identifiable, quelques *croyances partagées* (les freudiens croient au Ça, les behaviouristes, non), un *objet déterminé*, qui peut être éventuellement commun à d'autres disciplines, une *littérature* (un corpus de textes de base), un *ensemble de méthodes* et des *normes de jugement et de véridiction* plus ou moins admises. Ainsi les disciplines envisagées diffèrent — bien qu'elles y soient liées dans les académies — des «Professions» c'est-à-dire de structures bureaucratiques, par exemple *the American Psychological Association, the International Society for the Study of Argumentation, the American's Medical Association*. Les professions peuvent sembler indistinctes des disciplines lorsqu'elles sont soumises à un unique paradigme, mais une telle domination est historiquement transitoire. C'est ainsi qu'on trouve souvent des professions en compétition, et même des disciplines non mesurables.

La question de savoir si une nouvelle discipline est en formation, ce n'est pas applaudir à un nouveau domaine ni à l'idée de sa constitution, mais c'est davantage matière à évaluation des risques et des avantages. Nous pouvons rester ambivalents au moins sur l'idée de discipline. Foucault enseigne qu'elle implique «une discipline». Chaque «isme» entraîne des obligations, des proscriptions et des prescriptions. La véritable idée de discipline demande un abandon de liberté personnelle : il convient d'être fidèle aux règles, d'utiliser les recettes, de s'en tenir aux conventions.

Mais il y a une autre source d'ambivalence. D'un côté, les disciplines institutionnalisent les lettres de créance, font de la connaissance un motif prévisible et cohérent de délivrance d'autorisation : elles organisent et aménagent la connaissance en vue de l'enseignement. Leur pouvoir organisateur et leurs résultats heuristiques sont si importants qu'il est difficile d'imaginer quelque vie intellectuelle sans elles. Mais d'un autre côté, elles entravent l'innovation intellectuelle par la politisation et la bureaucratisation. Les politiques s'élèvent avec la promotion conformiste du paradigme dominant, une recherche timide dont il est peu probable qu'elle mette en danger ce paradigme. Les paradigmes, dit encore Foucault, peuvent être définis par les revendications qu'ils font taire, comme par les prétentions qu'ils ont. La bureaucratisation se développe quand les praticiens d'une discipline conquièrent le pouvoir dans leurs professions :

> La Professionnalisation, avec ses tendances à dresser des frontières et toutes ses menaces de sanctions contre ceux qui les notent, sa conception de ce qui est central pour «la» discipline et de ce qui est marginal, s'accompagne inévitablement d'une bureaucratisation. Dès lors, il y a à tout le moins une tension entre la professionnalisation de la philosophie et son déploiement, sauf, bien entendu en ce qui concerne la technique et ses expressions particulières. La professionnalisation est toujours propice au développement de la technique et tend à faire des compétences strictement techniques le signe distinctif du professionnel pleinement autorisé. Elle est également propice au développement de jargons propres par lesquels les professionnels se reconnaissent entre eux, tandis que l'ignorance de ce jargon est suffisante pour être exclu... (McIntyre, pp. 105-106).

Comme le dit le poète Frost de ses deux vagabonds, «Except as a fellow handled an ax, they had no way of knowing a fool».

Se demander si une nouvelle discipline est en formation présente un autre intérêt que de provoquer notre perflexité. Cela nous encourage à être attentif à la voie que prend notre pensée et à clarifier les relations entre les idées : une communauté même manifeste, après tout, n'indique pas invariablement l'émergence d'une nouvelle discipline. Quand différentes disciplines *semblent* montrer des intérêts communs, ou usent de mêmes familles de mots, les risques de malentendus méritent d'être soulignés. Ces risques n'ont d'ailleurs rien à voir avec les arguments de traduction développés dans la critique des théories de la Représentation du Monde de Davidson (Fuller et Willard, 1987 ; Fuller, 1982).

Premièrement, il y a l'ignorance de ceux qui sont pourtant instruits. Les littératures en développement exponentiel provoquent des vagues de maîtrise vers l'une d'elles. On s'enlise dans un catalogue d'idées en germe — ce en quoi on peut voir un équivalent littéraire au «problème des autres variables». De nombreux textes présentent des ressemblances sensibles, des connections, apportent des suites l'un à l'autre. Mais les indexer aux divers postulats professionnels requis pour ces disciplines (postulats qui eux-mêmes peuvent être matière à discussion au plus proche de leurs fondements communs) rend la distinction entre les idées fortes et les idées faibles difficile. La quantité recouvre la qualité; la complexité occulte l'autorité. La littérature sur l'Argumentation par exemple a suivi des chemins multiples — l'un propageant de nouvelles relations avec d'autres idées, l'autre en interaction avec des développements qui coïncident avec ceux d'autres domaines et chacun s'étendant rapidement. De même que la prolifération des chemins commande dans le *software*, de même, *l'analyse du message* mène à, ou part d'un foyer d'*arguments enfantins* et se trouve dans des *débouchés en progrès* — où ces chemins et (ce qu'on peut considérer comme son contraire dialectique) ceux des approches *cognitives* et *inférentielles* de l'argument, se croisent parfois. La croisée de tous ces chemins est la *théorie du domaine*, qui entre autres, veut expliquer la cohésion sociale ainsi que la socialisation.

Michel Serres dit que le nouveau domaine architectonique sera la *science des bibliothèques*; les idées communes peuvent devenir des artifices bibliographiques : nous allons vivre dans et être reconnus par nos notes en bas de page. On ne peut davantage se contenter de parler du chercheur en sciences sociales qui confronte ses hypothèses aux phénomènes. Un environnement de livres s'est insinué entre le scientifique et les phénomènes : sa complexité et sa densité tout ensemble déforment la réalité et masquent les résultats.

L'absence de mesures communes par faux-accords est une autre menace. Fuller (1982) argue du fait que les gens de domaines différents peuvent utiliser les mêmes termes comme des étiquettes apparemment synonymes. Ils peuvent être suffisamment étonnés de leur communauté à peine découverte pour négliger les différences subtiles et peut-être profondes. Des années de malentendus, de confusions, peuvent s'ensuivre avant que ne soit découvert le problème. Le résultat en est une Tour de Babel moderne. Les faux accords sont possibles parce que même les arguments de précision savante sont indexés aux complexes d'idées qui peuvent être partiellement ou totalement occultés ou n'être discernables qu'après maints efforts. L'on trouve ainsi la rubrique «Argument informel» utilisée pour désigner soit des analyses formalistes d'expressions ordinaires, soit des analyses qui ne prennent pas forme pour être centrales dans la fonction d'un raisonnement. Il se trouve ainsi des chercheurs en Argumentation qui adoptent des règles de Logique Informelle en les éloignant du goût prononcé pour la pédagogie que les logiciens donnent habituellement à leurs conceptions.

La mise au point problématologique de Meyer (1986-1987) *semble* compatible avec la vision socio-pragmatique de Geissner (1987) : tous deux paraissent en accord sur le point central de l'Argumentation comme *adaptation à la situation*, que Brockriede (1985) appelait une déviation fondamentale de la manière habituelle de voir des arguments (voir Wenzel, 1987). Que ce foyer apparemment commun sur l'adaptation soit suffisant pour dépasser n'importe quelles différences, qui par ailleurs deviennent évidentes[1], dès lors qu'on compare complètement les trois œuvres composées en trois langues issues de trois traditions séparées, est — ou doit demeurer — une question ouverte.

Les disciplines ne sont pas de simples emballages d'idées auxquels on ajouterait quelques «ismes», elles sont des communautés qui se tiennent par une force centrifuge. Si elles sont découpées en professions, elles peuvent toutefois être reliées par l'inertie bureaucratique de l'université elle-même. Si nous considérons une écologie intellectuelle comme un cercle avec ses cas paradigmatiques au centre et ses cas marginaux à la périphérie, c'est qu'il est aisé d'imaginer que les idées novatrices s'élèvent sur les bords extérieurs, aux points d'imbrication et d'intersection avec d'autres disciplines — où on trouve justement des constructions mentales comme «l'argument», «la prise de décision», et tout spécialement «la rationalité».

L'innovation est, à tout le moins, parfois centripète. Les constructions mentales gravitent aux frontières extérieures des disciplines en raison, *entre autres*, de leur complexité croissante. «L'argument», par exemple, était vu autrefois comme équivalent à la forme logique — comme relation formelle entre symboles vides ou comme prédication sérielle. Les objections devant la simplicité et la restriction de ces deux visions ont stimulé une évolution elle-même facilitée par l'importation d'idées : les facteurs sociaux, les domaines du discours, les attitudes, les croyances et les modes d'expression deviennent importants. Dans les années 70, le langage de l'interaction sociale, de la conversation, et de l'attribution a été largement adopté. Chaque nouveau facteur apporte ses propres applications et sa famille de concepts — ainsi constate-t-on la prolifération de liens entre l'Argumentation et les disciplines étrangères, et l'accroissement de la complexité à ses marges.

Les nouvelles disciplines se présentent donc moins par leurs projets que par les développements issus des activités de savants périphériques — ainsi nommés parce qu'ils ne s'intègrent pas dans les cas paradigmatiques qui ont unifié historiquement leurs disciplines. Leur désaffection peut provenir de l'incapacité de leur discipline à résoudre ses problèmes spécifiques, des ennuis que leur posent ces problèmes, ou comme le dit Kuhn, de la fascination qu'exercent de nouvelles énigmes. La doctrine de Quine selon laquelle la connaissance rencontre l'expérience comme une totalité organisée se révèle donc fausse dans une perspective critique. Les résultats du développement à la périphérie du domaine ne peuvent rayonner autant à l'intérieur d'une discipline qu'à l'extérieur vers d'autres communautés. Les malentendus peuvent provoquer un faux rayonnement intérieur et les rectifications s'en trouver retardées, — parce qu'enfouies dans l'étendue de la littérature. Les cas paradigmatiques du domaine peuvent demeurer sans être affectés par (leurs gardiens en sont d'ailleurs innocents) les développements intellectuels sur leurs bords extérieurs. Les relations entre les acteurs au centre et à la périphérie peuvent devenir plus professionnelles que poppériennes — ce qui permet de comprendre «l'hypothèse de Planck» formulée par Kuhn, que la faveur accordée aux idées est temporaire non pas à cause d'une réfutation, mais parce que leurs adeptes disparaissent les uns après les autres. Les symptômes principaux du travail de limite sont l'importation d'idées et l'acceptation de plus en plus courante d'une publication sans courant dominant. S'il y a des savants qui en appellent aux conceptions d'autres disciplines pour résoudre les problèmes internes et qu'on les trouve *citant* des autorités d'autres disciplines, nous pouvons conclure que les conditions sont réunies pour la formation d'une nouvelle discipline. Si nous trouvons des savants qui évitent ou sont exclus des revues principales d'une profession, qui publieraient dans d'autres disciplines ou créeraient de nouvelles revues, il devient plus évident encore qu'une nouvelle discipline se constitue.

B. EPISTEMIQUES

Toutes ces indications concernant la nouvelle discipline, nous pouvons sans doute les appeler «épistémiques». Les savants occupés dans diverses professions (communication, gouvernement, histoire, philosophie, sciences politiques, psychologie, sociologie) et les disciplines jusqu'ici séparées l'une de l'autre (par exemple la logique informelle, l'argumentation, la rhétorique, la rhétorique de la science, la pensée critique) se perpétuent maintenant sur la croyance que *d'autres* disciplines peuvent problématiser leur connaissance, que les domaines revendiqués par les disciplines auparavant distinctes apportent maintenant des conséquences dans des domaines différents. La constitution rhétorique de la connaissance par exemple n'est plus un appendice à la philosophie des sciences, mais occupe une place fondamentale dans l'explication du développement de la connaissance scientifique. De telles fécondations réciproques ont eu lieu quand les savants ont convergé vers certaines topiques communes — y compris l'argument et l'argumentation, la prise de décision, la rhétorique, la rationalité, et l'organisation sociale de la connaissance. De nouvelles revues (dont *Argumentation* et *Social Epistemology* sont les plus récentes) et des conférences spécialisées sont devenues banales.

Parce que les questions épistémiques ont été simultanément posées à la périphérie de domaines divers, le nouveau domaine est plus aisément repérable en termes de contrastes avec les conceptions plus anciennes.

L'épistémique *n'est pas* de l'épistémologie ; elle renonce (et même attaque) le but d'un discours universellement partagé capable de se prononcer sur les prétentions d'une connaissance en compétition. Ce constat empirique n'a rien à voir avec le débat sur «la fin de la philosophie». Parce qu'elle peut compter des épistémologues renégats dans ses rangs, l'épistémique a été animée par un intérêt social et scientifique pour les opérations internes et la cohérence de domaines du discours. Leur politique extérieure, leurs compétitions pour le pouvoir dans la sphère publique, leurs connaissances et autorités ont servi d'arguments et ont été utilisées dans les processus de prise de décision en tous genres.

On ne peut identifier l'épistémique et la sociologie de la connaissance puisque les questions fondatrices de l'épistémique ne recouvrent pas celles de la *structure* sociale, du déterminisme et de l'individualisme, mais relèvent de suppositions concernant la communication — la nature de *l'interaction*, de l'opposition coordonnée et de la construction coopérative du sens.

L'épistémique n'est pas non plus équivalente à l'Argumentation : l'étude des arguments (comme interactions, actes de paroles, ou prédications sérielles) est une partie importante de l'objet propre de l'Epistémique qui représente en plus un éventail en expansion d'intérêts pour les fondements *sociaux* de la connaissance. D'où mon titre : «Argumentation et les fondements sociaux de la connaissance», si on unit l'argumentation et un intérêt pour le rôle de l'opposition dans les fondements de la connaissance, on a défini une *sphère de rapports* — un éventail de phénomènes qui cependant, dépendent d'un seul sujet.

Bien qu'aucune communauté complexe ne puisse être représentée par une revendication unique, ce qui parvient le mieux à cerner la poussée de l'Epistémique est la question d'Habermas : quelle est la force du meilleur argument ? On peut poser cette question de différentes manières : 1) *du point de vue sociologique*, des théoriciens de terrain voient la force épistémique d'une revendication comme inhérente à sa situation dans un environnement intellectuel et dans l'autorité ou l'envergure de son demandeur; 2) *du point de vue pédagogique*, en termes de principes d'inférence valables et de discours pour l'enseignement (Johnson & Blair, 1980); 3) *au niveau de la pragmatique*, quand on peut fixer la structure du langage, les actes du discours ou les contextes; et/ou 4) *au niveau critique*, autrement dit analytique, quand on peut fixer la cohérence des positions, des énoncés et des adaptations à l'auditoire ainsi que de leurs relations avec les communautés de discours[2]. Sous ces différentes formes, la force du meilleur argument semble être définitivement la question épistémique.

Les différences d'interprétations pour la question d'Habermas pourraient empêcher la formation d'une nouvelle discipline si elle ne visait pas une unité plus profonde issue d'une vision complète de la rationalité et de la communication. L'attitude à l'égard d'une rationalité plus complète de l'épistémique — qui la distingue davantage d'autres disciplines — implique l'acquiescement à considérer la rationalité comme un phénomène social, une tendance à permettre la compréhension de la rationalité et à l'étendre à l'évidence empirique touchant la communication.

On peut dire que la rationalité est un terme à double objet. *Son aspect anthropologique* sert, dans l'usage courant du mot, à désigner conventionnellement des procédures valables (le terme «irrationalité» désigne une procédure par présomption peu valable). En ce sens on utilise «rationalité» pour exprimer son approbation face au comportement de quelqu'un : une revendication rationnelle mérite par provision l'attention (voir Willard, 1983). Certains jugements n'ont de portée que locale : ils se présentent en effet dans des communautés particulières et reposent sur des présomptions locales. Je ne discuterai pas ici ce sens anthropologique de la rationalité, parce que son statut empirique dans des disciplines convergentes n'est pas, pour autant que je le sache, l'objet de controverses. Tous les savants cependant ne lui accordent pas le même intérêt : certains voient dans les communautés du discours un événement factuel sans rapport avec les problèmes logiques. Au mieux, tant que les discussions sur l'importance ou la pertinence accordées au sens anthropologique de la rationalité peuvent engager la nouvelle discipline, par exemple comme partie de sa problématique et ainsi devenir un problème central pour une sous-communauté en elle, il est peu probable qu'elles constituent son noyau. Au pire, la division entre ceux qui trouvent et ceux qui ne trouvent pas un intérêt dans le sens anthropologique de la rationalité peut empêcher la formation de la moindre nouvelle discipline. Mais le second sens de la rationalité quant à lui comprend un sol plus fertile pour l'unité. L'aspect *ontologique* de la rationalité reflète le rôle central joué par la communication et la prise de perspectives qu'explique la théorie de l'échange de rôle de G.H. Mead. La rationalité de quelqu'un est inhérente à sa capacité de se représenter mentalement les pespectives des individus, groupes, etc. Les développementalistes, tels Piaget et Werner, enseignent ainsi que la prise de perspective est orthogénétique — les capacités les plus complexes étant celles de l'élaboration des étapes annonciatrices. Les constructivistes quant à eux soutiennent que le développement lui-même repose sur les processus de communications. Les mesures du développement cognitif incluent l'idée de complexité cognitive. Les formulations récentes tiennent compte de l'importance des répertoires de communication particulière ou de capacités.

L'idée de rationalité comme prise de perspective n'est donc pas un universel monolithique, ni un invariant, mais plutôt une désignation lâche pour les accommodements humains à la vie sociale. On s'attend à des variations contextuelles et de développements dans les pratiques de communication de complexités extrêmement diverses et on peut donc dire que les *pratiques* sont des mises en opération de la rationalité. C'est autour d'un noyau de pratiques que la nouvelle discipline peut prendre forme.

C. LA COMMUNICATION COMME ADAPTATION

En concevant la rationalité à la fois comme prise de perspectives et comme variable, — un phénomène anthropologique localisé —, on pense la communication non comme processus singulier ou universel, qui arrive plus ou moins de la même manière pour tout le monde, mais comme une *adaptation* aux gens et aux situations qui peut varier systématiquement en fonction des capacités des communicateurs ainsi que des calculs stratégiques.

O'Keefe (1986) interprète sa recherche comme la démonstration de l'existence de trois logiques différentes du projet de message qui révèlent les différences systématiques dans les suppositions que l'on fait à propos de la communication — ce qu'elle est, ce qu'elle peut faire, comment elle le fait. Ces différences sont manifestes dans l'usage de concepts constitutifs de la communication, qui produisent divers modèles d'organisation du message et d'interprétation. Ainsi donc, «il est possible que les faits touchant le fonctionnement de la communication soient systématiquement différents pour des gens différents». O'Keefe dégage trois conceptions différentes de la communication — chacune en relation avec une constellation de croyances concommittantes : un concept de communication constituante, une conception des possibilités fonctionnelles de la communication, des procédures de formation de l'unité et des principes de cohérence (O'Keefe, 1986-6). Elle appelle ces projets de logique «expressif», «conventionnel» et «rhétorique» — étiquettes qui ne représentent pas seulement un appareil classificateur pour dériver des modèles de codes, mais une grammaire qui explique la production des caractéristiques d'un message particulier. Il n'est pas étonnant que ces projets comprennent des niveaux progressifs de développement (les niveaux plus complexes subsument les niveaux antérieurs plus simples) qui correspondent à la vision du développement orthogénétique mis en valeur par le constructivisme.

La prémisse de la *logique du projet expressif* est que «le langage est un moyen pour exprimer les pensées et les sentiments». La communication est un processus dans lequel on exprime ce qu'on pense ou sent, afin que d'autres puissent le savoir; une communication réussie est alors une expression claire — les messages étant dépositaires d'une signification pratiquement indépendante du contexte. Ainsi les énoncés expressifs nous marquent littéralement dans leur création et dans la compréhension des messages : les tenants de ce modèle ne voient pas que l'expression peut servir de multiples buts; «ils interprètent les messages comme unités indépendantes plutôt que comme fils dans une étoffe faite d'interactions, et semblent ainsi négliger le contexte» (1986-6).

Que peut accomplir la communication? La logique expressive soutient que la seule tâche que peut accomplir un message est l'expression (1986-7). «L'idée que des messages puissent être systématiquement conçus pour provoquer des réactions particulières est étrangère et énigmatique pour le communicateur expressif — car les messages sont compris comme simples expressions de croyances... Il n'y a dès lors que deux relations possibles entre les intentions du locuteur et les messages : soit le message exprime totalement et honnêtement l'état mental actuel du locuteur, soit il véhicule quelques distorsions de l'état actuel du locuteur — il est alors un mensonge ou une vision dirigée de la vérité entière. Un désir de conduire la communication comme une divulgation totale et ouverte des pensées et sentiments actuels, comme souci de fidélité aux messages, et un intérêt profond pour la communication illusoire, sont les caractéristiques de la vision expressive de la fonction de message» (1986-7).

Le diagnostic symptomatique de l'expressivité est par conséquent simple. On s'attend d'abord à trouver des messages expressifs à contenu pragmatique futile par exemple, l'aveu d'une carence de rédaction, la relation interminable des besoins du locuteur, même si l'auditeur les connaît déjà ou qu'il ne peut rien y faire, des redondances marquées, des menaces non fortuites, et des insultes. Ensuite, les connections sémantiques et pragmatiques de la logique expressive entre les messages produits de manière expressive et leur contexte, et entre les éléments à l'intérieur même des messages expressifs, tendent à être idiosyncrasiques et subjectifs, plutôt que conventionnels et intersubjectifs. Quand on demande à propos d'un message expressif, pourquoi le locuteur le dit maintenant, la réponse évidente est généralement celle-ci : c'est parce que l'événement immédiatement antérieur a provoqué en lui telle ou telle réaction, telle ou telle association d'idées, que le locuteur a dit ce qu'il (ou elle) était en train de penser (1986-8).

La supposition fondamentale de la *logique du projet conventionnel* est que «la communication est un jeu coopératif joué selon des règles conventionnelles et des procédures fixées socialement». La visée conventionnelle subsume la visée expressive : «le langage est un trésor de propositions expressives, mais les propositions qu'on exprime sont déterminées par le résultat social qu'on veut leur donner». On s'adapte aux méthodes conventionnelles comme le suggère par exemple la théorie de l'acte de discours.

La communication conventionnelle est constituée par la coopération. On joue le jeu, on obéit aux règles et on remplit ses obligations. L'aptitude est une question d'opportunité : on réussit pour autant qu'on occupe la position *ad hoc* dans une situation, qu'on utilise les ressources conventionnelles pour contraindre l'interlocuteur, qu'on agit avec compétence comme un communicateur et qu'on traite avec un interlocuteur également compétent et coopératif.

> Les messages conventionnels sont généralement une action commune clairement identifiable que l'on peut facilement caractériser comme un acte de discours accompli ; les éléments de tels messages sont généralement les mentions des conditions favorables à l'acte de discours commun, celles de la structure des droits et obligations qui donnent force à l'acte de discours accompli ou celles des circonstances atténuantes ou des conditions qui porteraient sur la structure des droits et obligations inhérentes à une situation (par exemple les excuses). Les connections entre les éléments du message implicitent tout autant des relations classiques de cohérence pragmatiques ; les connections entre les messages et leur contexte indiquent une base conventionnelle pour la cohérence. Alors que les messages expressifs sont, d'une manière caractéristique, psychologiques et réactifs dans leurs relations au contexte, les messages conventionnels comportent une relation conventionnalisée et réglée au contexte. Si on demande à propos d'un message conventionnel pourquoi le locuteur le dit maintenant, la réponse

sera généralement que c'est ce qui est normal et approprié aux circonstances (O'Keefe, 1986, 10, 11).

La supposition de base de la *logique du projet rhétorique* est que la communication est création et négociation des individus et des situations du social. Dans cette logique, la connaissance conventionnelle est subsumée sous la vision d'individus et de situations mobiles plutôt que stables. Le sens y est envisagé en termes de jeux dramaturgiques et de négociations sociales. La critique de l'argument nous renseigne sur les subtilités du comportement langagier constamment en rapport avec le processus d'élaboration du message et d'interprétation : la connaissance des voies par lesquelles le choix de communiquer et le style de langage transmettent le caractère, le comportement et les définitions d'une situation est systématiquement exploitée pour (d'un côté) montrer une réalité sociale particulière et (de l'autre) fournir «une interprétation en profondeur des messages reçus» (1986-11).

La fonction des messages rhétoriques est la négociation. Des locuteurs différents peuvent adopter des tons différents et ainsi discuter de réalités différentes : la chose la plus importante que les producteurs d'un message rhétorique doivent accomplir dans une situation sociale est l'établissement d'un consensus en ce qui concerne la réalité dans laquelle ils sont engagés, pour utiliser un vocabulaire descriptif commun et trouver un rôle commun à jouer. Parvenir à un tel consensus enracine le sens et rend possible le sens de la communication (1986-12). Evidemment la logique du projet rhétorique met l'accent sur l'harmonie interpersonnelle et le consensus. Elle fait grand cas de l'écoute, de l'analyse psychologique et de l'adaptation réciproque dans la création de compréhension intersubjective. «Leur usage de la communication est donné par les buts qu'ils veulent atteindre ou rendre accessibles, et ainsi les messages sont conçus en fonction des résultats plutôt qu'en réaction aux actions des autres» (1986-12, 13).

Les messages rhétoriques sont un exemple type de contenus et de structures : on s'attend à trouver des propositions complexes et contextualisées et des expressions qui fournissent des définitions explicites du contexte, un sens précis du rôle et du caractère «à travers l'utilisation d'éléments stylistiques dans une direction marquée et cohérente», «les arguments, demandes classiquement rationnelles, sont conçus pour persuader l'auditeur que la réalité symbolique du locuteur est vraie ou correcte (et non légitime, puissante ou conventionnelle)» (1986-13).

Les mêmes messages présentent des connections caractéristiques au contexte. Ils sont plus proactifs que réactifs. «Si l'on demande à propos d'un message rhétorique pourquoi le locuteur le dit maintenant, la réponse est généralement celle-ci : parce qu'on a voulu poursuivre tel ou tel but. De même, si l'on demande à propos d'un message rhétorique ce qui relie tous ces éléments à un thème commun, la réponse est généralement : ces éléments peuvent être interprétés comme les étapes d'un plan ou comme moments d'un récit cohérent ou encore comme manifestation d'un rôle consistant (et il en va de même des autres cas). En bref, la cohérence interne des messages rhétoriques dépend des éléments reliés par des plans orientés vers un but, qui ont une validité intersubjective» (1986-13, 14).

Les différences entre ces trois logiques sont d'autant plus frappantes qu'on doit gérer des fins multiples et même contradictoires. Le projet expressif croit que l'objet de la communication est d'exprimer clairement ses pensées et sa règle est *d'avoir du tact* — publiez le message ou mesurez votre franchise. La règle du projet conventionnel sera d'*être poli* par l'usage de formes de communication sans caractère officiel et de politesse conventionnelle tels que les excuses, les détours, les prétextes et les compliments (Brown & Levinson, 1974). Le modèle rhétorique suppose que la communication crée les situations et les individus ; la solution : *être quelqu'un d'autre* en transformant son moi social et son identité par l'adoption d'un caractère différent dans l'interaction sociale. La solution rhétorique est de créer un nouveau rôle, ou de nouveaux caractères, de manière à minimiser les conflits d'intérêt (O'Keefe, 1986-17).

Je me suis proposé ici de montrer seulement l'existence de pratiques symptomatiques de différences, dans la prise de perspectives et dès lors d'un sens complexe de la rationalité capable de constituer le noyau d'une nouvelle discipline. Je pense néanmoins qu'on peut diviser les auteurs en trois catégories distinctes — chacune correspondant à une des logiques du projet de message et ainsi couvrant des phénomènes progressivement plus complexes.

La logique du modèle expressif prédomine dans les ouvrages pédagogiques. Un argument est «une situation qui est ramenée à la raison» (Wilson, 1980, p. 3) dans laquelle on *exprime* publiquement une position (Barry, 1965), avec le choix d'avoir du tact ou d'être de mauvaise foi («quand on argumente, il est naturel de présenter toute raison qui paraisse favorable à sa position, tout en omettant celles qui sont défavorables») (Kahne, 1971, 4-7). Les origines *pédagogiques* de la logique informelle prennent ici leur sens : on veut une position correctement pensée et exprimée.

La logique du projet conventionnel se présente sous forme de théories normatives. Certains théoriciens ont explicitement embrassé ou ont au moins admis la théorie de l'acte de discours (Johnson et Blair, 1980; van Eemeren et Grootendorst, 1984); van Eemeren, Grootendorst et Kruiger, 1983, 1987) et les constructions mentales telles que l'idée de validité intersubjective (Barth, 1972). L'insistance de l'école de *Erlangen* à régimenter le discours dans une structure clairement réglée (par exemple pour assurer les correspondances sémantiques entre les usages de termes dans les phrases élémentaires), l'accent mis par l'école d'Amsterdam sur une dialectique qui fonctionne avec des règles, et plusieurs théories des domaines de l'argument, normatives et réglées (Nasse, 1966); Crawshay — Williams, 1957), les théories du champ anthropologique (Toulmin, 1972), toutes ces tendances partagent la supposition que le discours peut se perpétuer dans des circonstances artificielles aussi bien que naturelles.

La logique du projet rhétorique est plus souvent discutée avec un regard sur les transformations symboliques, — comme Burke par exemple qui concentre son attention sur la dictature de la forme et ses possibilités de transformation. En Argumentation, le modèle rhétorique en tant qu'épistémique a été donné comme une tendance systématique et a été traité davantage à l'intérieur même des rubriques expressive et conventionnelle. De la périphérie d'autres disciplines, sont venues des suggestions, par exemple que la forme et le style sont consécutifs de la substance : «la question du style ne se présente pas dans l'essai d'emballer un produit fini de pensée, mais plutôt dans la production actuelle de la pensée» (Fuller, 1982-3; Gross, 1983).

Je soutiens qu'à travers l'ampleur des sujets — du projet expressif au projet rhétorique — il y a un intérêt unique qui est couvert, avec des adaptations et des accommodements, avec des variations entre pratiques humaines qui affectent la création, l'acquisition, la conservation et la révision de la connaissance. La raison qui nous fait penser qu'il y a en effet une nouvelle discipline repose sur ces intérêts communs. Le foyer d'articulation des comportements conventionnel et rhétorique, et à un degré moins intéressant l'intérêt commun pour le langage comme expression, correspondent tous deux à ce que je considère être une vision de base de la rationalité comme prise de perspective. Ce qui peut être au moins assez commun pour promouvoir l'argument à propos de matières plus floues.

Traduit par Marc Peeters

REFERENCES

BARTH E.M., *Evaluaties*, Assen : Van Gorcum [cité dans Eemeren, Grootendorst et Kruiger, 1987], 1972.
BARRY B., *Political Argument*, Londres : Routledge and Kegan Paul, 1965.
BROCKRIEDE W.E., «Constructs, Experience, and Argument», *Quarterly Journal of Speech*, 71, pp. 151-163, 1985.
BROWN P. et LEVINSON S., «Universals in Language Usage : Politeness Phenomena», GOODY E.N. (éd.), *Questions and Politeness*, N.Y. : Cambridge University Press, 1978.
CRAWSHAY-WILLIAMS R., *Methods and Criteria of Reasoning*, Londres : Routledge and Kegan Paul, 1957.
EEMEREN VAN F.H. et GROOTENDORST R., *Speech Acts in Argumentative Discussions*, Dordrecht : Foris, 1984.
EEMEREN VAN F.H., GROOTENDORST R. et KRUIGER T., *The Study of Argumentation*, New York; Irvington, 1983.
EEMEREN VAN F.H., GROOTENDORST R. et KRUIGER T., *Handbook of Argumentation Theory*, Dordrecht : Foris, 1987.
FULLER S., «In Defense of Incommensurability», non publié, University of Pittsburgh, 1982.
FULLER S., «Recovering Philosophy From Rorty», *PSA 1982*, 1 : 3, 1983.
FULLER S. et WILLARD C.A., «In Defense of Relativism : Rescuing Incommensurability from the Self-Excepting Fallacy», VAN EEMEREN F.H., GROOTENDORST R., BLAIR J.A. et WILLARD C.A. (éds), *Argumentation : Perspectives and Approaches*, Dordrecht : Foris, 1987.
GEISSNER H., «Rhetorical Communication as Argumentation», VAN EEMEREN F.H., GROOTENDORST R., BLAIR J.A. et WILLARD C.A. (éds), *Argumentation : Across the Lines of Discipline*, Dordrecht : Foris, 1987.
GRICE H.P., «Logic and Conversation», COLE P. et MORGAN J. (éds), *Syntax and Semantics : Vol. 3 : Speech Acts*, N.Y. : Academic Press, 1975.
GROSS A., «Analogy and Intersubjectivity : Political Oratory, Scholarly Argument, and Scientific Reports», *Quarterly Journal of Speech*, 69, pp. 37-46, 1983.
JOHNSON R.H. et BLAIR J.A., «The Recent Development of Informal Logic», BLAIR J.A., JOHNSON R.H. (éds), *Informal Logic*, Port Reyes : Edgepress. 1980.
KAHANE H., *Logic and Contemporary Rhetoric*, Belmont : Wadsworth, 1971.
MACINTYRE A., «Philosophy and its History», *Analyse & Kritik*, 1, pp. 101-115, 1982.
MEYER M., *De la Problématologie*, Bruxelles : Mardaga, 1986.
MEYER M., «Argumentation Without Proposition», VAN EEMEREN F.H., GROOTENDORST R., BLAIR J.A. et WILLARD C.A. (éds), *Argumentation : Across the Lines of Discipline*, Dordrecht : Foris, 1987.
NAESS A., *Communication and Argument*, Londres : Allen and Unwin, 1966.
O'KEEFE B.J., «The Functional Integration of Communication Concepts : Evidence for Individual Differences in Reasoning About Communication», Communication à l'«Annual Meeting of the Speech Communication Association».
O'KEEFE B.J., «The Logic of Message Design : Evidence for Individual Differences in Reasoning About Communication», 1987.
SEARLE J.R., *Speech Acts*, Londres : Cambridge University Press, 1969.
TOULMIN S.E., *Human Understanding*, Princeton : Princeton University Press, 1972.
WEIMER W.R., *Notes on the Methodology of Scientific Research*, Erlbaum, 1979.
WENZEL J.W., «The Rhetorical Perspective on Argument», VAN EEMEREN F.H., GROOTENDORST R., BLAIR J.A. et WILLARD C.A. (éds), *Argumentation : Across the Lines of Discipline*, Dordrecht : Foris, 1987.
WILLARD C.A., *Argumentation and the Social Grounds of Knowledge*, University of Alabama Press, 1983.
WILLARD C.A., *A Theory of Argumentation*, non publié, 1987.
WILSON B.A., *The Anatomy of Argument*, Lanham : University Press of America, 1980.

NOTES

[1] Par exemple Meyer (1987) prend comme problème constitué le besoin de ruiner l'accusation de Platon que la rhétorique n'a pas de fondation en elle-même. C'est une suggestion embarrassante pour les tenants du mouvement de la rhétorique en tant qu'épistémique — accoutumés comme ils le sont aux arguments qui sous-estiment le contraste entre la science et le langage ordinaire. La «rhétorique de la science» est bien vivante — confortablement installée dans certaines disciplines; et même si elle est étrangère à la tradition, la revendication de la connaissance est constituée rhétoriquement comme un lieu commun. Dépouillée de ce contraste, l'attaque de Platon est plus une curiosité historique qu'une problématique organisée. Mon option n'est pas ici de discuter la position de Meyer, mais de faire voir un malentendu possible. Bien sûr, il ne faut pas exagérer ce point : il doit rester mineur, facilement résoluble à la faveur de points communs plus larges (par exemple l'intérêt commun pour l'adaptation).

[2] Je néglige intentionnellement la discussion entre les défenseurs d'un pôle *évaluateur* pour le criticisme et les théoriciens de terrain comme moi qui dénient la pertinence de ce rôle. Dans le contexte du présent article, les défenseurs de l'évaluation s'adapteraient même plus clairement à la question d'Habermas.

Peut-il y avoir une argumentation non rhétorique ?

par Olivier REBOUL
Université des Sciences humaines de Strasbourg

A. QUESTION DE DEFINITION

Bien sûr, tout est question de définitions. Qu'entend-on par argumentation et par rhétorique ? Il faut donner à ces termes un sens assez strict pour pouvoir résoudre le problème de leur rapport, ou même simplement pour qu'il y ait problème.

Je pense qu'un consensus s'est établi de nos jours pour définir l'argumentation en l'opposant à la démonstration. Sinon, il n'y aurait pas de problème ! On aurait d'une part une démonstration de type logico-mathématique, sans aucun rapport avec la rhétorique, et d'autre part une manipulation psychologique ayant sans doute un rapport avec la rhétorique mais aucun avec l'argumentation. En revanche, si l'on voit dans l'argumentation un discours rationnel visant à convaincre, mais sans la rigueur formelle de la démonstration, alors se pose le problème de ses rapports avec la rhétorique.

1. Les divers sens de «rhétorique»

Que signifie alors «rhétorique»? Si je me borne à notre époque, ce terme me paraît avoir au moins quatre sens différents.

Un premier sens est celui de certains théoriciens de la littérature, notamment ceux du groupe *MU*[1]. Pour eux, est rhétorique tout ce qui dans un discours est proprement littéraire, c'est-à-dire constitue un «écart», ce qui vaudrait en particulier pour les figures de style. Cette définition a au moins le mérite d'indiquer le lien entre rhétorique et littérature, mais elle est très réductrice. En fait, on ne nous dit presque jamais par rapport à quoi il y a écart, par exemple ce que Cambronne aurait dû dire à Waterloo... Ensuite, là même où l'on prétend désigner la norme, le sens propre, le degré zéro, bref le non-rhétorique, on aboutit toujours à une perte, une perte d'effet sinon de sens. *Quo usque tandem abutere, Catilina, patientia nostra*? Si l'orateur, supprimant l'apostrophe, s'était adressé à son auditoire réel, s'il avait dit : «Jusqu'à quand Catilina va-t-*il* exploiter notre patience?», l'effet persuasif eût été moindre. Ce qui me mène au dernier reproche : cette définition omet le principal, le lien intime entre la rhétorique et la persuasion.

Un second sens me paraît plus acceptable, celui de Jean-Blaise Grize[2]. Pour lui, est rhétorique dans un discours «ce qui appartient à l'orateur (...) et cherche à aider à la réception de ce qui est présenté». Le rhétorique est donc bien distinct de l'argumentatif; il est ce par quoi le discours facilite sa réception, la pédagogie du discours par rapport à lui-même. Ce qui me paraît juste, mais trop restrictif. Car une pédagogie, quelle qu'elle soit, a toujours pour effet de modifier son objet. Si donc l'orateur est tant soi peu pédagogue à l'égard de sa propre argumentation, celle-ci s'en trouvera modifiée : plus simple, plus cohérente, plus vivante, plus claire, etc.

Un troisième sens nous est donnné par Ch. Perelman et L. Olbrechts-Tyteca. Eux, ils nous simplifient les choses, puisqu'ils identifient d'entrée de jeu rhétorique et argumentation, comme l'indique d'ailleurs le titre de leur grand livre[3]. Et cette identification est d'une importance capitale pour le contenu; car tout ce que l'on considère d'ordinaire comme rhétorique dans un discours, notamment les figures de style, va s'expliquer comme un cas particulier d'argumentation. Par exemple, l'ironie : elle est plus qu'une simple détente, qu'une facilitation pédagogique; elle est le meilleur moyen de faire ressortir une incompatibilité, comme celle entre l'orateur et son propre discours : «C'est vous qui dites cela!» L'ironie est elle-même un argument. De même la métaphore est un raisonnement par analogie condensé, etc. Bref, la rhétorique n'est plus un habillement extérieur à l'argumentation, elle appartient à sa structure intime. Théorie très féconde, mais réductrice elle aussi; car, en ramenant le rhétorique à l'argumentatif, on en néglige un aspect spécifique, le charme; oui, l'émotion ou le rire que provoque la rhétorique, qui ne contribuent pas peu à son pouvoir persuasif, mais en même temps la rendent suspecte. Etant irrémédiablement rhétorique, l'argumentation n'est-elle pas toujours plus ou moins manipulatrice ?

Et ceci me conduit au quatrième sens de «rhétorique», que je trouve chez Francis Jacques[4]. Selon lui, il n'y a pas deux niveaux de discours, démonstration et argumentation, mais trois, le troisième étant le niveau de la rhétorique, qui serait, quant à la rigueur et à la vérité, encore en dessous du niveau argumentatif, que Jacques nomme «dialogique». Pour lui, comme pour Platon, la rhétorique comporte toujours une part de routine aveugle et de flatterie qui la rendent suspecte. Suspecte de quoi ? D'abord, d'être irrationnelle ; alors que l'argumentation se veut rationnelle, ou du moins raisonnable, la rhétorique cherchera toujours à faire passer l'argument le plus faible pour le plus fort (Protagoras), et donc ne pourra jamais sortir du vraisemblable.

Ensuite, elle établit une relation unilatérale, où l'orateur, par le moyen des mots, se rend maître des personnes et les domine. La «dialogique» est au contraire la véritable argumentation ; elle est une quête en commun du vrai à partir du vraisemblable et veut aboutir à la libre adhésion des interlocuteurs. Bref, rhétorique et argumentation se distinguent par nature, car elles s'opposent par leur projet fondamental ; la première prétend dominer, la seconde trouver en commun. Cette définition, je ne la partage pas, mais elle a du moins le grand mérite de poser le problème.

2. «Le rhétorique» : non-paraphrase et fermeture

Dans ce conflit de définitions, il faut trancher. Je tenterai de le faire, en m'inspirant d'Aristote, c'est-à-dire de la tradition[5]. Comment définir le mot «rhétorique» en tant qu'adjectif ? Que veut-on dire quand on parle d'un discours rhétorique, ou de l'aspect rhétorique d'un discours ? Qu'est-ce que «le rhétorique» ?

Ma réponse : est rhétorique dans un discours ce qui le rend persuasif par l'union du fond et de la forme. J'entends par fond le contenu informatif et la structure logique du discours. Par forme, tout ce qui ressortit à l'affectivité (l'*ethos* et le *pathos*), à la construction (*dispositio*), au style et enfin à la diction. J'ajoute qu'on peut reconnaître la présence du rhétorique à ces deux signes : l'impossibilité de paraphraser le message et sa fermeture.

Prenons pour exemple la phrase de Cicéron : *Quo usque tandem...* elle montre parfaitement l'effet persuasif dû à l'alliance de la forme et du fond. D'abord, rappelons que cette question «oratoire» sert d'exorde ; elle ouvre le discours *ex abrupto*; placée ailleurs, elle n'aurait pas eu le même effet; de même, une paraphrase supprimant l'apostrophe lui aurait ôté son effet. Non paraphrasable, la question de Cicéron est également fermée, en ce sens qu'elle est sans réplique. En effet, elle contient au moins trois présupposés. Admettons que Catilina, présent, ait répondu : «J'arrête tout de suite!» Sa réponse aurait laissé intactes trois affirmations : 1) Il y a eu patience; 2) il en a abusé; 3) cette patience est «nôtre». En effet, Cicéron réussit à joindre dans une même phrase deux figures opposées, l'apostrophe et la prosopopée : il feint de s'adresser à un autre (Catilina) qu'à son auditoire, et c'est son auditoire (le sénat) qu'il fait parler par sa voix : *patientia nostra*.

Fermé, le message rhétorique est donc sans réplique, ce qui semble donner raison à Francis Jacques. Et pourtant non : la présence d'un élément rhétorique ne supprime pas le dialogue, mais elle rend le dialogue rhétorique. Spinoza, dans l'*Ethique* (IV) s'attache à réfuter l'adage *Homo homini lupus*; mais cette réfutation rationnelle a dû lui sembler insuffisante car, en conclusion, il oppose à l'adage un autre adage, à la métaphore une autre métaphore : *Homo homini deus*.

Faut-il conclure de là qu'une argumentation devrait se passer de rhétorique? Reste à savoir si elle le pourrait.

B. LES CINQ TRAITS DE L'ARGUMENTATION

Pour répondre, revenons à la notion d'argumentation en précisant ce qui la distingue de la démonstration. En m'inspirant, d'ailleurs très librement, de Perelman-Tyteca, je dirai que l'argumentation se distingue par cinq traits essentiels : 1. Elle s'adresse à un auditoire. 2. Elle s'exprime en langue naturelle. 3. Ses prémisses ne sont que vraisemblables. 4. Sa progression est sans nécessité logique *stricto sensu*. 5. Ses conclusions ne sont pas contraignantes. Or, je demande : ces traits, qui font qu'une argumentation se distingue d'une démonstration, ne sont-ils pas aussi ce qui la rend nécessairement rhétorique? Je vais donc les reprendre l'un après l'autre.

1. L'auditoire peut-il être universel?

Quand on argumente, ce n'est pas devant n'importe qui; c'est toujours devant un auditoire, qui est particulier. Particulier en plusieurs sens, d'ailleurs. D'abord, il l'est par sa compétence; ensuite par ses croyances, qui sont à la fois intellectuelles et affectives. Bref, un auditoire, c'est un point de vue, avec tout ce que ce terme comporte de relatif, de limité, de partial. Et je ne vois pas qu'on puisse modifier ce point de vue sans rhétorique, c'est-à-dire sans recourir au *pathos* et à l'*éthos* autant qu'au *logos*.

On me répondra que Perelman et Tyteca eux-mêmes introduisent la notion d'*auditoire universel*, au-delà de tout point de vue, donc peut-être de toute rhétorique. Mais que peut vouloir dire «auditoire universel»? Et quel usage l'argumenteur peut-il en faire?

Un auditoire non spécialisé? C'est ce qu'on pensait parfois au XVIIe siècle, témoins Molière, Pascal. Admettons-le : le rapport entre l'orateur et l'auditoire n'en sera pas moins rhétorique ; il le sera sans doute bien plus, au sens où la vulgarisation est bien plus rhétorique que la science. Et si l'orateur lui-même feint de n'être pas spécialiste, comme Pascal dans les *Provinciales*, et d'interroger naïvement les spécialistes, il emprunte une figure tout à fait rhétorique, le *chleuasme* (on se déprécie pour mieux se faire apprécier).

Un auditoire non particulier, sans passions, sans préjugés, l'humanité raisonnable, en somme? Mais invoquer cet auditoire en feignant qu'il existe pourrait bien n'être qu'un artifice. En politique, on fait appel, au-delà des partis, à l'homme de la rue, à l'homme de bons sens, à l'*uomo qualunque*... Maintenant, le philosophe lui-même, quand il prétend s'adresser à l'homme raisonnable au-delà de son auditoire réel, pourrait se voir taxer d'idéologie. «Hommes, soyez humains», s'écrie Rousseau ; n'est-ce pas en fait les intellectuels parisiens de son temps qu'il interpelle? S'adresser à l'Homme au-delà de son auditoire réel, c'est user d'une figure rhétorique, l'*apostrophe*.

Mais ne peut-on user de cette rhétorique à bon escient? En fait, l'auditoire universel pourrait signifier non pas une mystification, mais un idéal, une idée régulatrice au sens kantien. Je sais que j'ai affaire à un auditoire particulier, mais je lui tiens un discours qui tente de le dépasser, qui s'adresse, au-delà de lui, à d'autres auditoires possibles, sans préciser autrement le nombre et la nature de ces auditoires. Alors l'auditoire universel n'est plus un leurre, mais un principe de dépassement, et l'on peut parler d'un bon usage de l'apostrophe.

2. La langue naturelle : l'écrit et l'oral

J'en viens au deuxième trait. Dire que l'argumentation se déroule en langue naturelle, c'est évoquer la polysémie des termes et leur connotation. Ainsi, le terme même d'«argumentation», a-t-il le même sens et la même valeur pour chacun d'entre nous ?

L'ambiguïté vient non seulement des mots, mais de la syntaxe. Ainsi, le présent du verbe signifie-t-il maintenant ou toujours ? L'article défini la plupart ou tous ? A titre d'exemple, je reviens à l'adage : «L'homme est un loup pour l'homme», dont je rappelle qu'il fut un lieu de la philosophie au XVIIe siècle ; il s'agit donc plus que d'un proverbe populaire. Or, que veut-il dire ? A quoi correspond la métaphore du «loup» : être cruel, certes, mais solitaire ou vivant en meute ? En ce cas, les loups, même humains, ne se mangent pas entre eux, et l'on peut rester loups tout en étant frères. Et l'article initial *L'* ? Veut-il dire la plupart des hommes ? L'homme dans son essence ? L'homme naturel, antérieur à la culture ? Bref, l'adage est aussi piégé qu'un slogan publicitaire. Mais, ce qui est remarquable, c'est que nous n'en sentons pas l'ambiguïté ; il suffit de l'entendre pour qu'il nous paraisse tout à fait clair. C'est qu'en langue naturelle, nous prenons pour clarté ce qui n'est que familiarité. D'où la rhétorique.

Mais celle-ci intervient encore d'une façon plus contraignante. Quand on parle d'argumentation, il faudrait d'abord se demander : est-elle écrite ou orale ? Orale, elle l'est le plus souvent. Et cela change tout !

Un texte écrit, c'est un objet qu'on a devant soi, qu'on peut relire, analyser à loisir et donc critiquer. Avec l'oral, rien de tel ; le message est un événement, qui disparaît au fur et à mesure qu'il se produit ; ce qu'on n'a pas entendu ou retenu est perdu à jamais. L'orateur doit donc combattre deux ennemis mortels : l'inattention et l'oubli ; et il ne peut le faire que par des procédés rhétoriques. L'auditoire, lui, n'a guère la possibilité de critiquer, il doit suivre ; en revanche, il peut se libérer par l'inattention. On voit mal comment une argumentation orale pourrait être non rhétorique. Et les cultures dites «orales» le confirment ; certes, elles argumentent et enseignent, mais par répétitions, allitérations, métaphores, allégories, énigmes, etc., développant ainsi la fonction poétique au détriment de la fonction critique. Une culture orale peut produire des mythes, des poèmes, des épopées, non *La Critique de la Raison pure*.

Notre culture n'est pas orale. Mais dans la mesure où nous argumentons en parlant, écoutant, dialoguant, la rhétorique est là, comme le support qui remplace le papier. Roland Barthes[6] prétend que la quatrième partie de la rhétorique ancienne, l'action oratoire, ne nous concerne plus, que nous n'avons plus affaire qu'à des écrits. Au siècle de l'audio-visuel, on comprend mal une telle énormité ! J'ajoute qu'il faudrait faire un sort à cette expression, qu'on trouve dans les débats le plus techniques, et non seulement dans les querelles de famille : «Si seulement nous pouvions nous expliquer de vive voix!» Elle atteste qu'il manque quelque chose à l'argumentation écrite, que l'orale a une valeur irremplaçable, qui est justement la rhétorique.

3. Des prémisses vraisemblables : rhétorique et relativisme

Du fait que l'auditoire est toujours particulier semble découler ce troisième trait, le caractère simplement vraisemblable des prémisses, qui ne sont pas évidentes en elles-mêmes, mais qui «semblent vraies» à cet auditoire. Ce constat semble nous vouer au relativisme le plus radical : «A chacun sa vérité».

Je précise que ce «constat» est abusif; qu'il repose sur un jeu de mots étymologique. En fait, le vraisemblable n'est pas lié à l'auditoire, et notre troisième trait est logiquement indépendant du premier. En effet, si les prémisses sont simplement vraisemblables, ce n'est pas dû à l'ignorance, à l'incompétence ou aux préjugés de l'auditoire. L'argumentation n'est pas la logique du pauvre! Son incertitude, son manque de rigueur tiennent à son objet même, ou si l'on préfère à son champ d'application. Quand il s'agit d'affaires judiciaires, économiques, politiques, pédagogiques, peut-être aussi éthiques et philosophiques, on n'a pas affaire au vrai en soi, mais au plus ou moins vraisemblable. Inversement, dans un monde de certitudes, il n'y aurait plus d'action, ni d'argumentation. Celle-ci doit respecter le caractère incertain de son objet et ne pas prétendre à une scientificité qui ne peut être qu'abusive; disons-le, antiscientifique. Mais, admettre le vraisemblable ne signifie pas tomber dans le relativisme.

Qu'est-ce donc que le vraisemblable? Pour faire court, je dirai : tout ce en quoi la confiance est présumée. Par exemple, les juges ne sont pas toujours indépendants, les médecins toujours capables, les orateurs toujours sincères. Mais nous présumons qu'ils le sont; et si jamais nous prétendons le contraire, c'est à nous d'en faire la preuve. Sans ce genre de présomption (je n'emploie pas le terme au sens juridique), la vie serait impossible et c'est elle, la vie, qui réfute le scepticisme.

De plus, on remarquera que l'argumentation, tout en s'appuyant pour l'essentiel sur le vraisemblable, peut comporter des éléments démonstratifs, au sens de nécessaires, d'indubitables. En général, d'ailleurs, ces éléments sont négatifs; on peut démontrer que ce projet de loi n'est pas incompatible avec la constitution, non qu'il sera bénéfique à coup sûr. Je pense qu'une règle capitale est de respecter ces éléments là où ils existent.

Supposons par exemple un débat historique sur l'Affaire Dreyfus ; elle comporte toujours, certes, des aspects controversables ; mais je considère comme «démontré» que le capitaine Dreyfus n'était pas coupable, que ce n'était pas lui l'auteur du bordereau criminel. En douter serait faire preuve non de prudence et d'objectivité, mais de passion raciste.

4. Des arguments sans nécessité logique

Si les prémisses ne sont que vraisemblables, la progression des arguments n'a rien à voir avec celle d'un raisonnement logique ; elle est toujours plus ou moins imprévisible et non formalisable. Son organisation (la *disposition*) dépend du génie rhétorique de l'orateur, qui doit disposer les arguments selon leur force respective, laquelle dépend de la situation et de l'auditoire.

Mais c'est la nature même des arguments qui échappe à la nécessité logique. Parmi tous les types d'arguments que repèrent Perelman-Tyteca, aucun ne peut-être dit logiquement nécessaire et irréfutable. Je me bornerai à un exemple.

Il s'agit de l'argument «quasi logique» : «Les amis de mes amis sont mes amis». Il mime la transitivité logique, et peut d'ailleurs se développer selon une combinatoire algébrique :

Les amis de mes amis sont mes amis.
Les amis de mes ennemis sont mes ennemis.
Les ennemis de mes amis sont mes ennemis.
Les ennemis de mes ennemis sont mes amis.

Ce dernier argument a été utilisé par Churchill en juin 1941 pour justifier son alliance avec l'U.R.S.S. envahie par les Allemands. Bien sûr, il n'a rien de rigoureux ; il n'est pas absurde d'être hostile aux amis de ses amis, par défiance ou par jalousie. Mais il ne s'agit pas pour autant d'un argument fallacieux ; il a une certaine plausibilité ; il mérite qu'on le prenne en compte. Disons une fois de plus qu'il énonce une relation présumée, et que c'est son rejet, le refus de transférer l'amitié, qui doit être prouvé.

Dernière remarque : la force de l'argument est liée à sa forme, à la figure rhétorique de l'*épanalepse*. Si l'on supprimait la répétition, remplaçant chaque fois «amis» par un autre mot, l'argument perdrait beaucoup de son pouvoir.

5. Des conclusions toujours controversables

D'où le caractère paradoxal de la conclusion. Dans une argumentation, la conclusion n'est pas, ou pas seulement, un énoncé sur le monde; elle exprime avant tout l'accord entre les interlocuteurs. Elle a donc les traits suivants. D'abord, elle doit être plus riche que les prémisses, sinon on n'aurait qu'une argumentation stérile, ou une contre-argumentation. Ensuite, la conclusion est revendiquée par l'orateur comme devant s'imposer, «clore le débat». Mais enfin l'auditoire n'est pas tenu, lui, de l'accepter; il reste actif et responsable de son oui comme de son non, c'est en ce sens surtout qu'une conclusion est controversable : elle compromet celui qui l'accepte comme celui qui la refuse. Un bon exemple, indiqué par J.-B. Grize, illustre ces trois traits :

> C'est par référence à l'activité de la parole que le petit de l'homme est situé; le mot «enfant» est formé de deux unités «*in*» et «*fari*» qui signifient «ne pas parler». C'est donc à partir d'un manque, d'une absence, que l'enfant est perçu[7].

La conclusion, qui suit le «donc», est bien plus riche que les prémisses, puisque l'auteur passe de l'opinion des Romains — opinion elle-même inférée du terme latin *infans* — à une vérité universelle : «l'enfant est perçu». L'auteur la pose comme nécessaire; et moi, l'auditoire, je ne l'accepte pas, car je n'accorde pas plus de valeur à une étymologie qu'à un jeu de mots. Quoi qu'il en soit, une conclusion est toujours contestable, l'auditoire en est responsable comme l'orateur. Et ici encore il faut renoncer au «tout ou rien» pour le plus ou moins vraisemblable.

De même, l'argumentation rejette l'alternative : ou c'est rationnel, ou c'est émotif. Puisque les prémisses sont des croyances, qu'elles ont donc un contenu affectif, il est normal qu'il en aille de même pour la conclusion, même si la rhétorique est parvenue à modifier cette affectivité, ce *pathos*. Supposons qu'à un auditoire particulièrement triste, anxieux, haineux, je tienne un discours spinoziste, donc hautement rationnel. Si je réussis, j'aurai délivré l'auditoire de ces sentiments-là, mais non de tout sentiment, puisque j'aurai suscité en lui le sentiment de la délivrance, la joie.

C. LE PROBLEME DE LA MANIPULATION

Je conclus de cette analyse que toute argumentation est rhétorique, encore qu'elle le soit plus ou moins, plus si elle est orale par exemple. J'ajoute que si elle est rhétorique, c'est parce qu'elle s'adresse à l'homme total, à l'homme qui pense, qui agit et qui sent.

Mais dire que l'argumentation est rhétorique, n'est-ce pas sous-entendre qu'elle est suspecte, qu'elle comporte nécessairement une part de manipulation, soit par confusion, soit par omission, soit par séduction ? Ou peut-on admettre au contraire qu'il existe une rhétorique honnête ?

Précisons la question. Quels sont les critères qui permettraient d'affirmer qu'une rhétorique n'est pas une manipulation ? Il me semble qu'il y en a deux, d'ailleurs complémentaires. Le critère de *transparence* : que l'auditoire soit pleinement conscient des moyens par lesquels on modifie sa croyance initiale. Le critère de *réciprocité* : que la relation entre l'orateur et l'auditoire ne soit pas asymétrique, que l'auditoire ait voix au chapitre dans l'argumentation sensée le persuader. C'est à ces deux conditions que la rhétorique échapperait au reproche de manipulation.

1. Rhétorique et pédagogie

Reste à savoir si c'est vraiment le cas. Pour répondre j'envisagerai trois situations «privilégiées», en ce sens que l'usage de la rhétorique y est inévitable.

La première est l'enseignement. Un enseignement ne peut se passer de pédagogie, et toute pédagogie est rhétorique. Le professeur doit se mettre à la portée de son auditoire, attirer et maintenir son attention, illustrer les concepts, faciliter le souvenir, motiver à l'effort. Les pédagogies actives, qui tendent à supprimer le cours magistral, n'y font pas exception : quoi de plus rhétorique que de mettre l'auditoire dans le coup ! Mais, quelle que soit sa pédagogie, un véritable professeur ne dissimule jamais sa rhétorique ; au contraire : il enseigne les procédés rhétoriques qui permettent d'enseigner et conduit ainsi ses élèves à s'en rendre maître. L'enseignement est donc une relation asymétrique qui travaille à son abolition, afin que l'élève devienne l'égal de son maître. Je ne vois pas d'autre moyen de légitimer le «pouvoir enseignant».

On pourrait penser que l'enseignement définit un idéal de rhétorique «transparente» et «réciproque» qu'il faudrait retrouver partout ailleurs, du moins en démocratie. Quand je dis «ailleurs», je pense à la vie économique, politique et judiciaire. Chacun conviendra qu'il s'agit là d'une pure utopie. Je voudrais montrer qu'une utopie de ce genre est on ne peut plus pernicieuse.

2. Le politique et le judiciaire

Prenons les débats judiciaires. Si l'on s'en tenait au modèle pédagogique, un procès pénal devrait être un dialogue à la suite duquel le coupable confesserait librement son crime et demanderait lui-même son châtiment. C'est déjà ce qu'imaginait Platon dans le *Gorgias* (mais non dans les *Lois*), et c'est ce qu'on a prétendu réaliser dans certains pays à certaines époques : des procès pédagogiques ayant pour but d'éduquer non seulement le public, mais les coupables.

Notre démocratie n'a pas cette prétention. Elle distingue nettement l'éthique du judiciaire, où les décisions n'impliquent pas l'accord du coupable. On n'a pas attendu que Barbie accepte le verdict pour le condamner; on ne lui a pas dit : «On ne veut pas vous forcer...». Nous admettons que la justice peut forcer. Et je crois que c'est inévitable, car l'accord du condamné risquera toujours d'être hypocrite ou manipulé. En tout cas, rien n'est plus nuisible que d'introduire la relation pédagogique dans des domaines où elle n'est pas pertinente; ce n'est pas libérer les hommes, c'est les infantiliser.

Bref, dans le domaine judiciaire, le dialogue irénique fait place au débat polémique, un débat où il ne s'agit pas de convaincre l'adversaire mais un tiers, le tribunal. Aussi, on ne peut demander à l'avocat d'être un professeur; son propos est de tout faire pour mettre en valeur la cause de son client, pour lui donner toutes ses chances. Mais il va de soi que l'avocat n'est pas seul, qu'il a en face de lui des collègues capables de déjouer sa rhétorique, de la contrer par une autre. Et le tribunal jugera.

De même en politique, du moins en démocratie. Chaque parti défend son point de vue le mieux possible, dans le but de convaincre non ses adversaires mais le peuple. Et le peuple jugera.

On peut tirer de ces remarques deux conclusions. La première est que le danger de manipulation est d'autant moindre que l'orateur n'est pas seul, que sa rhétorique affronte une autre rhétorique. La seconde est que le but véritable de la rhétorique, dans les relations sociales, n'est pas de juger, mais de préparer un jugement qu'un tiers (le tribunal, le peuple) a charge de porter. Dans ce domaine la relation argumentative n'est ni unilatérale ni bilatérale; elle serait plutôt triangulaire...

3. Rhétorique et philosophie

Une dernière situation privilégiée se rencontre en philosophie. Celle-ci a toujours entretenu avec la rhétorique des rapports ambigus; elle a toujours prétendu la rejeter sans pouvoir vraiment s'en passer. Aujourd'hui, semble-t-il, le champ philosophique s'est scindé : d'un côté une philosophie rigoureuse, mais stérile, et de l'autre une philosophie tout à fait rhétorique, et arbitraire. En tout cas, le propos du philosophe est bien distinct de celui de l'avocat.

Son propos, en effet, n'est pas de défendre une *cause*, mais une *thèse*. Qu'est-ce qui les distingue ? D'abord la thèse n'implique pas, comme la cause, de décisions pratiques ; ce qu'elle vise avant tout, c'est à expliquer. Ensuite, dans une cause, il faut toujours «trancher», imposer un verdict mettant fin au débat ; alors qu'on n'impose jamais une thèse, on la propose, aucun tribunal n'étant là pour trancher. A qui le philosophe propose-t-il donc sa thèse ?

Partons d'un exemple, où l'on voit la pire rhétorique (la plus facile) passer au service de la philosophie. Dans *Euthydème* de Platon, le sophiste Dionysodore parle ainsi de l'enseignement (283c, ss) :

> Vous voulez que (l'élève) devienne sage et non plus ignorant ? (...) Puisque vous voulez qu'il ne soit plus ce qu'il est à présent, c'est apparemment que vous désirez sa mort ?

En feignant de prendre à la lettre la métaphore «être mort» pour n'être plus, le sophiste donne une définition de l'enseignement qui annonce *La leçon* d'Ionesco ! Mais ici intervient l'humour de Socrate ; au lieu de déjouer la métaphore, il en joue et en tire une leçon

> Si ces étrangers (...) savent faire mourir les gens de manière à les rendre bons et sensés de méchants et insensés qu'ils étaient (...), qu'ils nous mettent à mort (284e).

Rappelons que dans *Euthydème* comme ailleurs, les divers interlocuteurs ne sont que les voix intérieures de Platon. Je vois ainsi la philosophie comme un dialogue avec soi-même, et, quand le philosophe propose sa thèse, c'est d'abord à soi-même. Alors, la rhétorique ? Comme tout dialogue, le dialogue intérieur l'utilise, mais en la confrontant aussitôt à une autre, ce qui la préserve de la manipulation. Ce qui distingue donc le philosophe de l'homme politique et de l'avocat, c'est qu'il soutient à la fois le pour et le contre, qu'il est à la fois l'orateur et son adversaire, le tribunal étant le public.

J'ai donc cru déterminer trois domaines où la rhétorique peut échapper au reproche de manipulation. D'abord l'enseignement, où le maître apprend à l'élève les procédés que lui permettent d'enseigner. Ensuite les débats politiques et judiciaires, où l'orateur fait tout pour défendre une cause, étant admis qu'il a en face de lui d'autres orateurs qui font de même, le jugement revenant à un tiers. Enfin la philosophie, où la rhétorique permet un dialogue avec soi-même qui, en retour, la démystifie.

D'autres domaines seraient à envisager, comme la publicité, ou encore le discours religieux.

En tout cas, je pense avoir montré que les anciens n'avaient pas tort d'unifier dans un même «tout», la rhétorique, les éléments rationnels de l'argumentation avec ses éléments affectifs et esthétiques. Dans toute argumentation, la rhétorique est inévitable, sans que la manipulation soit pour autant fatale.

NOTES

[1] *Rhétorique générale*, ouvrage collectif, Larousse, 1970; pour une plus ample discussion, voir O. REBOUL, *La Rhétorique*, Paris : P.U.F., 1985.
[2] GRIZE Jean-Blaise, «Raisonner en parlant», in *De la Métaphysique à la Rhétorique*, Michel Meyer (éd.), Editions de l'Université de Bruxelles, 1986, p. 47.
[3] PERELMAN Ch. & OLBRECHTS-TYTECA L., *La Nouvelle Rhétorique, Traité de l'argumentation*, Vrin, 1974, Editions de l'Université de Bruxelles, 1988^5.
[4] JACQUES Francis, *Dialogiques : recherches logiques sur le dialogue*, Paris : P.U.F., 1979, pp. 221-222.
[5] Cf. ARISTOTE, *Topiques*, 1. I et VIII, et *Rhétorique*, passim.
[6] BARTHES R., «L'ancienne rhétorique», *Communication*, n° 16, Seuil.
[7] BOUVET D., *La Parole de l'enfant sourd*, in GRIZE, *op. cit.*, p. 51.

TROISIEME PARTIE

PRAGMATIQUE DE L'ARGUMENTATION

Dynamique du sens et scalarité

par Jean-Claude ANSCOMBRE
C.N.R.S.

A. INTRODUCTION

Nous voudrions dans cet exposé faire le point sur les recherches que, depuis plusieurs années, nous menons avec O. Ducrot dans le champ de la *sémantico-pragmatique*. En particulier pour ce qui est de ce que nous avons appelé la *théorie de l'argumentation dans la langue*. Nous tenterons de préciser quelles réponses nous donnons actuellement aux deux questions fondamentales que suscite toute position théorique : en quoi consiste cette position théorique, et pourquoi une telle position. Les réponses que nous nous proposons de donner ici à l'une ou l'autre question ne seront pas toujours distinguées : comme il est habituel en pareil cas, elles ne sont pas indépendantes. L'essence d'une théorie est toujours solidaire du *questionnement* qui a présidé à son élaboration.

Pour ce qui est du terme de *sémantico-pragmatique*, il ne recouvre rien de mystérieux. Ce vocable nous sert à désigner, dans l'optique qui est la nôtre, cette partie de la sémantique qui fait intervenir des indications de nature pragmatique; partie que nous considérons comme *intégrée* à la sémantique, et non pas surajoutée.

La théorie de l'argumentation dans la langue a son point de départ dans une réflexion sur la façon de relier les trois constatations suivantes (il s'agit en fait de postulats, mais acceptés très généralement, ce qui les hisse, du moins pour le moment, à la hauteur de constatations) :

(C_1) *Certaines de nos paroles sont interprétées comme une description du monde réel, comme véhiculant des informations (au sens fort).*

(C_2) *Certaines de nos paroles sont des raisonnements ou des argumentations.*

(C_3) *La tâche du sémantico-pragmaticien est de fournir une (parmi beaucoup d'autres possibles) théorie de la* langue *(niveau théorique de représentation que l'on appelle généralement* structure profonde*) susceptible de rendre compte (i.e.* explication plus prévision*) des capacités discursives de la* parole *(niveau des observables, habituellement qualifié de* structure de surface*).*

Ces trois constatations appellent un certain nombre de commentaires. Elles font tout d'abord apparaître que, dans sa démarche théorique, le sémantico-pragmaticien n'analyse pas directement les discours, paroles ou énonciations (structure de surface). Il en rend compte à travers l'étude d'unités théoriques, par exemple *phrases* ou *schémas de phrases* (c'est le niveau de la structure profonde). (C_3) relève donc de ce que l'on pourrait appeler le *niveau sémantique théorique.* Le sémantico-pragmaticien s'y trouve dans la même situation que l'astro-physicien qui étudie le mouvement des astres. Il n'étudie pas directement le mouvement des corps célestes (l'analogue de la structure de surface). Dans son système théorique n'apparaissent même pas les mouvements et les corps célestes (au sens habituel). Y figurent en leur lieu et place des entités théoriques (c'est cette fois le niveau de la structure profonde), par exemple des points matériels (ainsi le centre de gravité). Leur statut d'entités théoriques est immédiatement perceptible : ces points matériels — de dimension nulle — se voient affecter des masses non nulles. D'où le problème de leur densité si l'on tenait absolument à leur conférer une quelconque matérialité. Les équations imaginées par l'astro-physicien concernent alors les trajectoires virtuelles de ces points matériels. Trajectoires qu'il utilisera pour représenter les mouvements des corps célestes. On voit ainsi que dans son principe, la démarche du sémantico-pragmaticien est comparable à celle de l'astro-physicien : rendre compte d'un corps d'observables (les énonciations/les mouvements des corps célestes) par le biais d'un système théorique (le système de la langue/le système d'équations régissant les trajectoires des points matériels) où ces observables n'apparaissent pas.

D'une tout autre nature est le niveau de (C_1). Dire que notre parole est susceptible d'être comprise comme une description du monde réel, c'est dire que la parole, le discours, nous permettent de manipuler un certain nombre de notions. Que ces notions sont organisées — ou du moins se présentent comme telles — en un système qui peut être utilisé pour «quadriller» le monde réel. Pour parler comme Prieto, on pourrait dire que le monde réel est l'univers des *indiquants*, qui est susceptible d'être «perçu» au travers d'un système notionnel véhiculé par le langage, un système d'*indiqués*. (C_1) se situe par conséquent au niveau des notions que véhicule le langage. Elle relève donc, pour utiliser un vocabulaire moderne, des *sciences cognitives*. (C_2) relève du même niveau : *argumenter, raisonner, conclure*, sont des notions qui nous sont familières, avec cependant une particularité : elles ne vont pas de soi, et renvoient à des théories qui, pour anciennes et banales (ou banalisées) qu'elles soient, n'en sont pas moins des théories. Ce qui nous fait soupçonner que le système notionnel véhiculé par la langue n'est pas si «naturel» qu'il y paraît. Qu'en particulier, l'apparition de nouvelles «notions» pourrait bien n'être dû qu'à des mécanismes purement linguistiques, indépendamment de toute éventuelle «réalité». Nous pensons aux phénomènes de délocutivité, que nous avons évoqués ailleurs.

Pour ce qui est de la théorie de l'argumentation, elle relie ces trois constatations de la façon suivante : que la parole permette de parler du monde réel est un truisme. Mais un truisme qui ne signifie nullement l'obligation pour le linguiste de monter un système de la *langue* où apparaîtrait de façon fondamentale une description du monde réel. Que la parole puisse être *informative* n'implique en aucune façon que la langue doive l'être. Pas plus qu'une fourchette n'est fondamentalement une arme sous prétexte qu'on peut l'utiliser pour crever l'œil de quelqu'un. On peut d'ailleurs s'étonner de la persistance des attitudes descriptivistes et informativistes au niveau du système postulé, alors qu'il y a belle lurette qu'elles ont été abandonnées en sciences exactes. Les concepts qui y sont forgés et mis en œuvre ne décrivent ni n'informent, et seraient d'ailleurs bien en peine de le faire. Que décrit une matrice d'imaginaires, une fonction de Dirac, un laplacien?

En théorie de l'argumentation, la langue est fondamentalement *argumentative*, en un sens qui sera précisé ultérieurement, et les valeurs informatives qui peuvent apparaître au niveau discursif sont dérivées de ces indications argumentatives fondamentales.

Nous commencerons par montrer le type de problème qu'une telle approche permet d'aborder, et comment apparaissent alors les problèmes de *scalarité*, qui sont au centre du débat. Nous tenterons d'y apporter réponse par le biais des notions de *topos* et de *faisceau de topoï*. Nous esquisserons enfin l'étude de quelques exemples que ces notions permettent de traiter : exemples qui ont le mérite d'être de natures très diverses, comme on le verra.

B. ARGUMENTATIVITE ET INFORMATIVITE

Le point de départ de nos recherches est — pour reprendre un exposé que nous avons fréquemment fait — une interrogation de fait sur les rapports entre certaines données de type disons *rhétorique* et d'autres données de type cette fois *informatif*. A l'époque, nous admettions la coexistence à un même niveau de ces deux types d'indications. La question qui se pose — nous allons voir pourquoi — est celle des liens qu'elles entretiennent.

Selon une conception traditionnelle (et d'ailleurs fort ancienne), l'argumentation — et plus généralement la rhétorique — ne relève pas du niveau linguistique (entendez par là qu'elle n'a pas sa place dans ce système qu'est la langue), mais d'un niveau postlinguistique (elle n'est vue que comme un effet de la parole). Expliquons-nous : la conception traditionnelle de la rhétorique voit l'argumentation comme un jeu *à partir* du langage, et non comme un jeu *de* langage. Si on peut tirer par exemple une conclusion d'un énoncé ou d'une suite d'énoncés, ce n'est pas en vertu d'une caractéristique essentielle (i.e. présente en langue), mais simplement parce que dans certains contextes, les informations véhiculées (qui elles sont prévues dès le niveau langue) dans un énoncé (ou une suite d'énoncés) permettent certaines «inférences» purement locales. Si par exemple dire d'un livre sur l'Afrique qu'il est très bon passe souvent pour un conseil de lecture, c'est en vertu d'un tel processus rhétorique. Dire en effet d'un livre qu'il est bon, c'est informer qu'il possède certaines caractéristiques intrinsèques bien précises. A l'aide d'une *loi de discours* très banale, on dérive alors la valeur secondaire de recommandation. Or les lois de discours sont habituellement considérées[1] comme régissant le fonctionnement du système linguistique, mais comme ne faisant pas partie de ce système[2]. L'existence de tel ou tel type de rhétorique apparaît ainsi comme d'origine purement socio-culturelle. Tel type de culture induit tel type de loi de discours, et donc tel type de rhétorique.

En fait, dès que l'on se penche sur des cas précis, on s'aperçoit que la dérivation de l'argumentatif à partir de l'informatif va beaucoup moins de soi que prévu : en particulier pour ce qui est du caractère extra-linguistique (hors du système de la langue) de l'argumentatif. En particulier, et pour reprendre des exemples que nous avons déjà utilisés :

a) *Il y a des énoncés dont la valeur argumentative ne peut se déduire de l'aspect informatif.*

Considérons par exemple un énoncé P (il s'agit en fait d'un *énoncé-type*, et non d'un *énoncé-token* : nous ne ferons pas la différence ici, pour ne pas alourdir l'exposé). D'un point de vue informatico-logique, la combinaison de P avec *peut-être* laisse ouverte, si F est l'événement auquel réfère P, la double possibilité de F et de non-F. Double possibilité que l'on peut faire apparaître aisément dans un enchaînement. Prenons P = *J'aurai un long voyage à faire en voiture*. On aurait sans problème le dialogue suivant :

A : — *Il y a un problème. Je n'ai pas beaucoup d'essence dans la voiture, et j'aurai peut-être un long voyage à faire en voiture.*

B : — *Pas de problème. Si tu dois partir, je te fais le plein, sinon, ce n'est pas la peine.*

dans lequel la réponse de B explore les deux branches de l'alternative. Or très curieusement, les seules conclusions que l'on peut tirer de *peut-être* + P sont celles que l'on tire de la réalisation de F, et jamais de celle de non-F :

(1) *Fais-moi le plein : j'aurai peut-être un long voyage à faire en voiture.*

(2) **Inutile de me faire le plein : j'aurai peut-être un long voyage à faire en voiture*[3].

remarquons que ce phénomène a également lieu avec P seul :

(3) *Fais-moi le plein : j'aurai un long voyage à faire en voiture.*

(4) **Inutile de me faire le plein : j'aurai un long voyage à faire en voiture.*

Essayons d'imaginer une explication de ce petit phénomène en termes d'informativité, c'est-à-dire en dernier ressort, en termes de valeurs de vérité[4]. Une première idée serait d'avoir recours à une inférence de type général ou local. On peut penser par exemple à l'inférence :

$$\left.\begin{array}{l}\text{avoir à faire à partir du moment t}\\\text{un long voyage en voiture}\end{array}\right\} \rightarrow \left\{\text{faire le plein à t'<t}\right.$$

Inférence qui rend compte sans coup férir de la possibilité de (3) et de l'impossibilité — due à une contradiction, de (4). Le problème se pose donc essentiellement avec *peut-être*. Or *peut-être* + P n'implique pas P : en bonne logique, ce serait plutôt l'inverse. Bien sûr, on pourrait modifier l'inférence ci-dessus, et prétendre qu'elle vaut en fait pour *peut-être* + P. Mais ce serait prendre pour acquis que *peut-être* + P va «dans le sens» de F, et non dans celui de non-F. Une dernière solution enfin consisterait à inverser l'inférence présentée ci-dessus, «faire le plein à $t' < t''$» permettrait d'inférer «avoir à faire un long voyage à partir du moment t''». Comme de P on peut inférer *peut-être* + P, on pourrait alors faire jouer la transitivité de l'inférence. D'où la possibilité simultanée de (1) et (3). Cependant, l'impossibilité de (2) et de (4) échappe encore une fois à toute explication. Quand bien même serait-elle possible par un procédé de ce type que nous n'en aurions pas fini pour autant. Car s'il est de bonne logique d'inférer *peut-être* + P à partir de P (ce qui n'est jamais qu'une autre façon de dire que F $\rightarrow$ F ou non-F), «l'inférence» qui ferait passer de «faire le plein» à «avoir un long voyage à faire» est d'une toute autre nature. Il serait très audacieux et plutôt *ad hoc* de soutenir que la classe des événements qui contient «faire le plein» contient aussi l'événement «avoir un long voyage à faire» au même sens où la classe des événements qui contient P contient aussi non-P. P est une preuve de F ou non-F, «faire le plein» n'est pas une preuve au sens logique de «avoir un long voyage à faire». Ce n'en est une preuve qu'au sens flou qu'a preuve en langue : c'en est un indice, et rien de plus, comme lorsque l'on dit *La preuve que Pierre est là, c'est qu'il y a son chapeau sur la chaise*. Or un indice en ce sens ne permet pas des inférences logiques : il n'autorise que des raisonnements de vraisemblance. Ce à quoi nous voulions parvenir : les inférences utilisées pour sauver l'informativité ne sont souvent qu'un camouflage pseudo-logique de principes d'essence fondamentalement non logiques. De ceux que précisément nous appelons argumentatifs. Dans cette optique argumentative, les indices sont présentés comme de bonnes raisons de conclure, comme autorisant certaines conclusions, mais ne leur conférant aucun caractère de nécessité logique. En ce sens, *peut-être* + P est un indice de la réalisation de F. D'une façon analogue, *Il est peu probable que* P est un indice de la réalisation de non-F, comme on le vérifiera aisément.

b) *Il y a des énoncés sans valeur informative apparente, et cependant pourvus d'une valeur argumentative.*

C'est par exemple le cas des énoncés interrogatifs en *Est-ce que...*[5], en écartant les cas où il s'agit d'interrogations dites «rhétoriques». Quand ce sont de véritables interrogations, ils ne comportent pas de valeur informative, à moins de considérer — ce qui ferait problème par ailleurs[6]

— comme telle le fait que *Est-ce que* P? laisse ouverte comme précédemment l'alternative F ou non-F.

> N.B. L'hypothèse de cette alternative permet d'expliquer que *peut-être* (et son homologue *sans doute*) ne se combinent pas avec une véritable interrogation :
> *Est-ce que Pierre viendra peut-être ?*
> et semblent plus facile dans une rhétorique :
> *Ne t'ai-je pas peut-être sauvé la vie ?*
> On comprend cette incompatibilité si l'on admet d'une part que le fonctionnement de l'interrogation repose sur l'alternative F ou non-F; et d'autre part, que *peut-être* ne considère que la solution F. La rhétorique, qui n'est pas une demande de choix entre F et non-F, mais une demande de confirmation quant au choix fait d'une solution, est donc naturellement mieux combinable avec *peut-être*.

Or les énoncés interrogatifs possèdent bel et bien une valeur argumentative, et se comportent dans les enchaînements discursifs, très exactement comme non-P :

(5) *J'ai des doutes sur la victoire de Becker : il est le favori du masters, mais ne battra pas Lendl.*

(6) *J'ai des doutes sur la victoire de Becker : il est le favori du masters, mais est-ce qu'il battra Lendl ?*

(7) **J'ai des doutes sur la victoire de Becker : il est le favori du Masters, mais il ne perdra pas devant Lendl.*

(8) **J'ai des doutes sur la victoire de Becker : il est le favori du Masters, mais est-ce qu'il perdra devant Lendl ?*

Remarquons qu'ici une interrogation rhétorique ferait tout à fait bien l'affaire :

(9) *J'ai des doutes sur la victoire de Becker : il est le favori du Masters, mais ne perdra-t-il pas devant Lendl ?*

encore que toutes ne conviennent pas :

(10) **J'ai des doutes sur la victoire de Becker : il est le favori du Masters, mais ne gagnera-t-il pas devant Lendl ?*

On voit ce qui se passe pour l'interrogation : bien que reposant essentiellement sur l'expression d'un doute F ou non-F, et bien que ne véhiculant aucun contenu informatif, elle possède cependant une valeur d'indice proche de celle de non-P, et qui apparaît clairement dans les enchaînements discursifs.

c) *Il y a des énoncés où la valeur argumentative est exactement inverse de celle prévisible à partir de la valeur informative.*

Un cas typique que nous avons souvent évoqué dans de précédents écrits est celui d'énoncés P combinés avec des occurrences de *presque* et de *à peine*. En effet, la combinaison *presque* + P implique non-F, alors qu'à l'inverse, la combinaison *à peine* + P implique cette fois F (rappelons que F est l'événement «décrit» dans P).

Or en tant qu'indices, ces deux combinaisons fonctionnent en sens contraire dans les enchaînements discursifs :

(11) *Tu n'auras pas à attendre longtemps mon article : j'ai presque fini de le rédiger.*

(12) **Tu n'auras pas à attendre longtemps mon article : j'ai à peine fini de le rédiger.*

(13) **Tu vas devoir attendre mon article : j'ai presque fini de le rédiger.*

(14) *Tu vas devoir attendre mon article : j'ai à peine fini de le rédiger.*

On voit de nouveau ce qui se passe : en admettant même que de tels énoncés aient une valeur informative, leur comportement en tant qu'indice — leur valeur argumentative, dirions-nous, ne se fonde pas sur cette valeur informative. Elle semble en être indépendante, et posséder son comportement propre (i.e. non-dérivé).

Nous allons maintenant voir sur un exemple nettement plus compliqué, l'impuissance de «l'informativisme» à rendre compte de certaines différences entre énoncés. Considérons le couple :

(15) *Quant à X, il semble s'agir d'un contre-exemple.*

(16) *Quant à X, il s'agit d'un contre-exemple apparent.*

Les deux énoncés (15) et (16), s'ils ne sont pas totalement synonymes, ont cependant des sens voisins. D'un point de vue informatif en particulier, tous deux attribuent à un certain phénomène X un caractère amenant à se poser — à tort ou à raison — la question de son éventuelle contre-exemplarité. Or les enchaînements discursifs sur l'un et l'autre révèlent une divergence fondamentale :

(15a) **Quant à X, il semble s'agir d'un contre-exemple, et ma théorie en rend parfaitement compte.*

(15b) *Quant à X, il semble s'agir d'un contre-exemple, mais ma théorie en rend parfaitement compte.*

(15c) *Quant à X, il semble s'agir d'un contre-exemple, et ma théorie n'en rend pas compte.*

(15d) **Quant à X, il semble s'agir d'un contre-exemple, mais ma théorie n'en rend pas compte.*

(16a) *Quant à X, il s'agit d'un contre-exemple apparent, et ma théorie en rend parfaitement compte.*

(16b) **Quand à X, il s'agit d'un contre-exemple apparent, mais ma théorie en rend parfaitement compte.*

(16c) **Quant à X, il s'agit d'un contre-exemple apparent, et ma théorie n'en rend pas compte.*

(16d) *Quant à X, il s'agit d'un contre-exemple apparent, mais ma théorie n'en rend pas compte.*

Nous nous plaçons bien entendu dans un contexte où on attend d'une théorie qu'elle rende compte des contre-exemples qui peuvent apparaître. On pourrait gloser globalement les résultats ci-dessus en disant que (15) va dans le sens de «C'est un contre-exemple», alors qu'à l'inverse (16) va dans le sens de «Ce n'est pas un contre-exemple». Si l'on suppose de plus que dans le contexte donné, un vrai contre-exemple est une catastrophe, et un faux contre-exemple un soulagement, on fait apparaître de nouvelles différences :

(15e) *Quant à X, il semble malheureusement s'agir d'un contre-exemple.*

(15f) **Quant à X, il semble heureusement s'agir d'un contre-exemple.*

(16e) **Quant à X, il s'agit malheureusement d'un contre-exemple apparent.*

(16f) *Quant à X, il s'agit heureusement d'un contre-exemple apparent.*

On pourrait songer à utiliser la théorie des présupposés pour se sortir d'affaire. On remarque en effet que dans (16), l'adjectif restrictif *apparent* introduit un présupposé. On analyserait ainsi (16) comme comportant le présupposé «P a l'air d'un contre-exemple», et le posé «P n'est pas un contre-exemple». (15) en revanche ne comporterait pas de présupposé, et se bornerait au posé «P a l'air d'un contre-exemple». On appliquerait ensuite la règle bien connue que les enchaînements discursifs se font uniquement sur les posés, et jamais sur les présupposés : on rend ainsi compte des phénomènes signalés de (15a) à (16f). Pour ce qui est des contenus informatifs, on se donnerait la règle que les seuls valides sont ceux véhiculés par les posés : les présupposés ne fournissent pas de contenu informatif. Indépendamment du fait que, à moins de croire à une évaluation objective des impressions et des croyances, on voit mal d'où proviendrait la valeur informative (et encore moins la valeur de vérité) de «P a l'air d'un contre-exemple», on se heurterait de toutes façons à un certain nombre de problèmes. Comment se fait-il par exemple, que l'on puisse dire :

(17) *Quant à P, il semble s'agir d'un contre-exemple apparent.*

et ce, sans la moindre «apparence» de contradiction ? En effet, d'après les règles habituelles régissant ce type de combinaison, les présupposés sont conservés, et le posé global est le résultat de la combinaison des posés. Ce qui donne pour (17) :

a) Présupposé conservé : «P a l'air d'un contre-exemple».

b) Posé global : «P a l'air (P n'est pas un contre-exemple)».

ce qui donne après réduction et mise en forme : «P n'a pas l'air d'un contre-exemple», ou du moins quelque chose de très proche. On devrait donc sentir une certaine gêne à l'énonciation de (17), ce qui ne semble pas être le cas. Autre exemple de problème : comment se fait-il que *mais* soit possible, et *et* impossible dans :

(18) *Quant à P, il ne s'agit pas d'un contre-exemple apparent, mais d'un vrai contre-exemple.*

En effet, le premier membre de cet énoncé comporte la négation de (16), et a donc un posé du style de «P est un contre-exemple». Or on a sans problème :

(19) *Quant à P, c'est un contre-exemple, et/mais un vrai contre-exemple.*

Les faits ci-dessus mentionnés — et il y en a beaucoup d'autres — nous ont conduits avec O. Ducrot à une première version de l'argumentation, que l'on peut résumer comme suit :

(H) *La langue est fondamentalement argumentative. Ce qui signifie non que les énoncés servent toujours à tirer des conclusions, mais que la signification des phrases doit comporter des indications quant à la valeur argumentative de l'énoncé-occurrence de cette phrase. Répétons-le, cette valeur argumentative n'est pas une valeur conclusive, elle peut servir comme telle, mais elle n'est basiquement qu'une indication de direction.*

Nous nous opposons ainsi aux thèses logicisantes sur deux points :

a) D'une part, nous affirmons que la signification n'est pas fondamentalement de nature vériconditionnelle, mais renvoie à quelque chose qui relève plutôt d'une théorie de l'action. Plus particulièrement à cette forme d'action qu'est notre argumentation : en parlant, on pointe vers certaines directions, on «oriente» le discours.

b) Non seulement la signification renvoie aux potentialités d'action de l'énoncé, mais elle déborde de plus le cadre de la phrase (ou de l'énoncé, sans vouloir chicaner sur les termes). Ce qui veut dire que ce renvoi aux potentialités d'action fera intervenir des indications relatives à d'autres phrases (ou à d'autres énoncés/discours) que celle (ceux) considérés. Non seulement la signification est de type «valeur d'action (argumentative en l'occurrence)», mais de plus elle inscrit la phrase (et donc l'énoncé) dans une dynamique discursive. On pourra s'étonner d'une hypothèse en apparence aussi forte. Elle est en fait banale dans le domaine des sciences exactes : plus particulièrement en physique, par exemple dans le *principe de solidification*. Selon ce principe, des points matériels en équilibre restent en équilibre si on les relie entre eux. En mécanique des fluides, solidifier (y compris et surtout par la pensée) une partie du fluide ne modifie pas l'équilibre qu'il entretient avec le reste. Ce qui autorise, lorsque l'on désire étudier un sous-système, à le solidifier *in abstracto*, et à l'extraire du système total. Il faut alors tenir compte du fait que le sous-système étant dans une relation d'équilibre avec le reste du système, il est l'objet d'une certaine force exercée par le système (d'où la notion de *réaction*, par exemple la *réaction centripète*). En d'autres termes, pour extraire un sous-système grâce au principe de solidification, il faut tenir compte du fait qu'il est inscrit dans la dynamique du système total considéré. On voit le parallèle dans une linguistique de l'énoncé. Etudier l'énoncé seul revient à lui appliquer une espèce de principe de solidification : en procédant de la sorte, on ne modifie pas sa valeur sémantico-pragmatique. Mais on doit tenir compte du fait qu'il est inscrit dans une *dynamique discursive*, celle du texte total. Pour nous, cette dynamique discursive est constituée par un ensemble de relations argumentatives. Une remarque à ce propos : le terme d'*argumentation* que nous avons adopté n'est sans doute ni très heureux, ni très adéquat. Ce choix provient de ce que les premiers phénomènes qui nous sont apparus étaient explicitement de nature rhétorique. La dynamique dont nous parlons ici, et qui n'est pas de nature vériconditionnelle, se trouve certes réalisée dans les relations argumentatives (au sens banal du terme), mais elle déborde largement ces phénomènes. Il y a, dans notre théorie de l'argumentation, bien autre chose que la rhétorique habituelle. Ce qui apparaîtra sur certains exemples ultérieurs.

C. ARGUMENTATION ET TOPOI

Dans la première version de l'argumentation, notre thèse de base est donc qu'au niveau de la *phrase* interviennent et doivent intervenir des relations de type argumentatif. Remarquons que nous ne prétendions pas à l'époque que fût désignée une conclusion particulière dès ce niveau :

la phrase renvoyait à une classe de conclusions possibles (classe opposée à celle des conclusions impossibles pour une phrase donnée). La phrase comportait des indications — en particulier des variables — dont l'instanciation en fonction du contexte était susceptible de renvoyer à une conclusion effective ou virtuelle.

Partant de cette position de base, nous avions cru pouvoir définir la notion d'*opérateur argumentatif* — notion dont nous avions besoin en particulier pour l'étude des connecteurs. Nous avions en effet relevé le phénomène suivant :

(a) *Tu vas te ruiner : ce truc coûte 200 F.*

(b) *Tu vas faire des économies : ce truc coûte 200 F.*

(c) **Tu vas te ruiner : ce truc ne coûte que 200 F.*

(d) *Tu vas faire des économies : ce truc ne coûte que 200 F.*

Nous supposons réalisé un contexte où chacun de ces énoncés est un discours suivi (sans pause), et nous excluons d'entrée toute lecture ironique. Ce que l'on peut rendre tangible et plus plausible en intercalant un *si* ou un *car* : d'une part ils empêchent la rupture sémantique qu'une pause rend possible ; d'autre part, ils rendent la lecture ironique plus difficile.

De l'impossibilité de (c), nous avions déduit que l'introduction de *ne... que...* a pour effet de modifier les potentialités argumentatives de l'énoncé de base. En les réduisant dans le cas présent. Ce qui nous avait inspiré la définition suivante : il y a en langue des morphèmes, les *opérateurs argumentatifs*, qui combinés avec un énoncé, modifient la classe de conclusions liée à la phrase attachée à l'énoncé de départ. Cette modification est souvent une réduction (comme ci-dessus), mais pas toujours. Cette définition peut se représenter simplement sur le petit schéma ci-dessous :

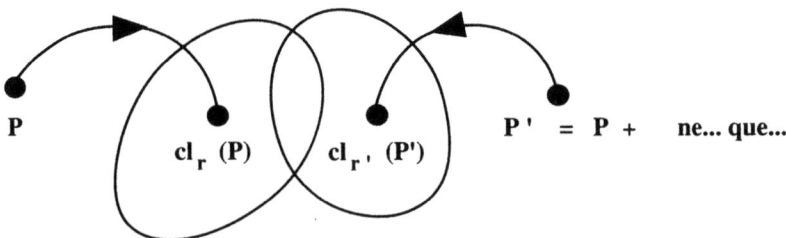

Malheureusement, un minimum d'exploration a vite fait de faire apparaître des contre-exemples. Ainsi :
(f) *Fais vite : il est 8 h.*
(g) *Prends ton temps : il est 8 h.*
(h) *Fais vite : il n'est que 8 h.*
(i) *Prends ton temps : il n'est que 8 h.*

L'anomalie signalée à propos de (c) a disparu dans son analogue (h). Pour ceux qui éprouveraient des réticences à propos de cet exemple, signalons qu'il est facile de reconstituer un contexte dans lequel il est tout à fait naturel. On pourrait par exemple enchaîner sur (h) par *et si tu te dépêches, on aura fini avant l'heure prévue, et on pourra descendre prendre un café.*

Puisque l'anomalie fondait la notion d'opérateur argumentatif, le problème est donc d'expliquer cette divergence de comportement. Et ce, tout en conservant la notion d'opérateur argumentatif — que nous sentons intuitivement justifiée. C'est pour rendre compte de ce type de phénomènes que nous aurons recours à la notion de *topos*. Terme que nous empruntons à Aristote, en lui donnant toutefois un sens quelque peu différent. Aristote déclare, dans les *Topiques*, que le déroulement de tout discours est régulé par un ensemble de principes généraux, qu'il appelle des *topoï*, des «lieux communs». Par exemple un locuteur indigné énonçant *Pierre est un salaud : je lui ai rendu service, il en a profité pour m'escroquer*, fonde son indignation sur un «non-dit», un principe comme «Si quelqu'un vous a rendu service, on lui doit de la reconnaissance». Qu'un tel principe paraisse moral à beaucoup n'en fait pas pour autant un principe nécessaire — on voit la différence d'avec l'implication. En fait la langue, que la contradiction n'effraie pas à ce niveau, possède un principe tout aussi général, et quasiment opposé, sous la forme du proverbe *Faites du bien à un vilain, il vous crache dans la main*. Principe qu'un locuteur pourrait utiliser pour justifier cette fois son manque d'étonnement ou sa résignation devant l'indignité d'un débiteur.

Dire des topoï que ce sont des principes généraux, c'est dire qu'ils sont admis au sein d'une communauté plus ou moins vaste. Bien sûr, il arrive couramment que dans le cadre d'une discussion entre deux individus, l'un ou l'autre fasse intervenir des topoï créés de toutes pièces pour les besoins de la cause. Mais ils n'en restent pas moins généraux, dans la mesure où ils ne sont pas présentés comme inventés pour la circonstance, mais en quelque sorte comme extérieurs à celui qui les utilise. C'est sur de tels topoï que s'appuient les raisonnements (et pas seulement les raisonnements, nous le verrons plus loin) en langue. De ce point de vue, on peut lire que les *topoï* jouent, dans la dynamique discursive, un rôle analogue à celui que jouent les axiomes d'un système formel.

Nous nous intéresserons plus particulièrement à la catégorie des *topoï graduels*, c'est-à-dire ceux dont la définition fait intervenir une scalarité. Leur forme générale est : «Plus/moins un objet O a la propriété P, plus/moins un objet O' a la propriété P' ". Un énoncé comme :
Nous dînerons peu ce soir, car nous avons fait un gros repas à midi.

met en œuvre un topos comme «Plus le repas de midi est important, moins il donne envie de manger le soir». Topos qui ne repose sur rien de logique, ne serait-ce qu'au vu de l'existence du topos inverse «Plus le repas de midi est important, plus il donne envie de manger le soir». En termes quotidiens, un gros repas ouvre l'appétit aux uns, et l'ôte aux autres. Ce topos inverse serait à l'œuvre dans un énoncé comme *Avec des gens aussi affamés, il faut s'attendre à ce que le repas de midi leur ait ouvert l'appétit pour celui du soir.*

Munis de la notion de topos graduel, nous pouvons fournir une nouvelle définition de ce qu'est un opérateur argumentatif :

1) *Une phrase ne détermine pas la classe des conclusions que l'on peut atteindre au travers des énoncés-occurrences, mais un réseau de topoï.*

2) *Les topoï représentent les trajets (argumentatifs) que l'on doit obligatoirement emprunter pour atteindre, à partir d'une occurrence donnée de cette phrase, une conclusion déterminée.*

3) *Les* opérateurs argumentatifs *ne contraignent pas la classe des conclusions, mais les trajets argumentatifs permettant de les atteindre.*

Tentons de traiter nos exemples (f), (g), (h), (i), à l'aide de la notion de topos graduel. Le français possède les quatre topoï graduels suivants :

$T(-,+)$ = «Plus le temps manque, plus on doit se dépêcher».

$T(+,+)$ = «Plus on a de temps, plus on doit se dépêcher».

$T(+,-)$ = «Plus on a de temps, moins on doit se dépêcher».

$T(-,-)$ = «Plus le temps manque, moins on doit se dépêcher».

En caricaturant quelque peu, on peut dire que ces topoï correspondent aux quatre attitudes respectives de lutte, rentabilité, paresse et pessimisme.

Cherchons, par le biais des enchaînements avec *même*, quels sont les topoï qui jouent dans nos exemples (f), (g), (h), (i) :

(f') *Fais vite : il est 8 h, et même 8 h 5/*8 h moins 5.*
(g') *Prends ton temps : il est 8 h, et même *8 h 5/8 h moins 5.*
(h') *Fais vite : il n'est que 8 h, et même que *8 h 5/8 h moins 5.*
(i') *Prends ton temps : il n'est que 8 h, et même que *8 h 5/8 h moins 5.*

Représentons ces résultats sur les graphes ci-dessous :

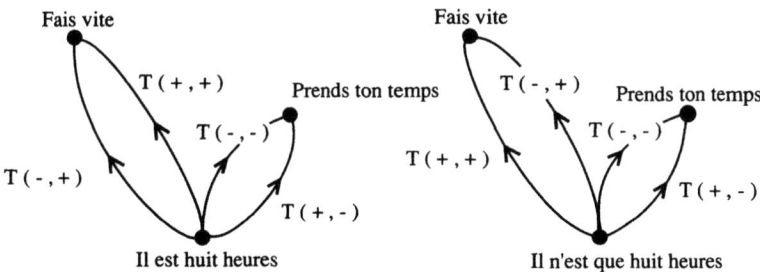

On s'aperçoit alors que le rôle de l'opérateur *ne... que...* n'est pas de restreindre la classe des conclusions possibles, mais seulement de sélectionner les trajets y conduisant. Revenons maintenant à nos premiers exemples (a), (b), (c), (d). Il y a en français deux topoï bien connus liés à l'idée de dépense et d'économie, à savoir :

C(+,-) = «Plus une dépense est élevée, moins elle est justifiée».

C(-,+) = «Moins une dépense est élevée, plus elle est justifiée».

Appliquons comme précédemment le test de *même* :

(a') *Tu vas te ruiner : ce truc coûte 200 F, et même 250 F/*190 F.*
(b') *Tu vas faire des économies : ce truc coûte 200 F, et même *250 F/190 F.*
(c') *Tu vas te ruiner : ce truc ne coûte que 200 F, et même que 190 F.*
(d') *Tu vas faire des économies : ce truc ne coûte que 200 F, et même que *250 F/190 F.*

On voit ce qui se passe : (a) est explicable à partir de C(+,-), (b) et (d) à partir de C(-,+). Pour que (C) soit possible, il faudrait qu'existe un topos du type C(-,-) = «Moins une dépense est élevée, moins elle est justifiée». Or les notions même de dépense, de ruine et d'économie sont parfaitement incompatibles avec un tel topos (remarquons qu'il s'agit là d'une première incursion de la notion de topos dans le lexique ; et nous n'en resterons pas là). Elles convoquent en effet un «réflexe économique» de type «capitaliste», qui voit la dépense comme mauvaise et l'épargne comme bonne. Dans cette même optique, on n'a pas non plus le topos C(+,+) = «Plus une dépense est élevée, plus elle est justifiée».

Or en fait, ces deux topoï existent bel et bien : mais dans un autre système que le système «capitaliste». Très précisément dans un système à «potlatch», où plus on donne, plus on est en droit d'attendre en retour. Et pour se situer dans un tel contexte, il suffit de modifier très légèrement nos exemples :

(a″) *Ne lui achète pas ce cadeau : il coûte 200 F.*

(b″) *Achète-lui ce cadeau : il coûte 200 F.*

(c″) *Ne lui achète pas ce cadeau : il ne coûte que 200 F.*

(d″) *Achète-lui ce cadeau : il ne coûte que 200 F.*

Remarquons que les possibilités d'enchaînement par *et même* montrent que (a″) et (b″) sont ambigus : on peut enchaîner par *et même 250 F*, ou *et même seulement 190 F*. Ils sont donc possibles aussi bien dans une vision «capitaliste» que dans une vision de «potlatch». Les seuls enchaînements possibles en revanche sur (c″) et (d″) sont du type *et même 190 F*. Le seul topos applicable à (c″) est C(-,-), et le seul topos applicable à (d″) est C(-,+). (c″) et d″) relèvent donc d'univers antinomiques, respectivement «de potlatch» et «capitaliste». Résumons ces résultats sur un graphe :

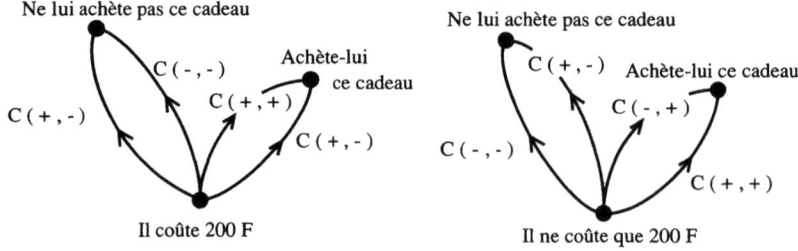

On constate une nouvelle fois que le rôle de *ne... que...* est de contraindre les trajets allant de l'argument à la conclusion.

Résumons la philosophie sous-jacente à la notion de *topos* :

1) A l'inverse de l'optique vériconditionnelle, si on conclut d'un énoncé A à un énoncé B, ce n'est pas parce que A signale un fait F, B un fait G, et que l'existence de F rend G inévitable. C'est parce que A présente F d'une façon qui rend légitime l'application d'un topos (ou d'une chaîne de topoï) conduisant à un énoncé B ou l'on peut voir un habillage linguistique de G.

2) La signification d'une phrase est l'ensemble des topoï qu'elle autorise à appliquer dès lors qu'elle est énoncée. Choisir dans une situation donnée d'énoncer une phrase plutôt qu'une autre, c'est donc choisir d'exploiter certains topoï au détriment d'autres. De ce point de vue, signifier c'est imposer vis-à-vis des faits l'adoption de points de vue argumentatifs.

3) Nous avons chemin faisant exprimé une thèse qui nous est chère : un topos consiste en une correspondance entre gradations non numériques. Il peut certes se faire que l'on plaque des échelles numériques familières sur ces gradations : mais il ne s'agit pas là pour nous d'un phénomène linguistique. Au niveau de la langue (les phrases), n'apparaîtront que des instructions relatives aux topoï à utiliser lors de l'énonciation. En d'autres termes, la langue est fondamentalement *scalaire*.

4) Il s'ensuit une approche tout à fait nouvelle du lexique. Car les prédicats de la langue apparaissent alors comme des faisceaux de topoï. Comprendre un prédicat, c'est être capable de lui associer une gradation dans un certain domaine, gradation définie par le fait qu'elle est en correspondance avec d'autres gradations. Le champ lexical devient alors un *champ topique*, en lieu et place de l'habituel *champ de constantes*. A l'idée par exemple que quelque chose est ou n'est pas une table, nous substituons l'idée que, *aux yeux de la langue*, quelque chose est vu comme étant plus ou moins une table, pour utiliser un exemple grossier (mais effectif), qui nous a été signalé par J. Jayez. Ce qui n'empêche pas à un certain niveau de parole, de faire une utilisation binaire de la notion de «table». Pour faire comprendre ce point essentiel, nous l'illustrerons par l'exemple d'une publicité récente. Une marque de bonbons à la menthe a basé sa publicité sur le fait (fictif ou effectif, peu importe) que lorsque l'on perce un trou au beau milieu d'un bonbon à la menthe, la fraîcheur mentholée irradie en quelque sorte à partir de ce trou. D'où la supériorité bonbonesque de la marque présentant des bonbons à la menthe pourvus d'un trou central. Rien *a priori* ne semble plus binaire que la notion de trou. On s'attendrait donc à ce que la susdite publicité

conclue en disant quelque chose comme «Machin, le bonbon qui a un trou». Il est donc tout à fait remarquable que le slogan utilise en fait une notion scalaire de trou : son libellé est en effet «Machin, le bonbon le plus trou». On nous objectera qu'il s'agit là d'une publicité, donc d'un mouvement langagier à but fondamentalement rhétorique. Mais si le rhétorique était à ce point dérivé de l'informatif, le message publicitaire manquerait son but, et n'aurait pas l'impact qu'il a. Pourquoi donc le consommateur ne chercherait-il pas derrière le rhétorique l'informatif dont il est dérivé? En fait, l'impact du message publicitaire n'est pas tant dans ce qu'il dit que dans le topos (ou les topoï) qu'il met en œuvre. Le but de ce que l'on dénomme le «matraquage publicitaire» et en fait de banaliser ce topos dans l'esprit du consommateur, y compris et surtout lorsque ce topos a été forgé de toutes pièces pour les besoins de la cause. Une fois banalisé, il acquiert alors force de loi, et joue automatiquement, pour le plus grand bénéfice du produit.

5) L'intelligence artificielle étant à la mode, tentons de formuler ce qui précède en termes de *système expert*. Rappelons qu'un système expert se compose essentiellement (en simplifiant) de deux sous-systèmes : une base de données (ou de connaissances) et un moteur d'inférences. L'approche vériconditionnelle et l'approche argumentative auront en commun (ou pourront avoir en commun) une partie de la base de données; en particulier celle relative à la «connaissance du monde extérieur». Mais alors que la partie proprement linguistique sera un ensemble de constantes lexicales dans l'approche vériconditionnelle, on aura un ensemble de faisceaux de topoï dans l'approche argumentative. Au niveau du moteur d'inférence, l'approche vériconditionnelle utilise une déduction fondée sur des implications générales ou locales. L'approche argumentative en revanche utilise un mode d'inférence à base non pas binaire, mais scalaire. Ce qui fait que le raisonnement en langue tient plus de la *vraisemblance* que de la *vérité*, plus du pari ou du bluff que de la quantification. S'il y a une logique de la langue à inventer, elle ressortit de la qualification, et non de la quantification. Ce qui mènerait à s'intéresser à des logiques non standards (et en particulier non monotones), en lieu et place des logiques standards (et monotones) habituellement invoquées.

D. QUELQUES REFLEXIONS SUR LES TOPOI

Un premier réservoir de topoï auquel on pense presque immédiatement est celui constitué par les proverbes. A cet égard, les proverbes confirment l'hypothèse d'une scalarité non numérique. La majorité des proverbes font en effet intervenir des adjectifs ou des adverbes susceptibles de degré ; parfois même, le degré est explicité sous forme de comparatifs ou de superlatifs. Ainsi : *A malin, malin et demi ; Le mieux est l'ennemi du bien ; Tant va la cruche à l'eau qu'à la fin elle se casse ; Qui veut voyager loin, ménage sa monture ; Loin des yeux, loin du cœur ; Plus on est de fous, plus on rit ;*... etc. On aurait d'ailleurs tort de penser qu'il y a des topoï parce qu'il y a des proverbes. C'est l'inverse qui est vrai : il y a des proverbes parce qu'il y a des topoï. On le voit sur le nombre incroyable de proverbes qui nous viennent de topoï explicités par La Fontaine, à une époque où ils n'étaient pas (encore) des proverbes. Les proverbes ne sont que la cristallisation lexicale de certains topoï, et tous les topoï ne donnent pas lieu à des proverbes, il s'en faut. Par ailleurs, nous avons mené des études de corpus qui montrent qu'il est usuel de renforcer un raisonnement (ou de croire le renforcer) par explicitation du topos graduel qui le fonde. Plus intéressant encore est le fait que cette explicitation emprunte le plus souvent des formes pseudo-proverbiales :

> C'est le premier théorème de réduction des dépenses publiques. Plus les restrictions se font sentir, plus le système «débrouille» se développe (*Libération*, 19/9/85, p. 12).

> Toute peine mérite salaire, et le méritera de plus en plus (*Canard Enchaîné*, 2/3/86, p. 8).

> Ce péché commun des egos galopants, cette faille qui pourrait faire un proverbe de base : «Qui trop se montre, on ne peut plus le voir» (*Canard Enchaîné*, 13/2/85, p. 6).

Signalons par ailleurs que les proverbes possèdent un ensemble de propriétés syntaxiques et sémantiques qui les rapprochent d'autres expressions[7]. De ce point de vue, il serait intéressant d'étudier les propriétés linguistiques des explicitations de topoï en général.

E. TOPOÏ ET LINGUISTIQUE

1. Topoï et structuration du lexique

Ce qui va suivre est l'ébauche de ce que pourrait être une étude portant sur la structuration topique du lexique. Les exemples que nous étudierons sont empruntés à l'espagnol : ce qui montre que le type d'analyse topique qui va suivre peut s'appliquer à d'autres langues qu'au français.

Parmi les procédés de dérivation propres à l'espagnol, on trouve un suffixe *-ón*, applicable entre autres aux noms, et généralement décrit comme ayant une valeur augmentative : *silla* «chaise»; *sillón* «fauteuil»; *cuchara* «cuillère»; *cucharón* «louche»; *abeja* «abeille»; *abejón* «faux-bourdon» (litt. «grosse abeille). Il est donc tout à fait étonnant de rencontrer des contre-exemples absolument indiscutables : *cáscara* «coquille (en général)»; *cascarón* «coquille d'œuf»; *calle* «rue»; *callejón* «ruelle»; *pluma* «plume»; *plumón* «duvet»; *ala* «aile»; *alón* «aile sans plume».

On peut bien entendu prêcher l'exception : les langues présentent des irrégularités provenant de leur imperfection foncière. Explication qui n'en est pas une, et nous paraît peu satisfaisante. Prenons le premier exemple, celui de *cáscara* «coquille (en général)». Un fait saute aussitôt aux yeux : ce mot est dérivé d'un verbe *cascar* «briser». Ce qui nous met sur la voie d'une solution topique : elle consiste à dire qu'existe en langue un topos du type de (Plus un contenant est fragile, plus c'est une coquille). Et ce topos est attaché (entre autres) à des mots comme *cáscara*. De ce point de vue, un *cascarón*, c'est une enveloppe très fragile, fragile par excellence, c'est-à-dire (du moins dans nos cultures) une coquille d'œuf. Solution qui a l'avantage de fournir pour le suffixe *-ón* une valeur générale d'augmentatif : mais par rapport à un topos *attaché au radical* auquel il est suffixé. Passons à l'exemple suivant : *calle* «rue», *callejón* «ruelle». Là encore, l'étymologie nous est d'un grand secours pour comprendre cette anomalie. L'espagnol *calle* vient du latin *callis* «sentier pour les troupeaux». D'où il a pris en espagnol le sens de «passage étroit entre des maisons», encore présent dans l'espagnol médiéval *calleja* «rue étroite». On voit la solution que nous allons proposer : à *calle* est attaché le topos (Plus c'est étroit, plus c'est une rue). *Callejón*, augmentatif — mais sur ce topos graduel, signifie donc «rue très étroite, ruelle». Deux arguments en notre faveur : d'une part, toujours en espagnol médiéval, *callejón* signifiait «impasse», sens inexplicable si l'on part de *calle* «endroit où l'on peut circuler». D'autre part, en espagnol contemporain, le verbe dérivé *encallar* signifie «entraver, arrêter par des obstacles» (d'où «échouer» pour un bateau). Autre exemple : comment se fait-il que *plumón*, dérivé de *pluma* «plume», signifie «duvet» et non «grosse plume»? Là encore, notre idée sera que l'augmentatif est à comprendre à partir d'un topos attaché à *pluma*. Lequel? Un petit jeu auquel s'amusent fréquemment les adultes est de demander à un jeune enfant : «Qu'est-ce qui pèse le plus lourd, un kilo de plume ou un kilo de plomb?». La réponse est invariablement «un kilo de plomb», malgré la présence d'une indication quantitative maîtrisée très tôt par les enfants. Par ailleurs, il est tout à fait banal de dire (et d'entendre) des déclarations comme : *Le plomb, c'est lourd; La plume, c'est léger*. Nous avons même l'expression *léger comme une plume* qui nous fournit un topos attaché au vocable «plume» : (plus c'est léger, plus c'est de la plume). Dans cette optique, *plumón* est, dans le domaine de la plume, ce qui est très léger, c'est-à-dire le duvet. Dernier exemple enfin, celui-là nettement plus compliqué : *ala* «aile», *alón* «aile sans plume». S'il y a un topos, responsable de ce phénomène, il n'est pas apparent. En fait, l'usage de *alón* va nous mettre rapidement sur la piste. En effet, ce terme est habituellement employé pour les gallinacées : *un alón de pollo, de gallina, de pavo*. Animaux à plumes dont une des caractéristiques est qu'ils servent habituellement de nourriture aux bipèdes (sans plume) que nous sommes. L'aile d'un oiseau peut être considérée donc de deux points de vue : en tant qu'elle favorise le vol d'une part, et en tant que nourriture d'autre part. La solution que nous proposerons est qu'à chacun des deux points de vue est attaché un topos : (plus il y a de plumes, plus l'aile est destinée au vol), et (moins il y a de plumes, plus l'aile est destinée à l'alimentation). Le suffixe *-ón* serait un augmentatif pour ce second topos seulement. *Un alón*, c'est une aile tout à fait faite pour être mangée, c'est-à-dire sans plumes. Un argument appuie cette analyse : ce sens de *alón* est très ancien, et dans son *Tesoro de las dos lenguas española y francesa*, Oudin le glose ainsi : «Aile, aileron, aile de chapon rôti; aussi l'aile de tout oiseau qui est desplumé, fait pour rostir ou boüillir». Un dernier point : pourquoi cependant n'a-t-on pas parallèlement le sens «grande aile» ? En fait, c'est en vertu d'un principe très général en langue qui veut que lorsqu'un mot a plusieurs sens, un suffixe donné n'en retient qu'un. En termes de topoï, le suffixe sélectionnera toujours un topos. Par exemple, *travailler* a (au moins) deux sens en français : «accomplir un certain effort» (*Pierre aime travailler*), et «être soumis à un certain effort» (*Le bois a travaillé*). Or *travailleur* renvoie uniquement au premier sens — et il ne s'agit pas là d'un cas isolé.

2. Topoï et formes semi-passives

Le problème dont nous allons parler maintenant étant très complexe linguistiquement parlant, nous nous contenterons d'une brève esquisse. Notre propos est l'intérêt de la notion de topos, et non des analyses détaillées sur la base de cette notion. Tout d'abord, qu'est-ce qu'une forme semi-passive[8]?

Le français standard possède une construction curieuse — qui d'ailleurs n'est pas attestée dans tous les dialectes du français. En voici quelques exemples :

Le mur est commencé de construire depuis hier.
Le trou est fini de creuser.
Les chaussures ont été portées à ressemeler.
Ce programme a été conçu pour charger en mémoire.

La plupart du temps, il y a une contruction passive concurrente, généralement préférée par les sujets parlants :

> Le mur est commencé d'être construit depuis hier.
> Le trou est fini d'être creusé.
> Les chaussures ont été portées pour être ressemelées.
> Ce programme a été conçu pour être chargé en mémoire.

Signalons pour mémoire que ces constructions sont très sévèrement contraintes, en particulier au niveau de l'aspect; que par ailleurs, elles présentent certains points communs avec des tournures comme :

> Une telle question est facile à poser.
> Le repas est prêt à servir.
> Ce spectacle est agréable à voir.

Ces contraintes ne sont pas celles qui nous occuperont ici. Il y a en fait une autre sémantique, qui est illustrée par les exemples suivants :

> ??Le mur est commencé de démolir depuis hier.
> ??Le trou est fini de remplir.
> ??Les chaussures ont été portées à incinérer.
> ??Ce programme a été conçu pour effacer de la mémoire.

contrainte à laquelle échappent, on le vérifiera, les concurrentes passives. L'idée que nous tentons actuellement de développer est que ces bizarreries sont dues à une structuration topique du lexique. Il y aurait, au niveau «profond» du lexique, des relations topiques «naturelles» entre certains prédicats et certains substantifs. Par exemple (Plus on creuse, plus c'est un trou); (Plus on construit, plus c'est un mur); (Plus on ressemelle, plus c'est une chaussure); (Plus on charge en mémoire, plus c'est un programme). Des structures comme les semi-passives auraient entre autres propriétés de sélectionner ces «topoï naturels», d'où les bizarreries signalées. Si l'on modifie comme suit la «destination naturelle» des objets, les exemples redeviennent possibles :

> Le mur à abattre est commencé de démolir depuis hier.
> Le trou à combler est fini de remplir avec des gravats.
> Les chaussures à brûler ont été portées à incinérer.
> Ce programme a été spécialement conçu pour effacer de la mémoire par simple pression d'une touche.

Ce qui rappelle une autre notion, assez ancienne, mais peu étudiée à époque récente : celle d'*objet interne* :

> Plutôt mourir mille morts.
> Marie a dormi sa nuit.
> Max était las de vivre sa vie.
> Léa jouait gros jeu.

Une hypothèse possible serait de traiter et d'élargir la notion d'objet interne grâce à la notion de topos. L'objet interne serait en quelque sorte l'explicitation en surface de l'entrée en fonction d'un champ topique «naturel». Explicitation qui serait à l'origine aussi bien des phénomènes traditionnels d'objet interne que de ceux signalés à propos des formes semi-passives.

REFERENCES

ANSCOMBRE J.C., «Il était une fois une princesse aussi belle que bonne», *Semantikos*, 1, n° 1, pp. 1-28, 1975.
ANSCOMBRE J.C., «Argumentation et topoï», in *Argumentations et valeurs*, Actes du 5e colloque d'Albi, pp. 46-70, 1984.
ANSCOMBRE J.C., DUCROT O., «L'argumentation dans la langue», *Langages*, 10, n° 42, pp. 5-27, 1976.
ANSCOMBRE J.C., DUCROT O., «Interrogation et argumentation», *Langue Française*, n° 42, pp. 5-22, 1981.
ANSCOMBRE J.C., DUCROT O., *L'Argumentation dans la langue*, Bruxelles : Mardaga, 1983.
ANSCOMBRE J.C., DUCROT O., «Argumentativité et informativité», in *De la Métaphysique à la Rhétorique*, M. Meyer (éd.), Ed. de l'Université de Bruxelles, pp. 79-94, 1986.
DUCROT O., «Argumentation et topoï argumentatifs», in *Actes de la 8e rencontre des professeurs de français de l'enseignement supérieur de l'Université d'Helsinski*, pp. 27-57, 1987.
JAYEZ J., *L'Inférence en langue naturelle*, Hermès, 1988.

NOTES

[1] Une telle attitude est tout à fait nette chez H.P. Grice, par exemple.

[2] Pour une autre approche, cf. les travaux de Anscombre-Ducrot sur les actes indirects, la polyphonie et la délocutivité.

[3] Dans un contexte où le voyage à faire doit l'être avec l'essence du plein. Cet énoncé redevient possible si le *Inutile...* signifie «Il faudra de toutes façons que je m'arrête pour reprendre de l'essence».

[4] Si du moins on entend par *informer* «renseigner sur l'état du monde (ou d'un certain monde)». Définition qui est celle habituellement retenue par les informativistes. Option qui fait table rase d'un certain nombre de problèmes : logiques tout d'abord (le modèle doit être susceptible d'une interprétation vériconditionaliste, ce qui est loin d'être évident) ; linguistiques ensuite, puisqu'il exclut qu'une information puisse n'être qu'un point de vue subjectif.

[5] Cf. Anscombre-Ducrot, in bibl.

[6] On ne voit en effet pas quel pourrait être le contenu informatif d'une tautologie, puisqu'elle est toujours vraie indépendamment de la question, et toujours logiquement équivalente à n'importe quelle autre tautologie (y compris celles n'ayant rien à voir avec la question).

[7] Cf. ANSCOMBRE, «Théorie de l'argumentation, topoï et structuration discursive», *Revue québecoise de linguistique*, 1989.

[8] Pour plus de détails, cf. notre article à paraître : «Les formes semi-passives : quelques propriétés syntaxiques et sémantiques».

Arguments et narrations

par Seymour CHATMAN
Université de Californie-Berkeley

La rhétorique distingue traditionnellement quatre types de textes : les arguments, les descriptions, les exposés et les narrations. Durant les deux dernières décennies, beaucoup de travaux ont été consacrés aux narrations. Une branche entière de la poétique s'est développée sous le nom de narratologie, mais peu a été fait en ce qui concerne la relation de la narration et des autres types de textes. Ma contribution se propose d'examiner la relation qui existe entre la narration et l'argumentation, et vise en particulier à expliquer le phénomène de la «textualité subordonnée».

Il est aujourd'hui clairement établi que ce qui distingue la narration des autres types de textes est sa double logique temporelle (sa chronologique). Une narration contient un mouvement dans le temps, non seulement de manière externe (le temps pris pour lire le roman, voir le film...), mais aussi de manière interne (le temps pris par la séquence d'événements qui tissent l'intrigue). Le premier de ces mouvements opère au niveau de cette dimension narrative qu'on appelle le discours ou le récit, ou encore *syuzhet*, le second définit ce que l'on appelle l'histoire ou encore *fabula*. En ce qui concerne la logique de cette histoire ou logique interne, on trouve souvent une composante supplémentaire, celle de la causalité (l'événement a cause b, b cause c, et ainsi de suite), mais on peut aussi trouver ce que j'ai appelé la contingence : a ne cause pas directement b, b ne cause pas directement c ; ils concourent tous au portrait d'une certaine situation ou état de chose.

Les types de textes qui ne sont pas des narrations ne présentent pas une telle séquence temporelle interne, même si de toute évidence, elles prennent du temps pour être lues, vues ou entendues. C'est dire que les structures profondes sont statiques ou intemporelles, synchroniques et non pas diachroniques. Ainsi les arguments sont des textes qui visent à persuader un auditoire de la validité d'une proposition donnée, c'est-à-dire de la démontrer au sens rhétorique le plus strict, en procédant de façon paradigmatique selon les prescriptions de la déduction (enthymèmes) ou induction. Les descriptions rendent les propriétés des objets et par là rendent ces objets visibles ou imaginables par les sens. Elles dépeignent ou représentent ceux-là dont elles sont les portraits. La description est souvent considérée comme l'analogue verbal de la peinture ou du dessin[1]. Les *exposés* (*expositions*) sont à la base des explications (*exponere* = mettre en avant; *explanare* = rendre clair). Ainsi ils partagent avec les descriptions la tâche qui consiste à rendre des propriétés par analyse, amplification, définition, classification, opposition et comparaison[2]. Mais là où la description a tendance à être associée à des objets accessibles aux sens, l'exposition, comme l'argument, se réfère habituellement à des objets abstraits ou à des idées. La différence entre l'exposé et l'argument est celle que l'on trouve entre la clarification et la persuasion. Dans le cas de l'exposé, le sujet voit sa tâche comme un projet d'information de l'auditoire. Dans l'argument, au contraire, l'auditoire est supposé avoir déjà une certaine attitude, une certaine information qu'il s'agit soit de modifier, soit de renforcer. L'argument présuppose la différence d'opinion là où l'exposé présuppose l'absence d'opinion. Bien sûr, le fait même de clarifier quelque chose implique un argument en faveur de la préférence pour une clarification particulière, ce qui fait que la ligne entre ces deux types de textes est quelquefois difficile à tracer. Mais la distinction est souvent utile et nous pouvons toujours séparer la persuasion explicite propre à l'argument de la persuasion implicite que l'on trouve dans l'exposé.

Ces quatre types de textes sont indépendants de la distinction entre le discours fictionnel et le discours non fictionnel, tout en la traversant. On peut les trouver tous les quatre dans les textes de fiction comme dans d'autres.

Le «discours de Gettysburg» de Lincoln est une argumentation non fictionnelle. Le *To His Coy Mistress* de Marvell et *A Modest Proposal* de Swift sont tous les deux fictionnels. *L'Origine des Espèces* est un exposé non fictionnel, même si Darwin était implicitement soucieux d'argumenter contre le créationisme. Bref, les types de textes se mélangent et s'adaptent les uns aux autres, c'est-à-dire qu'ils sont chacun subordonnés l'un à l'autre, qu'ils sont chacun au service de l'autre : l'*Ozymandias* de Shelley est manifestement une description, ce que le «voyageur d'une antique contrée vit», mais la structure générale est un argument, exemplifiant «*sic transit gloria mundi*».

L'étude des textes est simultanément simplifiée et enrichie par la notion de subordination (*at-the-service-of*). Le fait de traiter les types de textes comme des fonctions opérant à titre de structures profondes qui s'actualisent par leur variété, leur forme et leur surface, nous permet d'expliquer les complexités des textes d'une façon plus satisfaisante que si nous supposons formes et fonctions en coexistence au sein de quelques relations simples. Dire par exemple, qu'une fable d'Esope est une narration simple, parce qu'elle raconte une histoire, ne peut que faire négliger des propriétés fondamentales du texte. Il va de soi que la fable est dans sa forme de surface une narration, mais clairement celle-ci est au service «d'une morale», c'est-à-dire d'un point de vue fonctionnel, le texte en entier se réduit à un argument. Comme l'indique Susan Suleyman, de tels textes sont «fondés sur le verbe illocutionnaire», je démontre [3].

Manifestement toutes les fictions narratives s'appuyent en principe sur l'idéologie, encore que dans la fiction post-moderne et d'avant-garde, elles ne sont pas faciles à déterminer. Mais beaucoup de ces fictions impliquent une idéologie, plutôt que d'argumenter à son sujet.

L'usage d'arguments au service des narrations fictionnelles est très fréquent à l'une des époques les plus rhétoriques, le XVIIIe siècle. Voici un exemple typique emprunté du début de *Joseph Andrews* de Fielding :

> It is a trite but true observation, that examples work more forcibly on the mind than precepts : and if this be just in what is odious and blameable, it is more strongly so in what is amiable and praise-worthy. Here emulation most effectually operates upon us, and inspires our imitation in an irresistible manner. A good man therefore is a standing lesson to all his acquaintance, and of far greater use in that narrow circle than a good book.
>
> But as it often happens that the best men are but little known, and consequently cannot extend the usefulness of their examples a great way; the writer may be called in aid to spread their history farther, and to present the amiable pictures to those who have not the happiness of knowing the originals; and so, by communicating such valuable patterns to the world, he may perhaps do a more extensive service to mankind than the person whose life originally afforded the pattern.

La structure argumentative est ici ce que nous nous attendons à trouver chez un juriste du XVIIIe siècle. Le narrateur argumente en faveur de l'idée que les romans sont des manières de répandre la vertu, façons qui sont supérieures aux exemples fournis par la réalité elle-même, dans la mesure où la publication assure une audience plus large à la vertu que celle qui est normalement issue de la simple observation des êtres humains réels. L'argumentation procède selon un enchaînement classique d'enthymèmes. Le premier d'entre eux contient comme majeure, une maxime : «Les exemples ont plus de force que les préceptes». Ensuite une prémisse intermédiaire nous est présentée selon le mode *a fortiori* : «Qui peut douter qu'un bon exemple nous influence davantage qu'un mauvais dans la mesure où nous imitons celui-là, alors que nous devons être soucieux *de ne pas* imiter celui-ci?». La conclusion de ce premier enthymème nous fait accéder sans heurt au pouvoir de la réalité, c'est-à-dire à l'exemple que représente l'homme bon non fictionnel.

Le second enthymème à nouveau utilise une majeure qui est un truisme : les hommes bons sont braves et les occasions d'apprendre par leur exemple sont limitées. La mineure est tout aussi évidente puisqu'il s'agit d'accepter l'idée, vraie par définition, selon laquelle ce qui est publié ou diffusé peut être mis à disposition d'un plus grand nombre que si ce n'était pas le cas. La conclusion plus claire et plus discutable que celle du premier enthymème, comme cela doit être d'ailleurs, est que le romancier accomplit «une tâche plus large» que l'homme dont il imite la vie. Remarquez que cela n'implique pas nécessairement que le romancier soit meilleur que l'homme de vertu de façon générale : cela ruinerait bien évidemment l'argument par excès.

Naturellement, après cette époque, peu de romans auront de telles longueurs argumentatives justifiant par là le qualificatif de commentaire narratif. Au XIXe siècle une argumentation, quand on la trouve, est davantage le fait de maximes isolées. Les prémisses de ces maximes sont tellement évidentes, du moins celui qui les propose l'espère, qu'elles n'ont pas besoin de démonstration logique. Au début du chapitre 27 dans *Le Rouge et le Noir* par exemple, le narrateur s'excuse de ne pas donner plus de détails sur la vie de Julien au séminaire en raison du fait que :

> Les contemporains qui souffrent de certaines choses ne peuvent s'en souvenir qu'avec une horreur qui paralyse tout autre plaisir, même celui de lire un conte.

Par toute sa concision, cette maxime peut être envisagée comme la conclusion d'une argumentation complète implicite :

Majeure : une expérience horrible bloque tout plaisir.

Mineure : lire une histoire devrait être une expérience qui est source de plaisir.

Conclusion : lire une histoire qui rappelle une expérience horrible bloque tout plaisir possible.

Cet argument certes, comme tous les commentaires généralisateurs, nous conduit du monde de la fiction au monde réel. Mais sans conclusion la maxime fonctionne comme la majeure d'un enthymème qui traverse le monde fictionnel ou dans ce cas-ci métafictionnel : l'argumentation ne porte pas sur l'histoire, mais sur le discours[4].

Ainsi :

Majeure : «Lire une histoire qui rappelle une expérience horrible bloque tout plaisir possible.»

Mineure : «Des détails de la vie de Julien au séminaire sont horribles.»

Conclusion : «J'ai donc le droit de laisser tomber tous ces détails, de telle sorte que mon lecteur ne se verra pas privé des plaisirs de cette histoire.»

Jusqu'à présent, mes exemples ont été empruntés aux commentaires que les narrateurs font de leurs actions ou des personnages. Mais une argumentation bien évidemment peut également surgir de la bouche d'un des personnages. En fait s'abandonner à ce genre particulier de textualité est autrement caractéristique dans *Anna Karénine*. Le demi-frère de Levin, le trop cérébral Koznyshov, n'est pas loin d'abandonner son célibat pour les charmes de l'amie de Kitty, Varenka. Cependant, il ne peut se permettre simplement de tomber amoureux de cette femme : il doit *argumenter* sa démarche comme s'il se donnait la permission d'avoir des sentiments :

> Pourquoi résisterais-je ? songeait-il. Il ne s'agit point d'une passionnette, mais d'une inclination mutuelle, à ce qu'il me semble, et qui n'entraverait ma vie en rien. Ma seule objection sérieuse au mariage est la promesse que je me suis faite, en perdant Marie, de rester fidèle à son souvenir...
>
> Il avait beau fouiller ses souvenirs, il ne se rappelait pas avoir rencontré en aucune jeune fille cette réunion de qualités qui faisaient de Varinka une épouse en tous points digne de son choix. Elle avait le charme, la fraîcheur de la jeunesse, mais sans enfantillage ; si elle l'aimait, ce serait avec discernement, comme il sied à une femme. Elle avait l'usage du monde tout en le détestant, point capital aux yeux de Serge Ivanovitch, qui n'eût pas admis dans sa future compagne des façons vulgaires. Elle était croyante, non pas aveuglément à la manière de Kitty, mais en toute connaissance de cause[5].

La relation entre l'argumentation et la narration pourrait bien sûr être facilement renversée. Depuis des temps immémoriaux, les narrations ont été au service des argumentations. Souvenons-nous des paraboles, des fables, des *exempla*, comme Susan Suleiman nous l'a montré dans un excellent livre sur le roman à thèse.

La conception du texte que je me suis efforcé de proposer ici reconnaît pleinement l'autonomie des différents modes de composition ou types de textes comme je les appelle, sans négliger pour autant le fait que des textes individuels sont souvent composés d'un mélange de différents types de textes. Mais la beauté du concept «notion de service» ou de «subordination» tient à ce qu'il rend possibles et l'analyse de ce qui est chaque fois une tension, et un accommodement entre différents types de textes.

NOTES

[1] Michel Beaujour l'a remarqué. La description est cependant souvent utilisée comme un concept flou qui masque les distinctions que je me suis efforcé d'établir. Le dictionnaire Webster, ainsi que Beaujour le fait observer, «présente des synonymes troublants pour le concept de description, que reprend en italiques la liste suivante : "*represent, delineate, relate, recount, narrate, express, explain, depict, portray*"» : in «Some Paradoxes of Descriptions», *Yale French Studies*, 61 (1981), 27. Si la description est traitée comme synonyme de narration ou d'exposé, alors il n'y a plus rien à dire. Mais nous ne sommes pas condamnés à une telle impasse terminologique. C'est précisément le but de la théorie de démarquer certains termes nouveaux des anciens, non aux fins de prescription ou d'interdiction, mais simplement pour nous rappeler que nous ne sommes pas des esclaves du langage comme quelques penseurs contemporains le prétendent. En réalité, nous sommes les maîtres du langage en ce que nous pouvons décider de ce dont nous parlons et du moyen de le faire.

[2] W.F. THRALL & Addison HIBBARD, *A Handbook to Literature*, New York : Odyssey Press, 1936, 172.

[3] Susan SULEIMAN, *Authoritarian Fictions* New York : Columbia University Press, 1983, p. 26. Sa discussion de l'*exemplum* montre comment le service dont il est question est construit à l'intérieur même du mot : le terme *exemplum* (Greek *Paradeigma*) désignait la persuasion par induction ou l'argument par analogie en opposition à l'*enthymème* ou persuasion par déduction. Aristote déjà divisait les *exempla* en réels et fictionnels. Les premiers étant empruntés à l'histoire ou à la mythologie, les derniers étant des interventions de l'orateur lui-même. Dans la catégorie des *exempla* fictionnels, Aristote distinguait les paraboles ou comparaisons brèves des fables qui constituent une série d'actions ou en d'autres termes, une histoire (p. 27).

[4] Voir *Story and Discourse*, pp. 248-253.

[5] Léon TOLSTOI, *Anna Karénine*, Les Classiques russes, traduit par Henri Mongault, Paris : Gallimard, 1948, p. 536.

Argumentation
et stratégies discursives

par Francis JACQUES
Université de Paris-Sorbonne

«Dans le discours, la paix est
plus profonde que la guerre.»

Bar-Hillel

«Duo, duellum, bellum, bis :
la guerre c'est ce qu'on fait
quand on est deux.»

Péguy

Ma contribution aura pour centre la notion de stratégie discursive, et pour horizon les processus argumentatifs qui s'y déploient. Je soutiens que l'argumentation n'est pas seulement sensible aux cadres et contexte d'activité où elle prend place, elle dépend aussi des stratégies discursives qui l'utilisent (désormais S.D.), plus spécialement des S.D. bivocales. Telle est la thèse qui inspire ma contribution. Elle s'intègre dans une vue d'ensemble du dialogisme à l'œuvre dans l'argumentation.

Avant de mettre cette thèse au banc d'essai de la critique et des suggestions, je ne dissimulerai pas les présupposés de mon analyse. S'il est vrai que la dimension argumentative est aussi coextensive du discours que la narrativité, elle repose en fin de compte sur certaines conditions nécessaires du fonctionnement signifiant du discours. Je vais les dégager en première partie[1]. Après quoi la notion de S.D. sera construite de manière à permettre une esquisse de typologie selon un critère essentiellement pragmatique. Finalement, je voudrais montrer que ce qui demande d'être paramétrisé en fonction des diverses S.D., c'est rien de moins que les modes argumentatifs ainsi que les conditions de référenciation dans le discours et la tolérance à l'implicite. Pour me restreindre à trois S.D. régulièrement confondues dans la littérature, j'évoquerai à titre exemplaire les cas du dialogue, de la négociation et de la conversation.

A. PRESUPPOSITIONS

Elles concernent la situation originaire et élémentaire de signification.

Première condition nécessaire : pas de signification qui ne s'inscrive violemment dans un système de différences sémiotiques, celui de la langue. La matérialité du signifiant est porteuse des codes. C'est entre des structures, à des niveaux distincts (phonologique, morphologique, syntaxique) que les codes viennent régir une correspondance formelle. L'école structuraliste des années soixante a travaillé à en faire une condition unique.

Commentaire : selon nous, les significations ne germent pas du dedans de la langue, par le seul travail de différenciation de ses opérations possibles. Une subversion profonde de l'ordre sémiotique est réalisée par le moindre énoncé du discours. Aussi cette première condition de *différence* n'est-elle pas suffisante.

La seconde condition nécessaire nous fait sortir de l'immanentisme linguistique : le sens appartient à une phrase énoncée en tant qu'elle porte référence au monde. Signifier, c'est user d'un signe ou d'une séquence de signes pour renvoyer à un sens, mais à propos d'une chose, événement ou état de choses ; bref, c'est originairement *se référer*.

Commentaire : être significatif ne se réduit pas à être distinctif. L'articulé et le distinctif ne font pas encore le langage, seulement la *langue*, dont l'existence n'est que virtuelle. C'est dans l'énoncé que se nouent structure et événement de *discours*. C'est là qu'apparaît l'ordre proprement sémantique dont l'énoncé de phrase est l'unité minimale. Dès lors, il faut interroger la relation entre signe et sens dans un autre champ que le système sémiotique. Autres unités de compte pour l'analyse : le mot plutôt que le signe, le mot étant pris dans sa contribution aux conditions de vérité de la phrase où il apparaît. A noter que la vieille idée de *désignation* ne convient plus pour traiter de la référence des énoncés, et surtout pour construire la distinction entre sens et référence et penser leur rapport précis dans les divers genres de discours (scientifiques, littéraires...) et, comme on verra, les diverses S.D.

Enfin signifier, c'est signifier quelque chose à propos du monde, mais à quelqu'un (ou mieux *avec*, et dérivativement *contre*) quelqu'un. La mise en discours du sens suppose deux ou plusieurs interlocuteurs (présents ou absents, réels ou virtuels). Après le dépassement du sens vers la référence extra-linguistique, il faut poser le rapport à ceux qui parlent comme une troisième condition nécessaire du processus de la signifiance. Celle-ci conduit à donner droit de cité théorique aux idées d'acte, d'interaction, de contexte et plus radicalement de relation interlocutive.

Voici que la prédication de l'énoncé ne joue que sous la dépendance d'un certain acte énonciatif. L'énoncé n'est pas seulement par son énonciation un fait, il est également le produit d'un faire. En même temps que l'énoncé représente un état de choses, il présente de quelle nature est le fait qu'il constitue : un certain acte, assertion, ordre, promesse, etc. Nos discours ne fonctionnent donc pas seulement sur la base d'une asymétrie d'*énoncé* entre fonction identifiante et fonction prédicative, mais sur la base d'une asymétrie d'*énonciation* entre l'aspect illocutoire (ou mieux, interlocutoire) et l'aspect propositionnel. Pour articuler ces asymétries, il ne faut pas moins d'une logique illocutoire correctement fondée. Désormais, la phrase n'est comprise dans son sens propositionnel que dans la mesure où elle a été produite comme une interaction linguistique pourvue d'une valeur de communication.

Mais, si ces trois conditions de différence, référence et interlocution fondent solidairement la possibilité de la signifiance du discours, il s'ensuit que les grandes fonctions co-extensives du discours — description, récit, et aussi argumentation — ne seront analysables qu'en tenant compte notamment de la présence d'une relation interlocutive. Celle-ci engendre au titre d'effets dynamiques, l'interaction communicative ainsi que la réciprocité des sujets parlants. Même si la coopération entre les interlocuteurs est plus ou moins effective, plus ou moins manipulée, elle est toujours présente à la clé du discours.

On le voit, peut alors se développer une réflexion sur les diverses sortes de coopération mais aussi de compétition discursives. Plusieurs types de S.D. vont dériver de la situation originaire et élémentaire de la signifiance. Il est bien possible que le système complet de leurs préconditions soit hors de notre portée. Aussi avancerons-nous une distinction d'esprit wittgensteinien en séparant le fondement et ce sur quoi on peut *faire fond* : une description minimale de la possibilité de signifier. Que le fondamental puisse ou non être fondé, il apparaît dans notre pratique du discours. Cela suffit à éviter l'a priorisme tout en tenant la balance égale entre l'exigence de radicalité et la description empirique.

C'est à l'intérieur de stratégies discursives particulières que se déploie à mon sens la validation argumentative.

B. NOTION DE STRATEGIE DISCURSIVE

J'appelle «stratégie discursive» une séquence d'interactions communicatives en tant qu'elles construisent peu à peu leur contexte pragmatique.

Pour commenter cette définition, précisons que l'interaction est dite «communicative» pour tenir compte de ce qu'elle procède d'une mise en relation des interlocuteurs L_1 et L_2. L'analyse du discours sous l'optique de la communication ne se ramène pas à l'analyse de «E produit X comme signe de y» et «R reçoit X comme signe de y»[2], mais de ceci qui est certes plus complexe : «L_1 et L_2 collaborent, par actes de langage et confrontation d'attitudes propositionnelles (e.g. d'états de croyance) pour produire x comme signe de y».

En outre, le contexte pragmatique qui est construit peu à peu est un micro-univers de référenciation ou, dans une autre terminologie, une «schématisation» (J.B. Grize). Les objets de référence sont construits et peu à peu schématisés par les interlocuteurs. Cette construction ouverte contraste avec la fermeture des modèles qui président au raisonnement déductif. Elle convient, en revanche, à la validation argumentative qui aurait lieu dans le cadre du discours.

Strategia n'est pas *polemos*. Je m'autorise d'Aristote qui parle de stratégie dans les *Topiques* (VIII, 1-3) pour des discours sans gagnant ni perdant, et cela même quand la conclusion à soutenir par le questionneur est justement la contradictoire de la thèse du répondant. Celui-ci, J. Brunschwicg l'a montré, n'a pas à empêcher le questionneur d'y parvenir par tous les moyens, mais seulement de le faire d'une façon qui ne serait pas la meilleure possible, étant donné la conclusion. Cela apparaît dans les instructions données par Aristote au répondant, qui sont emphatiquement pénétrées de valeur «coopérative». Plus une interaction dans le discours est communicative[3], moins les stratégies sont unilatérales, polémiques, voire manipulatrices. Néanmoins, elles peuvent le devenir en parasitant la condition de communicabilité (ou d'interlocution) quand les interlocuteurs la tournent secondairement à leur profit.

Dans son acception large, le terme de stratégie implique un choix cohérent devant l'incertain quand plusieurs acteurs sont en cause et interagissent. Rappelons que la théorie des jeux de stratégie nous a habitués à faire place, à côté des jeux à somme fixe ou somme nulle (où tout ce qui est gagné par l'un l'est aux dépens de l'autre), à des jeux à somme non nulle qui sont sans gagnant ni perdant (cf. déjà Aristote, *Topiques*, 159a, 25-37). En ce sens, une stratégie verbale ne suppose aucun affrontement de principe. Je dirais : bien au contraire. Car dans la lutte, le contrôle des interactants diminue rapidement et l'issue du conflit leur échappe. L'aspect compétitif, ou à l'occasion manipulateur, est articulé à l'aspect coopératif et en dépend. C'est sur le fond d'une coopération au moins simulée que s'enlève le dissensus.

Stricto sensu, l'expression «stratégie discursive» nous renvoie solidairement à la théorie de l'action et à l'analyse du discours. Pour réaliser une S.D., les énonciateurs n'accomplissent pas un acte de langage isolé, mais des séquences de tels actes de langage qui obéissent à des contraintes régulatives. Cette famille de contraintes n'intervient pas entre énonciations, mais entre les actions qui sont effectuées. Or, toute action est un évenement produit par des agents, qui conduit d'un état initial à un état final. Quand l'action réussit, cet état final est l'objectif unilatéral ou commun de la S.D.

Dans une séquence d'actes de langage constitutive d'une S.D., les conditions d'accomplissement de l'acte de langage doivent être congruentes illocutoirement [4]. Deux actes de langage sont congruents illocutoirement si chacun engage le locuteur à accomplir l'autre. Ainsi par exemple, l'acte illocutoire qui dépend de la vérité d'une disjonction «(P_1 V P_2)», sera congruent avec une conjonction de deux actes illocutoires, qui dépend de la vérité de chaque terme de la disjonction. Soit A cet acte. Il vient :

$$((P_1 \vee P_2) \Rightarrow A) \equiv (P_1 \Rightarrow A) \& (P_2 \Rightarrow A)$$

Ce n'est pas tout. Les conditions d'accomplissement de l'acte de langage suivant doivent être congruentes illocutoirement avec les propriétés de l'acte de langage final.

A côté de ce type de contraintes générales qui proviennent d'une théorie de l'action linguistique et qui intéressent les aspects de conditionnement, de succession temporelle ou causale, on a aussi des contraintes plus spéciales qui, selon la S.D. en question, déterminent certaines séquences d'actes de langage.

Ces contraintes spéciales concernent les thèses et assertions, les hypothèses, mais aussi les questions, les injonctions, selon que L_1 estime que L_2 pourra accepter sans autre forme de procès ce qui est dit, ou au contraire qu'il ne sera pas immédiatement convaincu; ou selon que L_1 requiert expressément la participation coopérative de L_2. Pour tous ces cas, mais aussi pour des séquences plus triviales — une réponse est requise après une question; le remerciement suit l'offre; l'offre du par-

158 L'ARGUMENTATION

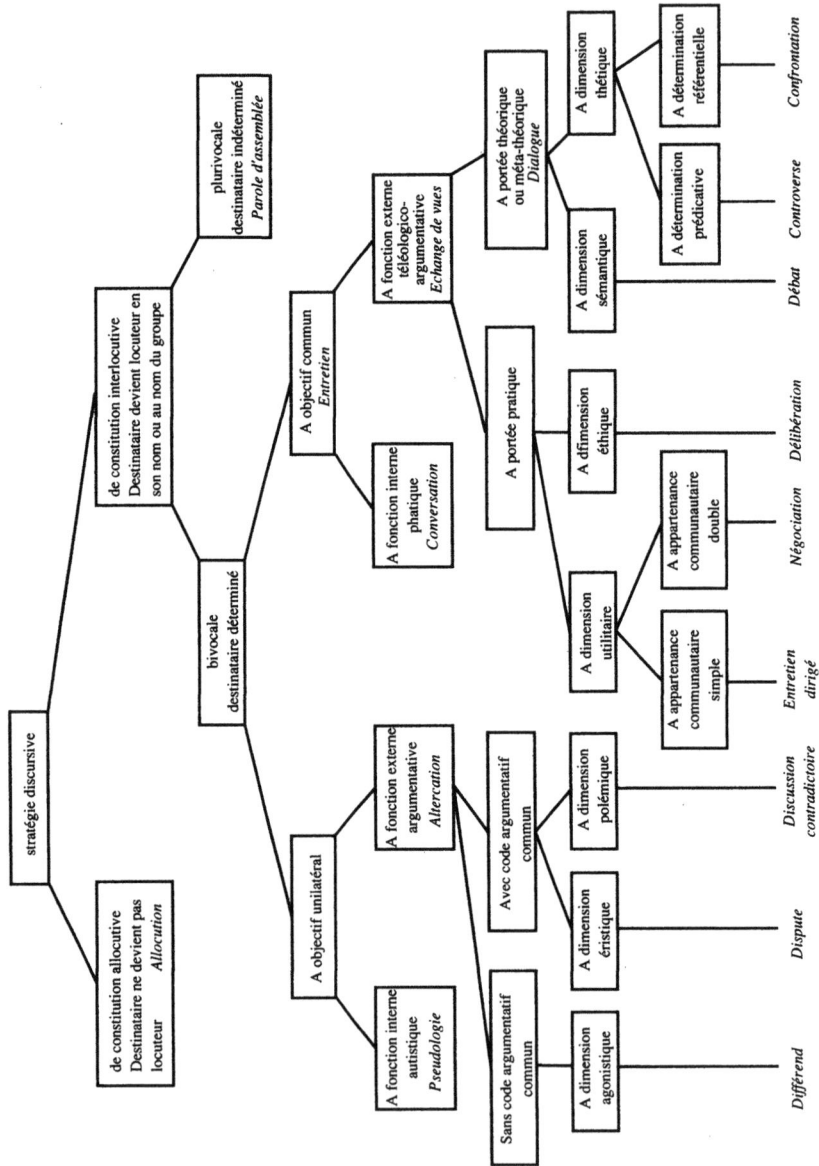

don ne peut aller sans la demande du pardon, etc. —, des critères morpho-syntaxiques pourraient être donnés qui préciseraient le statut des énoncés [5].

Mais les S.D. relèvent encore de règles de nature fonctionnelle. Elles assignent une fonction à la profération d'un acte de langage sur la base de son rapport avec les actes de langage qui l'environnent. Par exemple, une assertion peut fonctionner comme une réponse, comme une explication ou comme une préparation à un autre acte de langage. Il est clair que l'analyse des séquences d'actes de langage gagnerait à être rapprochée ici des recherches sur les structures textuelles qui sont conduites par les grammaires de textes, comme suggéré récemment [6].

Toujours en songeant à la théorie de l'action qui sous-tend la notion de S.D., il apparaît qu'une S.D. peut avoir ou non un objectif commun, d'ordre théorique ou pratique. Ainsi dans le cas d'un objectif théorique — e.g. quand le processus converge vers une référence partagée par L_1 et L_2 —, il faut que le contenu propositionnel du protocole final soit produit conjointement.

C. ESQUISSE TYPOLOGIQUE

Je dois aller très vite maintenant. Nous allons nous restreindre aux stratégies bivocales de constitution dialogique.

Nous appellerons «dialogique» la structure interne d'un discours fonctionnant comme un discours unique, entre deux instances énonciatives pourvues d'un code et s'exprimant dans un contexte initial partiellement propre, mais assujetties à projeter les fragments langagiers dans le contexte pragmatique commun engendré par leur couplage relationnel.

Ces instances énonciatives L_1 et L_2 sont en relation de réciprocité interlocutive et en même temps en relation d'appartenance à une communauté parlante. De là une certaine tension : la relation d'appartenance peut l'emporter sur la réciprocité interlocutive selon le type de S.D., par exemple, dans la négociation. Ou au contraire la réciprocité peut l'emporter sur l'appartenance, par exemple dans le dialogue.

Autrement dit, le dialogisme est affaire de degré. Il a sa limite supérieure et comme son maximum : le dialogal. Cela dépend du contrat de communication implicite ou explicite, lequel est variable justement selon les S.D. Il n'est pas indifférent que L_1 et L_2 soient engagés dans un dialogue, une dispute éristique ou une discussion contradictoire.

En somme le concept de S.D. est un concept *générique* qui a des espèces. On peut les figurer selon un arbre. Celui que nous proposons est centré sur les stratégies bivocales :

Comme on voit sur le tableau précédent, la paramétrisation concerne en premier lieu la convention énonciative : le destinataire est-il ou non déterminé ? Peut-il ou non devenir locuteur à son tour ? Les interlocuteurs sont-ils en positions sensiblement égales ou en positions hautes ou basses, prises dans un réseau d'emplacements énonciatifs ?

En second lieu, la paramétrisation concerne l'objectif qui peut être unilatéral quand le discours présente une dimension éristique ou polémique. Alors les partenaires peuvent remplir des tâches différentes, comme deux musiciens dans une sonate où l'un est au violon et l'autre au piano. L'objectif peut aussi être commun quand le discours présente une dimension irénique et pacifiée. On le voit viser un consensus.

En troisième lieu, la S.D. peut s'exercer selon une fonction externe, i.e. une certaine portée théorique ou pratique, comme c'est le cas respectivement dans la négociation et certaines espèces de dialogue; ou bien une fonction interne, e.g. phatique, comme c'est le cas dans la conversation. Mais on peut songer aussi à certaines controverses scientifiques de nature assez irénique, comme A. Einstein en entretenait avec N. Bohr. Je continue d'argumenter avec Einstein, confiait Bohr, toutes les fois que je réfléchis à un problème essentiel de la physique théorique, «me demandant ce qu'il en eût pensé». Et encore à des discussions polémiques, à des disputes plus spécieuses qui font preuve d'un art assez unilatéral de provoquer la persuasion (sinon celle de l'adversaire, du moins celle du tiers témoin), avec tous les effets rhétoriques que l'on sait.

Autant dire que dans toutes ces S.D., ni l'épreuve de la parole, ni son issue — succès ou échec — ni son dérèglement, n'auront les mêmes causes. En sorte que les enchaînements interphrastiques devront sans doute s'opérer selon des règles spécifiques. Ici deux remarques :

1) Cela ne revient pas à affirmer que leur hétérogénéité est irréductible, comme les jeux de langage wittgensteiniens. Nous ne voulons pas renoncer d'avance à toute théorisation.

2) La majorité, voire la totalité des entretiens réels, transgressent la constitution dialogique et l'affaiblissent. Le maximum ou optimum dialogal représente une limite idéale. Pour éviter de succomber au normativisme ou à un irénisme peu réaliste, on fera une place expresse à l'intrusion de la violence, à l'irruption des rapports de domination dans le discours avec l'asymétrie relationnelle qu'ils induisent. Sans parler de la

méconnaissance idéologique, quand le rapport d'appartenance au groupe est si prégnant qu'il induit des effets de mystification par défense de l'identité communautaire.

La classification proposée adopte une critériologie pragmatique. Elle honore deux exigences principales :

1) l'homogénéité. On retient des critères intrinsèques qui résultent de l'activité signifiante des interlocuteurs et du fonctionnement discursif;

2) la généralité. On écarte ceux qui sont liés à une institution particulière — juridique, politique, scientifique, religieuse —, car ils seraient étrangers à la constitution du discours.

On fait ainsi apparaître un certain nombre de types idéaux au sens de Max Weber. Dans la communication concrète, ces S.D. sont à l'état plus ou moins mêlé. Les désignations qui figurent dans les terminaux de notre arbre des S.D. bivocales viennent cristalliser des configurations plus ou moins complètes et plus ou moins stables de paramètres.

D. DIALOGUE, CONVERSATION, NEGOCIATION

Une telle classification n'est pas sans intérêt pour *définir* les S.D. particulières. Ainsi on observe que le dialogue cristallise une configuration où se trouvent rassemblés les caractères d'un discours à constitution interlocutive et bivocale, à objectif commun, à fonction externe, à portée théorique, à dimension sémantique ou thétique. On notera bien sûr qu'il se distingue passablement de la conversation et de la négociation.

Il semble indispensable de lever l'indistinction induite par le terme de «conversation». *Lato sensu*, la conversation désigne un genre d'usage langagier prototypique, la forme sous laquelle nous sommes originellement exposés au langage, sa matrice d'acquisition. Cependant, on décrit sous le même mot des réalités bien différentes. L'ethnométhodologie excelle à décrire l'activité verbale en fonction des cadres sociaux, l'organisation des tours de parole. Tantôt on s'attache à reconstruire la structure dynamique d'un entretien en contexte situationnel précis : entre le maître et ses élèves, en librairie ou en agence de voyages (cf. les Ecoles de Birmingham et de Genève); tantôt on s'efforce de dégager les postulats qui président aux interventions conversationnelles selon une tradition plus rationaliste. La conversation est alors clairement rapprochée du dialogue.

La polysémie du terme de dialogue n'est guère moindre. Souvent par croisement des métaphores : on parle de «dialogue social» alors qu'on a en vue une négociation salariale. Quitte à revenir au sens propre : «entre eux, ce ne fut pas un dialogue, mais (adversatif) une simple conversation». En général, le terme est valorisé. Il reste que certains préfèrent le terme «conversation», pour couvrir le registre entier des S.D. D'autres ont plutôt un faible pour la négociation, afin d'insister sur les rapports de forces.

Pourtant, il importe moins de préférer que de déterminer. C'est la possibilité de construire un modèle d'interaction qui compte. Sans quoi la possibilité de dégager des règles pragmatiques deviendrait douteuse[7]. Ces règles ne peuvent être capturées entièrement en termes d'actes de langage. On ne peut laisser indéterminés les modèles d'interaction, sous peine de les rendre infalsifiables, donc vides. Or, les S.D. à fonction externe (*goal directed*) permettent de percer le rapport de l'illocutoire et du perlocutoire, en sortant de l'indétermination le nombre et la nature des effets perlocutoires, on le verra plus loin. Sinon comment empêcher que des réponses ne soient dirigées vers des perlocutions plutôt que vers des illocutions ?

Les contraintes régulatives du dialogue, dont certaines ne peuvent apparaître dans une simple typologie, portent sur la relation (symétrique), sur l'objectif (commun), sur la convention énonciative (tours de paroles libres). Pas de place dominante. Elles semblent dériver d'une exigence de stricte mise en communauté de la référence et de la force illocutoire. D'où un aspect linéaire et souvent clos qui contraste avec l'aspect ramifié et ouvert de la conversation, avec ses réponses inachevées, ses chevauchements, ses répliques soudaines. Ici on peut fort bien passer son tour, ou au contraire le réclamer par signes verbaux de synchronisation, ou par signaux de coopération empruntés au registre para-verbal ou mimo-gestuel.

L'interaction verbale du dialogue n'est pas seulement engendrée par le couplage relationnel de L_1 et L_2, elle est aussi fortement finalisée. De là qu'une même orientation argumentative s'impose à tous les constituants. Cet aspect téléologique et thétique oppose le dialogue à la conversation qui affiche au contraire un aspect ludique. Travaillée par les poussées du désir de reconnaissance, elle mêle à l'envi les tons, les modalités et même les genres textuels, en une sorte de «rêverie verbale diurne» (Freud). Résultat : une grande sensibilité au contexte spatio-temporel. Où et quand avait lieu notre conversation ? Il n'est pas indifférent qu'on ait affaire à des propos de table (les *Tischreden* de M. Luther), de salon, de fumoir en smoking, ou de terrasse. Ensuite, une grande hétérogénéité illocutoire, avec l'explosion combinatoire qui s'ensuit pour l'analyse.

Tout cela contraste avec le côté plus intempestif du dialogue qui est un moment volé au temps. Avec sa monotonie illocutoire aussi, qui privilégie la demande d'information, la requête de confirmation, l'assertion, plaçant l'allocutaire sous l'obligation d'évaluer par sa réponse. Il est exclu qu'on laisse L_1 et L_2 adopter des présupposés différents. Ils ont à se mettre d'accord sur leurs «présuppositions pragmatiques»[8].

La fonction référentielle de la conversation est manifestement subordonnée au souci phatique et expressif. Il y a bon temps que Macrobe, faisant allusion à Platon dans ses *Saturnales*, remarquait qu'à table on ne devrait rien agiter de précis, de compliqué ou d'obscur. Pas question de disserter entre deux rasades (*inter pocula*) sur ses profondes trouvailles. Une dimension ludique nous assujettit au principe de plaisir plutôt qu'au principe de réalité. En toute rigueur, une conversation ne progresse ni n'a besoin de progresser. Kant n'a pas dédaigné d'y réfléchir dans des textes, certes mineurs, mais qui ne manquent pas de force suggestive. La fonction de la conversation, dit-il dans son *Anthropologie*, est de corroborer la relation d'appartenance à la communauté en retrempant le lien de socialité collective : fonction interne donc. L'auteur souligne l'aspect *thématique* : les règles d'un repas animé prescrivent de choisir un sujet (ou plusieurs) qui intéresse(nt) tout le monde et donne(nt) à chacun l'occasion d'y prendre part; ensuite de ne pas laisser s'établir des temps morts, mais des pauses d'un instant.

On aurait tort toutefois de voir dans la conversation une production libre. Elle a une étiquette qui gouverne une multitude de gestes, de paroles, d'événements fugitifs, par quoi chacun symbolise son personnage. Elle enjoint de projeter une image favorable de soi, un respect de l'image des autres, tout en accordant une attention aux thèmes choisis. Ceux-ci sont pré-construits par des postulats généraux acceptés dans le groupe, concernant la structure de certains aspects de la réalité. Un peu d'oreille suffit à repérer les *topoï* contraignants, les restrictions de parole, tout un fantastique mondain. Le contexte situationnel est prégnant. Celui que décrit Saint-Simon, — ce maître dans l'art de déchirer les parures et les masques — est moins pacifié que le repas de bonne compagnie auquel songeait le philosophe de Koenigsberg. Les causeurs sont présents avec leur emplacement social. Quiconque enfreint le rituel de la conversation voit les autres se mobiliser pour restaurer l'ordre cérémoniel comme devant tout autre transgression sociale.

Le propre de la conversation est d'offrir un *public* aux causeurs, ce qui a pour effet de garantir l'observance ou de sanctionner la violation de la convention énonciative. Devant lui les individus peuvent gagner ou perdre la face, la faire gagner ou perdre à leur interlocuteur. C'est très différent du dialogue où l'on n'a aucune place à défendre, aucune offense territoriale à réparer. Non que l'existence du tiers soit exclue, mais quand il est présent, il ne fait que redoubler l'instance arbitrale intériorisée en chaque partenaire.

Et la négociation? Alors que le dialogue, par sa fonction externe, se distinguait de la conversation, c'est plus précisément par sa portée théorique qu'il s'écarte de la négociation. Le mot, on le sait, a été créé dans le domaine des interactions conflictuelles entre états, et rapproché de la diplomatie. La négociation reste classée selon le contexte et le type de forces en présence : économiques, politiques, salariales. Soit un conflit ouvert entre deux parties. Quand il est onéreux, il peut s'achever par l'écrasement d'un des adversaires. Cette issue est fermée s'il y a équilibre des forces. Reste à recourir à l'entretien négocié, quand aucune des parties n'est assuré de la victoire par la force seule et que le coût du conflit est plus élevé que son arrêt.

Contrairement au dialogue — dont l'objectif théorique est une approximation mutuellement acceptable sur la valeur de vérité d'une thèse, sur le sens d'un concept, sur l'applicabilité d'une règle ou sur la légitimité d'un jugement de valeur, — la négociation est avant tout une technique de règlement des conflits. Les protagonistes y demeurent des adversaires, pris dans un champ de forces et d'intérêts différents. Il n'y aurait pas de négociation si les intérêts n'étaient pas négativement corrélés. Outil indispensable de défense des intérêts et de la puissance, son succès, comme on pouvait s'y attendre, dépend souvent de la démonstration de force qui précède l'ouverture des pourparlers.

Si le dialogue se veut irénique et désintéressé, c'est que les partenaires sont coopératifs; ils mettent en sourdine leur *appartenance* à la communauté ou au groupe. Ils se veulent disponibles pour honorer cette seconde forme de socialité qu'est la *réciprocité*. Leur objectif avoué est de parvenir conjointement à croire ce qui est, à affirmer ce qui doit être, à élaborer synergiquement une information nouvelle ou un comportement juste, plutôt que d'en décider ou de s'en emparer à leurs fins propres.

Du même coup, la portée de l'issue discursive est toute différente. La négociation est un procédé empirique et modeste qui ne requiert pas le consensus à chacune de ses étapes. Chacun dissimule ce qu'il croit ou ce qu'il vise. Chacun s'ingénie à faire croire ce qui n'est pas, à capturer ou à retenir l'information. Si la conversation tend à séduire, la négociation tend à manipuler. Le compromis recherché est au mieux un compromis d'appauvrissement, obtenu par retranchement de ce qui n'est pas négociable. En revanche, le vrai dialogue est avant tout un mode heuristique de pensée créatrice. Il vise par principe à l'accord sur la valeur de vérité d'une thèse relative au référent (dialogue référentiel) ou sur le sens d'une unité de code (dialogue sémantique), ou encore sur la légitimité d'un jugement de valeur (dialogue délibératif).

Pour dissiper un malentendu qui fait partie du bêtisier des idées reçues, insistons-y : le dialogue n'est pas forcément consensuel, il est aussi le lieu où l'on voit grandir les vrais désaccords, mais non sans que l'on parvienne à s'entendre sur le désaccord même. C'est qu'un accord n'est pas toujours désirable. Encore faut-il qu'il soit légitime : que dirait-on d'aboutir à un accord sur la vérité d'une proposition si celle-ci en réalité était fausse? Ou même si elle était vraie, mais que les arguments invoqués soient trop faibles pour soutenir la conclusion. Convergence ou divergence : l'important est de faire manœuvrer son esprit de conserve. Non que le dialogue soit neutre par rapport au consensus ou au dissensus. L'essentiel est que chacun puisse former l'idée d'un accord *au moins possible* sur lequel s'enlève le désaccord. C'est aussi la seule façon d'aboutir à un vrai dissentiment, qui ne repose pas sur un malentendu. D'ailleurs, le plaisir du dialogue, qui est sans égal à mes yeux, est moins celui du consensus que des fécondations incessantes et de la probité dans le contrôle mutuel de la pensée.

Entre le dialogue et la négociation, le jeu des instances énonciatives diffère. Les négociateurs ont une marge de manœuvre étroite. Porte-paroles de leur communauté d'appartenance, ils sont en délégation de parole, peu libres de leurs états de croyance, en liberté de parole surveillée. Ils ont une image à préserver, sur laquelle repose leur crédibilité. Les conseillers en communication leur apprennent à la mettre au point et à s'en servir. Si la négociation met des adversaires en place fixe, le dialogue met des partenaires en position mobile. Ici leur image n'est plus pertinente. Voyez comme Socrate ne cesse de dépersonnaliser le débat. Toute une conversion à l'interpersonnel est requise, qui l'emporte sur le rapport d'appartenance à la communauté .

E. REFERENCE ET ARGUMENTATION DANS LES S.D.

La façon de prendre, de garder, de réclamer la parole, varie manifestement selon les S.D. Dans la mesure où le négociateur est en place fixe et ne peut en changer, il lui est rarement permis de disqualifier son interlocuteur, alors que dans la conversation, les places ne sont pas allouées une fois pour toutes et qu'elles se laissent redistribuer au cours de l'interaction verbale. Mais, dans une négociation comme dans une conversation, on peut perdre l'initiative de la parole. En toute rigueur, c'est impossible dans le dialogue où elle dépend constamment de la portée référentielle des propos respectifs et où l'initiative est partagée par contrat exprès de communication. Dans chacun de ces trois cas, le tour de parole regarde le locuteur, à la différence du discours d'assemblée où il appartient au président de séance de fixer les interventions comme les interruptions.

On commence à percevoir que tout cela a une incidence sur la structure des énoncés, sur leur pertinence pragmatique, et sur les contraintes séquentielles. Celles-ci viennent délimiter les séquences discursives bien formées, en nous conviant à articuler l'approche argumentative et l'approche référentielle. La construction de la référence comporte des aspects argumentatifs. Simultanément, les représentations discursives (les croyances, et en général les attitudes propositionnelles) sont révisées. On sait que la description sémantique des moyens utilisés pour construire et réviser ces représentations discursives constitue un programme de recherche pour l'intelligence artificielle.

Chaque type de S.D. impose des contraintes qui touchent à la convention énonciative, la structure sémantique des énoncés et le mode de succession des actes de langage. Ces contraintes portent d'abord sur l'énonciation : c'est le cadre d'exercice de la parole qui détermine le contexte et *spécifie* le «monde de l'énonciation». Mais ces contraintes sont aussi structurales. Dans les termes de la logique illocutoire, elles intéressent les conditions de contenu propositionnel. Ainsi, pour une promesse, on s'assurera que l'action représentée est bénéfique ; pour un ordre, que L_2 puisse remplir les conditions préliminaires ; pour une assertion, que L_1 a des raisons à invoquer pour affirmer le contenu propositionnel. Les contraintes séquentielles viennent qualifier le registre des actes de langage admissibles, instaurant ainsi un modèle défini d'interaction eu égard auquel les diverses S.D. ont des conditions de succès globales qui viennent s'ajouter aux conditions de succès de chaque acte illocutoire.

En gardant présentes à l'esprit les notions centrales de stratégie et d'interaction communicative, on peut inférer que le modèle d'interaction n'est pas le même dans une discussion où se heurtent les dogmatismes sur le mode polémique, dans un entretien psychothérapeutique avec des schizophrènes où l'on se trouve projeté soudain dans le pire des mondes possibles, et lors de propos de table qui s'intègrent à une sorte de ritualisation de la vie quotidienne.

Commençons par le plus simple. La nature des transactions qui ont lieu sur le contenu propositionnel diffère lors d'une négociation et d'un dialogue. Dans le premier cas, les arguments sont anti-orientés. Ils sont plus stabilisateurs que dynamiques. De là sans doute que la négociation ne puisse constituer par elle-même un processus de changement social. Dans le second cas, les arguments sont co-orientés. Ils conduisent à l'intégration, voire à la construction d'une information nouvelle.

L'homme de dialogue soutient une thèse sous le contrôle accepté et même sollicité d'autrui. Les transactions sur le contenu propositionnel peuvent être créatives (l'enrichir de déterminations nouvelles, prédicatives ou référentielles). Aucun des partenaires n'est d'avance convaincu de la conclusion d'un argument. Le mode argumentatif se rapproche de ce que S. Toulmin appelle *inquiry*, par opposition au mode de l'*advocacy*, qui est au service d'une thèse pré-établie. Socrate devant Calliclès accepte au moins de ne pas faire état de sa conviction.

Dès lors, les contraintes séquentielles seront plus ou moins fortes selon les S.D. Dans une conversation, l'enchaînement est faiblement déterminé. La remarque suivante de Wittgenstein l'exprime assez :

> Quand on converse, une personne lance la balle; l'autre ne sait pas si elle est censée la renvoyer ou la lancer à une troisième personne, la laisser sur le sol, ou la ramasser pour la mettre dans sa poche.

L'exagération vient de ce que l'auteur ne veut pas remarquer que les interlocuteurs doivent tout de même se conformer au thème du discours. Il reste que le thème peut être multiple et que la conversation «à bâtons rompus» paraît relativement sous-déterminée par rapport aux règles pragmatiques de bonne formation séquentielle. Mais aussi l'infraction pragmatique n'a pas la même portée : la négociation est guettée par le blocage, la conversation par la perte du contact phatique.

Pour le dialogue et la négociation, la condition d'isotopie thématique n'est plus suffisante. Ils fonctionnent avec un code argumentatif commun (à la différence du différend, de la dispute éristique et souvent de la discussion contradictoire). Les partenaires s'obligent à le faire progresser vers un objectif critique — une thèse vraie ou légitime — en maintenant tout à la fois la consistance sémantique par rapport aux présupposés retenus et aux propositions déjà assertées, et la congruence illocutoire eu égard aux actes illocutoires antérieurs. Par définition, le dialogue désigne la forme de discours dont chaque énoncé est déterminé par mise en communauté de l'énonciation et dont l'enchaînement séquentiel est régi en partie par des règles assurant une convergence au moins possible vers une thèse, en partie par des règles qui assurent la congruence illocutoire. Les premières, *stratégiques ou argumentatives*, régissent la co-orientation des arguments. Les secondes, *structurales*, assurent l'alternance des actes de langage.

On remarque une grande synergie entre ces deux familles de règles : ce sont *les mêmes* actes de langage qui, en assurant l'alternance et la succession des énoncés par leur force illocutoire, modifient par leurs effets perlocutoires le contexte des actes de langage ultérieurs. Ainsi les effets perlocutoires des actes de langage isolés sont-ils à même de concourir à l'effet perlocutoire recherché par l'objectif de la S.D. Bien entendu, les perlocutions sont en nombre illimité, et seule une S.D. bien réglée permet de les enrégimenter dans un modèle défini d'interaction.

Grâce aux règles stratégiques ou argumentatives, les partenaires ont le moyen de contrôler mutuellement les opérations nécessaires à la validation des thèses. Ces règles leur prescrivent notamment de faire l'inventaire des divers cours d'événements enveloppés par leurs états de croyance, de confronter les mondes possibles qui leur sont afférents. Quant aux validations demandées, elles consistent par exemple à produire des instances de substitution en cas de négation d'un énoncé existentiel par le partenaire, à établir la vérité d'une instance de substitution proposée par lui quand il s'agit au contraire d'un énoncé universel. Nous retombons ici sur les analyses familières à la sémantique des attitudes propositionnelles et aux jeux de dialogue[9].

Dans une telle S.D., les rapports entre référence et argumentation sont très serrés : une référence commune doit être construite ou révisée de manière acceptable. En termes de confrontation épistémique, comme je l'ai proposé, ou alternativement en termes de schématisation (Grize), de situation (Barwise), de représentation discursive (Kamp), d'univers de croyance (Martin). Tout ceci n'a pas vraiment d'équivalent dans la conversation qui ne s'assujettit pas à établir des thèses, encore moins de manière expressément conjointe. On n'y est pas tenu de fournir l'information demandée, mais seulement de maintenir l'interaction verbale sur le thème, à moins que la clôture ait été expressément marquée.

La spécificité argumentative des S.D. se marque aussi à la diversité des maniements inférentiels de l'*implicite*. La conversation montre une tolérance à l'implicite unilatéral, à l'importation des *topoï* empruntés sans examen au discours dominant ou convenu. On y adopte, en effet, des présuppositions résultant de conversations antérieures. Leur ensemble compose une sorte d'histoire conversationnelle. Les actes illocutoires jouent sur cet arrière-plan. Ou bien on le suppose partagé, ou bien on s'en écarte avec une certaine irresponsabilité. De toute façon, l'information présupposée est mise à la marge du discours. Comme elle n'est pas mise en question, le locuteur ne s'attend pas à être contesté à cet égard.

Par contre, dans le dialogue, on ne peut se servir d'une phrase pour fournir subrepticement à l'auditeur une information correspondant au contenu présupposé, comme cela arrive ailleurs [10]. Les entretiens conflictuels utilisent bien la présupposition unilatérale comme une tactique argumentative par laquelle chacun tente d'imposer à l'autre une certaine façon d'enchaîner. Mais cette utilisation des présupposés n'est pas de mise dans les stratégies dont la construction dialogique est marquée. Ici loin d'être à la marge du discours, les présupposés doivent pouvoir à tout moment être pris comme objet d'un acte de langage par l'un des partenaires aux fins de contrôle ou d'explicitation. L'accord doit se faire sur eux autant que sur les contenus posés, car c'est sur leur base que le cadre sémantique s'édifie peu à peu. Je tiens cette différence d'attitude à l'égard des présupposés pour l'un des traits distinctifs du dialogue [11].

S'agissant maintenant d'encadrer les règles stratégiques ou argumentatives, il est clair qu'un modèle à la Toulmin est plus difficilement utilisable pour systématiser le raisonnement dans les S.D. bivocales. Il est en effet peu attentif au rôle que l'allocutaire joue dans la correction des arguments. Mieux vaut se placer dans une perspective comme celle de D. Ehninger [12], où l'argumentation est définie d'entrée comme un processus *correctif* qui a lieu entre interlocuteurs.

Cela dit, la validation logique du raisonnement demande ici des ressources accrues, au-delà de ce qu'offrent déjà la logique illocutoire, la logique opérative et la sémantique des mondes possibles [13], parce que nous sommes dans des situations où l'on argumente en présence d'une connaissance *incomplète*. Une S.D., telle que la négociation, pratique couramment la rétention d'informations pour obtenir des effets de surprise ; de son côté, le dialogue forme volontiers le projet heuristique d'élaborer une information neuve. Ces aspects sont bien connus des experts de l'intelligence artificielle qui s'efforcent de surmonter quelques-unes des difficultés rencontrées ici par l'analyse formelle [14].

Depuis que le problème est posé dans les termes des logiques dites non monotones, on discerne mieux le propre de l'argumentation dans ces S.D. : le raisonnement s'effectue en ressources bornées, généralement sous contrainte de temps, avec des limites de charge cognitive. A tout moment, une information nouvelle peut conduire à revenir sur des conclusions anciennes. Pareillement, les croyances et autres modalités d'énoncé peuvent être modifiées, ou même abandonnées. Un des éléments du problème est de maintenir la consistance logique [15], tout en capturant le processus de *révision* éventuelle des croyances [16]. Un élément plus ardu du problème est que, pour tenir compte de l'information incomplète et des exceptions, on doit introduire des disjonctions de plusieurs possibilités. Mais celles-ci sont parfois indépendantes des présupposés initiaux. La procédure doit admettre alors des «cassures» (*case-splitting*) qui conduisent à changer le stock des assomptions admises.

*
 * *

Concluons brièvement. L'argumentation nous est apparue trop diversement contrainte (conversationnellement, dialogalement, polémiquement, ...), les fonctions du discours nous ont semblé trop diversement accentuées, le traitement de l'implicite et les conventions énonciatives trop variables, pour ne pas appeler de nos vœux une typologie des S.D. Celle que nous avons proposée pour les S.D. bivocales nous a paru indispensable pour éviter de généraliser indûment ce qui est propre à l'un des cadres d'exercice de la parole, ou à l'inverse pour ne pas conclure au profit d'une dispersion radicale à la manière de Wittgenstein.

Les S.D. mettent en œuvre un savoir-faire argumentatif qui diversifie notre compétence communicative. Celle-ci devient pour une part l'aptitude à reconnaître l'aspect diversement contraint du discours. Notre compétence communicative reste provisionnellement notre aptitude à majorer dans un contexte donné, l'interaction verbale et donc le dialogisme de notre discours. Les majorer jusqu'à leurs limites, le moment dialogal — c'est là son statut très spécial — instaure une sorte de métalogie en ouvrant les questions d'un usage différent de la parole, en offrant un lieu de mise à l'épreuve des autres discours. Carrefour où les autres S.D. se cherchent pour composer, ou se fuient pour ne pas composer.

NOTES

[1] En systématisant ici mon analyse «De la signifiance», parue in *Documents de Travail du Centre de Sémiotique d'Urbino*, n°s 160-161-162, mars 1987, pp. 1-42.

[2] Où E et R sont respectivement l'énonciateur et le récepteur dans la formule que A.J. Ayer proposait in «What is Communication?», *Revue Internationale de Philosophie*, n° 90, 1969, fasc. IV.

[3] J'ai analysé plus avant cette notion en la distinguant de l'interactionisme sommaire in *L'Espace logique de l'interlocution*, Paris : P.U.F., 1985, pp. 212 sq.

[4] J. SEARLE et D. VANDERVEKEN, *Foundations in Illocutionary Logic*, Cambridge U.P., 1985, p. 82.

[5] J.B. Grize en offre quelques cas in *De la logique à l'argumentation*, Genève : Droz, 1982, pp. 241 sq.

[6] S.A. THOMPSON et W.C. MANN, «Rhetorical Structure Theory : a Frame Work for the Analysis of Texts», I.P.R.A., *Papers in Pragmatics*, vol. 1, n° 1, 1987.

[7] Je partage l'avis de T.A. VAN DIJK, *Studies in the Pragmatics of Discourse*, La Haye : Mouton, 1981.

[8] Sur cette notion, cf. F.J., *Dialogiques*, Paris : P.U.F., 1979, pp. 171 sq.

[9] Voir sur ce point, J. HINTIKKA et L. CARLSON, *Dialogical Games*, Dordrecht : Reidel, 1986. Dans le cas particulier du dialogue référentiel, cf. déjà F.J., 1979, *op. cit.*, 4e Recherche.

[10] Voir les exemples donnés par L. KARTTUNEN, «Presuppositions of Compound Sentences», *Linguistic Inquiry* 4, 1973, pp. 169-193.

[11] Cf. notre article «Implication, présupposition et stratégie discursive», *Travaux de linguistique et de littérature* XXIV, 1, Strasbourg, 1986, pp. 155-168.

[12] D. EHNINGER, «Argument as Method : its Nature, its Limits and its Uses», *Speech Monographs* 37, 1970.

[13] Sur les possibilités ainsi offertes, cf. notre article «Logique, ou rhétorique de l'argumentation», *La Nouvelle Rhétorique*, Essais en hommage à Ch. Perelman, *Revue Internationale de Philosophie*, n°s 127-128, 1979, pp. 47-68.

[14] Pour une revue de ces difficultés logiques, cf. QUINE et ULLIAN, *The Web of Belief*, Randon House, New York, 1978.

[15] J. DOYLE, «A Truth-Maintenance System», *Artificial Intelligence* 12, 1979, pp. 231-272.

[16] R.C. MOORE, «Reasoning from Incomplete Knowledge», *Artificial Intelligence* Laboratory, 347, M.I.T., 1975.

Les sophismes dans une perspective pragmatico-dialectique

par Frans H. van Eemeren et Rob Grootendorst
Université d'Amsterdam

A. LES SOPHISMES COMME ENONCES INCORRECTS DANS UNE DISCUSSION

Pour régler un désaccord par le moyen de l'argumentation, les locuteurs doivent observer un certain nombre de règles. Si cela se fait par une suite d'actes de langage, une approche dialectique s'applique alors au discours de ces locuteurs, en tant que discussion critique[1]. Notre modèle pragmatique idéal de la discussion critique explique quelles sont les règles de la distribution des actes de langage au cours des quatre phases par lesquelles doit passer la résolution de la discussion[2]. Ce modèle idéal ne constitue pas, par définition, une représentation fidèle de la réalité : il reproduit seulement ses aspects essentiels au regard de l'objectif particulier en question (ici : la résolution d'une discussion). Il fournit les instruments qui permettent de cerner cette réalité, et d'examiner dans quelle mesure la pratique correspond aux exigences posées par un tel objectif[3].

Dans l'approche dialectique, le point de départ est la ferme volonté des participants de résoudre ensemble la discussion, c'est-à-dire que parmi ces derniers, celui dont les arguments ne s'avèrent pas suffisamment puissants devra se préparer à abandonner sa position et à renoncer à ses doutes ou objections écartés au cours de l'argumentation. C'est la base de l'attitude raisonnable indispensable à la bonne conduite de la discussion critique. Les règles du modèle idéal nous apprennent ce qu'une telle attitude implique, et constituent en même temps le code de conduite des participants rationnels à la discussion.

L'adoption de l'attitude requise et l'observation des règles du modèle idéal ne garantissent nullement que les participants arriveront à résoudre la discussion. Elles indiquent seulement qu'un certain nombre de conditions pour obtenir ce résultat ont été remplies. Toute transgression des règles peut empêcher la résolution de la discussion.

Bien que les conséquences d'une transgression des règles varient en gravité, chacune de ces transgressions constitue une menace potentielle pour la conclusion heureuse de la discussion, quels que soient les responsables, et quelle que soit la phase de la discussion. Sous cet angle, toutes les transgressions des règles apparaissent à l'intérieur de la discussion critique comme des énoncés incorrects. Ces derniers correspondent approximativement aux différentes sortes de fautes qualifiées traditionnellement de sophismes.

Dans notre conception pragmatico-dialectique, le terme de «sophisme» désigne les actes de langage qui entravent de quelque manière que ce soit la résolution d'un débat au cours d'une discussion. C'est la raison pour laquelle ce terme se trouve en liaison systématique avec les règles de la discussion critique, et notre étude des sophismes en rapport direct avec une approche théorique particulière de l'argumentation[5]. Dans cette conception, commettre un sophisme n'équivaut pas à une conduite immorale, mais constitue une faute au sens où l'on frustre les efforts produits en vue de la résolution de la discussion[6].

Afin d'identifier les sophismes, il importe d'abord d'établir les règles qui doivent être observées dans une discussion critique. Par conséquent, il nous faut formuler les règles qui gouvernent les étapes successives, indiquer également les transgressions possibles de ces règles, et mentionner les différents sophismes auxquels elles sont associées.

B. LES REGLES DIALECTIQUES ET LEURS TRANSGRESSIONS

REGLE I : Les participants ne doivent pas s'empêcher l'un l'autre de soutenir ou de mettre en doute les thèses en présence.

En principe, chacun est autorisé à soutenir un point de vue sur n'importe quel sujet, et à mettre en question n'importe quelle thèse, peu importe à quoi elle renvoie. La règle I est violée si un participant tente soit d'imposer certaines restrictions aux thèses avancées ou mises en question, soit de limiter le droit fondamental de l'autre partie de soutenir ou de mettre en doute sa propre position. Le premier type de restrictions consiste à bannir certaines thèses de la discussion ou, au contraire, à les soustraire à toute critique en les déclarant sacro-saintes. Les restrictions de la seconde catégorie visent à éliminer l'interlocuteur comme participant sérieux à la discussion en faisant pression sur lui, en déconsidérant sa compétence, son objectivité, son intégrité ou sa crédibilité.

La règle I s'applique à la phase conflictuelle de la discussion critique, et peut être transgressée aussi bien par le protagoniste que par l'antagoniste. Les transgressions possibles et leurs sophismes correspondants sont :

1. Concernant les thèses

– le bannissement des thèses :
«Je ne veux pas en parler.»
– l'affirmation de leur caractère sacro-saint :
«Aucun homme de bon sens ne pourrait le nier.»

2. Concernant l'interlocuteur

– la pression sur l'interlocuteur :
«Tu devrais tenir compte des répercussions sur nos relations personnelles.» (argumentum ad baculum)
«Tu ne peux pas faire ça.» (argumentum ad misericordiam)
– l'attaque personnelle contre l'interlocuteur (argumentum ad hominem) :
  • en le décrivant comme stupide, méchant, peu fiable
  «N'écoute pas cet idiot, cet escroc, ce menteur, etc.» (abusif)
  • en mettant en doute ses intentions
  «Il a dit cela uniquement parce qu'il veut être élu.» (circonstanciel)
  • en montrant l'inconséquence de ses idées et de ses actions passées par rapport au présent
  «Voyez un peu qui dit cela.» (tu quoque)

REGLE II : Quiconque se range à une thèse est tenu de la défendre si on le lui demande.

La tradition appelle cette obligation de défendre une thèse qui a été mise en question, la charge ou le fardeau de la preuve. Si un participant essaie de se soustraire à cette obligation ou de la modifier, la règle II est transgressée. La première façon de se soustraire au fardeau de la preuve revient à présenter une thèse comme allant de soi ; la seconde à se porter personnellement garant de l'exactitude de la thèse ; et la troisième à la formuler d'une manière qui la rende infalsifiable, en omettant les éléments quantitatifs, et en ajoutant des quantifications essentialistes. Déplacer le fardeau de la preuve, c'est tenter d'obtenir de l'interlocuteur qu'il commence par prouver l'inexactitude de la thèse qu'il a mise en doute.

La règle II s'applique à la phase d'ouverture de la discussion, et peut être transgressée par le protagoniste :

1. En se soustrayant au fardeau de la preuve

− par la présentation de la thèse comme évidente :
«Les faits parlent d'eux-mêmes...»
− par la caution personnelle en faveur de l'exactitude de la thèse :
«Je peux vous assurer que...»
− par l'immunisation de la thèse contre toute critique :
«Il est dans la nature humaine de...»

2. En déplaçant le fardeau de la preuve

− par la demande adressée à l'antagoniste de montrer l'inexactitude de la thèse :
«Si tu ne me crois pas, prouve-moi que j'ai tort.»

REGLE III : la critique d'une thèse doit porter sur la thèse réellement avancée par le protagoniste.

Pour qu'une discussion soit résolue, il est essentiel que la thèse attaquée par l'antagoniste soit identique à celle soutenue par le protagoniste. La règle III est transgressée si l'on attribue à l'interlocuteur une thèse fictive, ou si sa position a été déformée. Dans les deux cas, on commet le sophisme de l'homme de paille. Soit en attribuant à quelqu'un une thèse fictive, parce que l'on avance avec beaucoup d'emphase la thèse contraire. Soit en se référant à lui comme à un membre d'un parti ou d'un groupe partisan de cette thèse. La fiction peut même être poussée plus loin s'il n'est pas précisé clairement qui adhère exactement à la thèse en question. Déformer la position de quelqu'un revient ici à détourner ses propres termes en les simplifiant ou en les exagérant.

La règle III s'applique à toutes les phases de la discussion critique, et peut être transgressée par l'antagoniste :

1. En attribuant à quelqu'un une thèse fictive

– par l'alternative emphatique d'une thèse qui implique que l'interlocuteur défende l'opinion opposée :
«J'ignore la position de mon interlocuteur, mais personnellement je considère comme extrêmement important que...»
– par la référence à l'opinion du groupe auquel l'interlocuteur appartient :
«Il a beau dire cela, en tant que communiste, il n'en pense pas un mot...»
– par la création d'un adversaire imaginaire :
«Bien que presque tout le monde pense que...»

2. En déformant la position de quelqu'un

– par simplification excessive :
Omission de ses nuances ou qualifications.
– par exagération :
Valorisation absolue ou généralisation de ses déclarations.

REGLE IV : Une thèse ne peut être défendue qu'en alléguant des arguments relatifs à cette thèse.

Pour qu'une discussion soit résolue, il faut que le protagoniste défende sa thèse par le seul moyen de l'argumentation, et que cette argumentation ne se rattache véritablement qu'à la thèse débattue. La règle IV est transgressée si une thèse est défendue au moyen d'arguments sans rapports avec la thèse initiale, ou par d'autres moyens que l'argumentation. Dans le premier cas, nous avons affaire à une argumentation non pertinente, dans le second à une non-argumentation. La non-argumentation qui obtient l'approbation d'un public atteint son but par des voies peu appropriées. C'est pourquoi ce substitut d'argumentation constitue un faux moyen de discussion. Les ruses rhétoriques qui passent pour une véritable argumentation exploitent soit les émotions ou préjugés du public, soit les traits personnels de l'interlocuteur, sa compétence ou d'autres qualités. Le *logos* est remplacé par le *pathos* dans le premier cas, par l'*ethos* dans le second.

La règle IV s'applique à la phase argumentative de la discussion, et peut être transgressée par le protagoniste :

1. L'argumentation ne se rapporte pas à la thèse débattue

– argumentation non pertinente (ignoratio elenchi).

2. La thèse est défendue au moyen de ruses rhétoriques au lieu de l'argumentation

– non-argumentation, qui recourt :
– au *pathos* : en jouant sur les émotions ou les préjugés du public
«Vous voulez que vos enfants soient en sûreté dans le quartier, n'est-ce pas?» (argumentum ad populum)
– à l'*ethos* : en étalant ses propres qualités
«En tant qu'expert en la matière, j'affirme avec énergie...» (argumentum ad verecundiam).

REGLE V : Une personne peut être tenue aux prémisses qu'elle avait gardées implicites.

A côté des prémisses explicites, un texte discursif comprendra également, en général, des prémisses inexprimées qui font néanmoins partie intégrante de l'argumentation déployée pour étayer la thèse. La règle V est transgressée si la reconstruction de la prémisse inexprimée constitue une exagération, ou si l'attachement à une prémisse inexprimée est nié quoiqu'il ait été correctement explicité (on minimise sa propre responsabilité). L'exagération d'une prémisse inexprimée représente un cas particulier du sophisme de l'homme de paille, et la négation d'une prémisse inexprimée correctement reconstruite constitue un cas particulier de la dérobade face au fardeau de la preuve.

La règle V s'applique à la phase argumentative de la discussion, et peut être transgressée aussi bien par le protagoniste que par l'antagoniste :

1. Par l'antagoniste

– reconstruction de la prémisse inexprimée au-delà de ce à quoi le protagoniste peut être tenu
A : «Jean est à la maison parce que sa voiture est dans la rue.»
B : «Tu penses donc que les gens ne sortent plus sans prendre leur voiture.» (exagération de ce qui a été laissé implicite)

2. Par le protagoniste

– négation de l'attachement à une prémisse inexprimée bien que correctement reconstruite
A : «Jean est là parce que sa voiture est dans la rue.»
B : «Tu penses donc que Jean ne sort pas sans prendre sa voiture.»
C : «Pas du tout. Qu'est-ce qui te fait penser cela?» (négation d'une prémisse implicite)

REGLE VI : on doit considérer qu'une thèse est défendue de manière concluante si la défense a lieu au moyen d'arguments issus d'un point de départ commun.

La résolution d'une discussion requiert un point de départ commun concernant des faits, des valeurs, etc. Le protagoniste peut faire usage de ces prémisses communes en signalant qu'une proposition mise en doute par l'antagoniste ne devrait pas être débattue en raison de son statut de point de départ commun. Cette méthode revient à identifier une proposition mise en doute comme étant un point de départ commun. Cette procédure dite d'identification ne prend pas en compte le contenu même de la proposition, qui est en réalité présupposé. La règle VI est transgressée si une proposition est présentée comme point de départ commun alors qu'elle n'en est pas un en réalité, ou si une proposition est mise en question alors qu'elle appartient clairement au point de départ commun. Elever abusivement une proposition au statut de point de départ commun, c'est essayer d'échapper au fardeau de la preuve concernant cette proposition, ce qui peut être fait de différentes manières. Nier abusivement l'appartenance d'une proposition au point de départ commun, c'est ôter à l'autre partie la possibilité de défendre une thèse *ex concessis*[8].

La règle VI s'applique à la phase argumentative de la discussion, et peut être transgressée aussi bien par le protagoniste que par l'antagoniste :

1. Par le protagoniste

Présentation abusive d'un énoncé comme point de départ commun :
— en enveloppant la proposition dans une présupposition
«Où as-tu caché l'arme du crime?» (déluge de questions)
— en cachant la proposition dans une prémisse inexprimée
«Cette candidate ne convient pas parce qu'elle est mariée.»
— en avançant un argument qui répète la thèse défendue
«J'ai raison parce que ce que je dis est vrai.» (présupposition de la réponse ou petitio principii).

2. Par l'antagoniste

Dénégation abusive d'un point de départ commun
— par la mise en doute d'un point de départ
«Au fait, où est le mal dans l'adultère?»

REGLE VII : On doit considérer qu'une thèse est défendue de manière concluante si la défense a lieu au moyen d'arguments pour lesquels un schème d'argumentation communément accepté trouve son application correcte.

Pour résoudre une discussion, l'application de la procédure d'identification ne suffira pas dans la plupart des cas. Une procédure d'essai se révèlera également nécessaire, qui testera la vérité ou l'acceptabilité des propositions étrangères au point de départ. Cette procédure d'essai se rattache au schème d'argumentation utilisé. La règle VII est transgressée si l'on a choisi un schème qui ne convient pas à la proposition en question, ou si le schème correct est appliqué d'une manière inadéquate. En rapport avec les schèmes principaux, il faut distinguer trois types d'argumentation : l'argumentation symptomatique, l'argumentation par analogie et l'argumentation causale[9]. La sélection aussi bien que l'application d'un schème devraient dépendre du type de proposition exprimée pour défendre la thèse.

La règle VII s'applique à la phase argumentative de la discussion, et peut être transgressée par le protagoniste :

1. En appliquant un schème d'argumentation inadéquat

— fonder la vérité ou l'acceptabilité d'une thèse en se référant à une quelconque autorité (argument symptomatique)
«Puisque le professeur X le dit, cela doit être vrai.» (argumentum ad verecundiam)
«Puisque tout le monde le dit, cela doit être vrai.» (argumentum ad populum)
— tester la vérité ou l'acceptabilité d'une thèse en signalant ses conséquences souhaitables ou indésirables (argumentation causale)
«Cela ne peut être vrai parce que cela détruirait toutes les valeurs défendues par ce pays.» (argumentum ad consequentiam)

2. En appliquant de manière inadéquate un schème d'argumentation

— justifier une conclusion générale à partir d'observations en nombre insuffisant (ou à partir d'observations non représentatives) (argumentation symptomatique)
«Le système américain ne se soucie pas de ce qui arrive au malade. Je connais un homme qui, après avoir été renvoyé de l'hôpital, est décédé ensuite.» (généralisation hâtive ou secundum quid)
— défendre une opinion en comparant le fait en question avec un autre fait foncièrement différent (argumentation par analogie)
«Tu n'auras pas de disque compact, ton père et moi n'en avions pas non plus lorsque nous étions jeunes.» (fausse analogie)
— induire une relation de cause à effet à partir de la simple observation que deux événements ont lieu l'un après l'autre (argumentation causale)

«Le fait que les magasins sont fermés le dimanche est dû au fait qu'ils sont ouverts le samedi.» (post hoc ergo propter hoc)
– rejeter une conduite déterminée parce qu'on suppose qu'elle nous mènera de mal en pis, bien qu'il n'y ait aucune raison pour que les conséquences invoquées se produisent nécessairement (argumentation causale) «Tolérer l'euthanasie mène au génocide. C'est la raison pour laquelle je m'y oppose.» (pente savonneuse)

REGLE VIII : Les arguments utilisés dans un texte discursif doivent être valides ou sujets à validation par l'explicitation d'une ou de plusieurs prémisses inexprimées.

C'est la forme d'un argument valide qui garantit que des prémisses vraies ne puissent mener à une fausse conclusion. Pour être à même de déterminer si tel est le cas dans un texte discursif, il faut reconstruire l'argumentation sous-jacente avancée par le protagoniste. Ceci demandera souvent d'expliciter une ou plusieurs prémisses. Les prémisses supplémentaires devront rendre sa validité à l'argument d'origine. C'est la raison pour laquelle il ne faudra vérifier la validité d'un argument que lorsque celui-ci est déjà «complet», ce qui suppose (explicitement ou implicitement) la connaissance de la logique. L'application de règles logiques pour tester la validité d'un argument constitue la procédure d'inférence, à laquelle les participants peuvent se fier. La règle VIII est transgressée si la procédure d'inférence révèle qu'un ou plusieurs arguments défendus par le protagoniste ne sont pas valides.

La règle VIII s'applique à la phase argumentative de la discussion, et peut être transgressée par le protagoniste de différentes façons. Certaines formes de non-validité peuvent se présenter avec une certaine régularité, et ne sont pas toujours reconnues immédiatement comme telles :

1. La confusion entre conditions nécessaires et suffisantes

– traiter une condition nécessaire comme une condition suffisante (modus tollens inversé, négation de l'antécédent)
«Si le trafic dans cette zone est vraiment difficile, la route devrait être agrandie.»
«Il n'y a pas de problèmes routiers dans cette zone, on n'a donc pas besoin d'agrandir la route.»
– traiter une condition suffisante comme une condition nécessaire (modus ponens inversé, affirmation du conséquent)
«Ils sont en train d'agrandir la route là-bas, donc le trafic devait y être vraiment difficile.»

2. La confusion entre les propriétés des parties et celles du tout

– la propriété d'un tout est attribuée à tort à une ou plusieurs parties
«C'est un bateau léger, donc l'ancre de ce bateau est légère.» (sophisme de division)
– la propriété d'une ou de plusieurs parties d'un tout est attribuée à tort à ce tout
«Le bateau est construit avec des matériaux excellents, c'est donc un excellent bateau.» (sophisme de composition).

REGLE IX : L'échec d'une défense doit conduire le protagoniste à rétracter sa thèse, et la réussite d'une défense doit conduire l'antagoniste à rétracter ses doutes concernant la thèse en question.

Une thèse est défendue avec succès si la procédure d'identification ou de test aboutit à un résultat positif, de même que pour la procédure d'inférence. Si un ou plusieurs résultats se révèlent négatifs, la défense a échoué. Si le protagoniste et l'antagoniste tombent d'accord sur la conclusion de la discussion, celle-ci peut vraiment être résolue. Par conséquent, l'antagoniste doit renoncer à ses doutes originaires concernant la thèse victorieusement défendue, et le protagoniste renoncer aux thèses que la défense n'a pu étayer. La règle IX est transgressée si l'une des parties refuse de satisfaire à ses exigences, mais également si l'une d'entre elles exagère les conséquences qu'elle est en droit de tirer. Ainsi, le protagoniste abuse de sa victoire lorsqu'il affirme, après s'être défendu victorieusement, que la vérité de sa thèse est maintenant établie. Par là, il conteste la nature spécifiquement *ex concessis* de sa défense. L'antagoniste, quant à lui, exagère s'il affirme, après avoir défait la défense adverse, que la vérité de la thèse opposée vient d'être démontrée. Par là, il se soustrait au fardeau de la preuve concernant cette dernière thèse. De plus, il néglige les alternatives possibles, en produisant souvent une fausse opposition.

La règle IX s'applique à la phase terminale de la discussion, et peut être transgressée aussi bien par le protagoniste que par l'antagoniste :

1. Par le protagoniste

– conclure qu'une thèse est vraie parce qu'elle a été défendue avec succès face à l'antagoniste
«Tu ne peux plus rien m'objecter, donc ce que je dis est vrai.» (valorisation absolue du succès de la défense)

2. Par l'antagoniste

– conclure qu'une thèse est vraie parce que la thèse inverse n'a pas été défendue avec succès
A : «J'arrête de fumer parce que ça donne le cancer.»
B : «Personne n'a pu l'établir de manière concluante, tu peux donc continuer de fumer sans crainte d'un cancer.» (valorisation absolue de l'échec de la défense, ou argumentum ad ignorantiam)
– (souvent combinée avec la transgression précédente) : l'opposition erronnée
A : «Le sexe, c'est fini pour moi, parce que c'est mauvais pour la santé.»
B : «Ça n'a jamais été prouvé, donc c'est très bon pour toi.» (faux dilemme).

REGLE X : Les énoncés ne doivent pas être vagues et incompréhensibles, ni confus et ambigus, mais faire l'objet d'une interprétation aussi précise que possible.

Un langage obscur peut influencer directement la résolution d'une discussion. Il peut donner lieu à des malentendus entre les participants et engendrer des pseudo-accords ou des pseudo-désaccords. Dans le premier cas, il y a de fortes chances d'aboutir à une discussion inutile, et dans le second cas une discussion nécessaire risque de ne jamais avoir lieu. Par conséquent, les participants à une discussion prendront soin de formuler aussi exactement que possible ce qu'ils veulent dire, de sorte que l'autre partie puisse déterminer le sens visé, et ils veilleront eux-mêmes à déterminer le sens de ce que l'autre partie est en train de dire. La règle X est transgressée si l'une des parties tente de prendre le dessus sur son interlocuteur en usant d'un langage confus ou ambigu. Toutes les sortes de langage obscur ou ambigu peuvent intervenir au cours des discussions.

La règle X s'applique à toutes les phases de la discussion critique, et peut être transgressée aussi bien par le protagoniste que par l'antagoniste. Les principaux types d'obscurité et d'ambiguïté sont :

1. Obscurité

– l'obscurité structurale (au niveau du texte) : structure obscure des paragraphes, ordre de présentation «illogique», manque de cohérence, etc.
– la force illocutoire implicite[10] d'un acte de langage (au niveau de la phrase)
A : «Charles est un cleptomane.»
B : «Est-ce simplement une déclaration, ou un avertissement?»
– la référence indéfinie d'un acte de langage (au niveau de la phrase)
B : «De quel Charles parles-tu, de ton voisin ou de ton beau-frère?»

– une formule peu familière dans un acte de langage (au niveau de la phrase)
B : «Qu'est-ce qu'un cleptomane?»
– une formule vague dans un acte de langage (au niveau de la phrase)
B : «Il vole tous les jours, alors?»

2. *Ambiguïté*

– l'ambiguïté sémantique
A : «Il y avait une feuille par terre.»
B : «Qu'est-ce que tu veux dire : une feuille d'un livre ou d'un arbre?»
– l'ambiguïté syntaxique
A : «Je ne pars pas avec toi, à cause de la pluie.»
B : «Qu'est-ce que tu veux dire : (a) tu ne pars pas, et la raison en est la pluie, ou (b) tu pars, et la raison pour laquelle tu ne pars pas avec moi n'est pas la pluie, mais quelque autre raison alors?»

C. LA DIMENSION PRAGMATIQUE DES SOPHISMES

C'est de l'action conjointe des participants que dépend l'effet communicatif désiré d'une compréhension mutuelle. D'où il ressort que les termes utilisés pour accomplir des actes de langage devront satisfaire à l'exigence de clarté. Cette exigence procède du Principe de Communication[11]. En outre, chaque partie doit faire de son mieux pour comprendre les actes de langage de l'autre, de même qu'elle doit s'assurer que le Principe de Communication est respecté.

L'exigence de clarté ne signifie pas qu'un locuteur ou un écrivain doivent nécessairement formuler leurs intentions de la manière la plus explicite et la plus directe possible, pas plus qu'un auditeur ou un lecteur ne peuvent se contenter d'assigner un sens littéral aux termes du locuteur ou de l'écrivain. Il est parfaitement normal que toutes sortes d'éléments restent implicites, et que la force illocutoire d'un acte de langage ne se révèle qu'indirectement. Il en va de même pour les prémisses inexprimées[12].

D'une manière générale, la pratique courante d'actes de langage implicites, de prémisses inexprimées et d'autres actes de langage indirects ne pose pas tellement de problèmes. En recourant à ses connaissances générales, on arrive d'habitude à saisir, à partir du contexte et de la situation, la signification visée. Ainsi, dans la plupart des cas, le locuteur ou l'écrivain présument tout cela et ajustent leur discours en conséquence. S'ils y parviennent suffisamment, la formulation et l'interprétation se feront toutes deux de manière optimale [13].

Le succès ou l'échec d'une communication ne constituent pas des valeurs absolues. La compréhension d'un texte est relative, parce que la même phrase compréhensible pour un auditeur peut être incompréhensible pour un autre. La compréhension est également graduelle, parce qu'elle n'est pas une propriété qu'un énoncé possède ou ne possède pas, mais quelque chose qui peut prendre plus ou moins d'ampleur. Certains usages exigent un degré de compréhension dans la communication plus élevé que d'autres [14]. Un chirurgien qui explique les détails d'une opération à un collègue fixera un niveau de compréhension plus élevé que lorsqu'il décrira la même chose à son petit neveu.

L'usage déclaratif [15] permet d'expliciter un acte de langage implicite, de définir, expliquer ou développer une expression peu courante, ou encore de préciser un terme indéfini, vague ou ambigu. Afin de remplir l'exigence dialectique d'une formulation suffisamment claire et univoque (Règle X), le locuteur ou l'écrivain peuvent toujours recourir à cet usage déclaratif pour clarifier leurs propres termes, de même que l'auditeur ou le lecteur peuvent leur demander d'accomplir ce type d'acte de langage. En principe, le locuteur ou l'écrivain sont toujours tenus d'accéder à une telle requête, sans quoi ils violeraient le Principe de Communication.

Les sophismes d'ambiguïté et d'obscurité peuvent se manifester comme des transgressions de la Règle X, soit sous la forme d'un sophisme indépendant, soit combinés avec les transgressions d'une ou plusieurs règles de la discussion. Quelques fois, en effet, l'obscurité et l'ambiguïté constituent un facteur important dans l'apparition d'autres sophismes. Les différentes sortes de discours implicite et indirect peuvent jouer ici un rôle considérable.

Pour commencer, prenons l'*argumentum ad baculum* et l'*argumentum ad hominem* (transgressions de la règle I). Les menaces et les attaques personnelles sont souvent plus efficaces lorsqu'elles sont émises ou conçues en termes voilés ou indirects. Ainsi le discours indirect va quelquefois jusqu'à nier de manière emphatique son intention de faire pression sur la partie adverse, ou de lancer contre elle une attaque personnelle. La menace ou l'attaque est présentée comme une information dont l'auditeur fera ce que bon lui semble.

Dans le sophisme de la dérobade face au fardeau de la preuve (transgression de la règle II), le protagoniste utilise beaucoup le discours indirect pour suggérer que sa thèse n'a pas besoin d'être défendue ou échappe à toute critique. Dans le premier cas, on minimise la nature même de la thèse comme expression d'une opinion, et dans le second, la thèse se trouve elle-même immunisée. L'on arrive à un tel résultat en passant sous silence la force illocutoire de la thèse et en omettant les quantificateurs du contenu propositionnel.

Dans le cas du sophisme de «paille» (transgression de la règle III), le discours implicite peut influencer aussi bien la force illocutoire que le contenu propositionnel de la thèse : la force illocutoire si l'on attribue une thèse excessivement assurée au protagoniste, le contenu propositionnel si on lui impute une thèse trop générale. L'antagoniste peut procéder ainsi sans se rendre immédiatement suspect, puisque ni la puissance de la force illocutoire ni la portée du contenu propositionnel ne sont jamais spécifiés explicitement par le protagoniste.

Dans les sophismes de l'argumentation non pertinente ou de la non-argumentation (transgressions de la règle IV), le discours implicite joue un rôle crucial tant pour la force illocutoire que pour le contenu propositionnel. Par exemple, il y a peu de chances pour que le protagoniste admette explicitement que ses arguments se rapportent à une autre thèse que celle dont il est question (ignoratio enlechi), ou qu'il les avance dans le seul but de jouer sur les émotions de son public (argumentum ad populum), ou encore pour faire étalage de ses propres qualités. S'il l'admettait, personne ne prêterait plus la moindre attention à ce qu'il dirait.

Dans le cas de l'exagération ou de la dénégation d'une prémisse inexprimée (transgression de la règle V), le discours implicite campe sur une position *sine qua non*. Si l'antagoniste peut exagérer un argument ou au contraire le nier, c'est grâce au fait que celui-ci n'a pas été explicitement formulé par le protagoniste. Le premier pourra toujours affirmer qu'il se trouvait réellement quelques éléments dissimulés dans les paroles du protagoniste, et ce dernier pourra toujours protester qu'il n'a jamais vraiment dit ce que l'antagoniste lui fait dire.

Dans le cas du sophisme de la présupposition de la réponse ou *petitio principii* (transgression de la règle VI), les énoncés que l'on utilise d'ordinaire diffèrent plus ou moins entre eux, de sorte qu'ils ne s'avèrent équivalents qu'après un examen attentif. La circularité de l'argument n'apparaît pas immédiatement, parce que l'identité ou la dépendance des prémisses par rapport à la thèse restent implicites, donc dissimulées.

Dans les cas de l'*argumentum ad consequentiam*, du sophisme de la pente savonneuse, *post hoc ergo propter hoc* et de la généralisation hâtive ou *secundum quid* (transgression de la règle VII), le schème d'argumentation adopté est soit inadéquat, soit utilisé d'une manière peu appropriée. Le choix d'un schème d'argumentation et de la façon dont on l'utilisera dépendent en général du type de proposition à tester. Néanmoins, la nature de la proposition reste souvent obscure parce que la force illocutoire de l'acte de langage auquel elle appartient demeure implicite, et parce que le champ couvert par l'énoncé n'a pas été spécifié explicitement.

Dans les cas du sophisme de la négociation de l'antécédent ou de l'affirmation du conséquent et du sophisme de composition ou de division (transgression de la règle VIII), la non-validité de l'argument n'apparaît pas toujours immédiatement. Tout d'abord, l'argument doit être traduit du langage commun vers le langage d'un système logique. Néanmoins, la plupart du temps, l'énoncé n'appelle pas une seule traduction particulière. En outre le sophisme de composition et de division pose un problème supplémentaire, à savoir que l'on ne peut déterminer à partir des termes utilisés si une propriété peut être transférée ou non. En général, la possibilité du transfert de telle propriété dans tel cas particulier n'est établie qu'après une analyse approfondie des termes utilisés.

Le sophisme de la valorisation absolue de l'échec d'une défense ou *argumentum ad ignorantiam* (transgression de la règle IX) est souvent combiné avec un faux dilemme. Toutefois, la confusion qu'entraîne ce sophisme entre deux oppositions — l'une contraire, l'autre contradictoire — ne ressort pas toujours directement des termes utilisés : ouvert/fermé (contradictoire) *versus* chaud/froid (contraire). Ainsi, encore une fois, tout dépend de l'analyse correcte des termes utilisés.

Cet aperçu d'ensemble montre le rôle important que jouent les aspects implicites du langage dans les sophismes, considérés ici comme transgressions de toutes les règles autres que la règle X. L'implicite peut toucher la force illocutoire (argumentum ad baculum ou ad hominem), le contenu propositionnel (argument circulaire ou non valide), ou les deux ensemble (argument de l'homme de paille ou argumentum ad ignorantiam). La dimension implicite peut avoir des conséquences qui varient considérablement. Tantôt simple phénomène concomitant responsable de l'apparition d'un sophisme (argumentum ad baculum), tantôt condition importante du succès d'un sophisme (l'homme de paille), et parfois même condition absolument indispensable (exagération d'une prémisse inexprimée).

D. LE CARACTERE CONDITIONNEL DE L'ANALYSE DES SOPHISMES

L'une des conséquences de la dimension implicite du langage est que l'analyse des sophismes reste toujours conditionnelle. Elle ne fournit qu'une interprétation particulière de la présence supposée d'un sophisme. Dans les cas les plus évidents, la transgression de l'une des règles de la discussion est instantanément repérable comme telle, mais dans la pratique, ce genre de situation est plutôt rare. La plupart du temps, la transgression demeure une «question d'interprétation».

Il est donc inévitable qu'une personne accusée d'avoir commis un sophisme puisse presque toujours nier avoir transgressé une règle de la discussion, sans qu'on la surprenne pour autant en flagrant délit d'imprécision ou de contradiction. L'une des raisons en est que les actes de langage d'une discussion sont normalement implicites, et même souvent indirects. Ainsi un locuteur ou un écrivain peut-il affirmer que telle interprétation ne correspond pas à ce qu'il avait voulu dire, et certainement pas à ce qu'il a dit. Le seul remède contre cette manœuvre d'immunisation revient à déterminer aussi exactement que possible ce à quoi le locuteur peut être tenu dans le contexte et la situation donnés. Mais il se trouve également une autre raison pour laquelle l'analyse des sophismes est toujours conditionnelle. Les règles dialectiques qui sont transgressées dans le sophisme ne sont applicables que dans la mesure où le but de la discussion est d'aboutir à un accord. Or il arrive qu'une discussion ne poursuivre pas du tout cet objectif, ou qu'on n'arrive pas à déterminer clairement si c'est le cas ou non.

Dans le premier cas, il n'y a pas lieu, d'un point de vue dialectique, de recourir à un sophisme. Tandis que pour la seconde possibilité, le risque court d'une accusation injustifiée. Dans une telle situation, il vaut mieux mettre en œuvre la stratégie d'interprétation raisonnable maximale[16]. Cela signifie que, dans le doute, on aborde la discussion comme si elle avait pour but la résolution du débat. Dans la pratique, on ne rencontre presque jamais le cas, ni la situation contraire d'ailleurs.

L'application de la stratégie d'interprétation raisonnable maximale suppose que l'on accorde un crédit maximum à la personne soupçonnée de sophisme, parce que tous les actes de langage accomplis par elle sont en principe considérés comme des contributions possibles à la résolution de la discussion. Jusqu'à ce qu'ils se révèlent comme n'étant pas des contributions, et qu'on les considère dès lors comme des ruptures par rapport à la ligne de conduite des participants rationnels, telle qu'elle est spécifiée par les règles de la discussion critique.

La stratégie d'interprétation raisonnable maximale considère en principe que les participants s'efforcent de diminuer les différences d'opinion, et adhèrent aux règles de la discussion qui peuvent servir ce but. Si l'une ou plusieurs de ces règles ont été transgressées, on commet un sophisme. Néanmoins, la transgression d'une règle n'implique pas que l'attention à l'égard de la discussion a complètement disparu. Il se peut tout simplement que quelque chose ait mal tourné dans l'application des règles, sans aucune intention mauvaise. La présence ou l'absence d'un calcul délibéré n'est pas décisive ni même pertinente pour diagnostiquer un sophisme. La transgression d'une règle de la discussion en est la condition à la fois nécessaire et suffisante.

E. LES AVANTAGES DE L'APPROCHE PRAGMATICO-DIALECTIQUE

L'approche pragmatico-dialectique des sophismes exposée ici s'efforce tout d'abord de développer une théorie des sophismes qui présente une alternative adéquate au Traitement-Standard athéorique décrit et critiqué par Hamblin (1970)[17]. Nous regardons les sophismes comme des énoncés qui, à l'intérieur d'une discussion, menacent sa résolution : ils constituent les transgressions des règles d'une discussion critique. Notre modèle idéal d'une discussion critique devra couvrir tous les aspects pertinents de ce genre de discussion, de manière à ce que nous puissions prendre en compte la totalité des fautes d'argumentation traditionnellement appelées sophismes, et les analyser de manière plus systématique.

En raison de leurs fondements *ad hoc*, le Traitement-Standard et ses variantes post-hambliniennes pêchent par leur perspective inconsistante; témoin, la forte proportion d'arguments sophistiques qui ne répondent même pas à la définition standard du sophisme comme «ce qui semble être valide mais ne l'est pas» (Hamblin, 1970 : 12). Or certains cas peuvent se présenter où il n'est pas question d'argument (par exemple le «déluge de questions»), tandis que pour d'autres, l'argument ne sera pas valide (par exemple, la «présupposition de la réponse»). Ce genre d'inconséquences ne peut survenir dans notre approche pragmatico-dialectique.

Cette approche reconnaît également le fait que la non-validité ne constitue qu'une des raisons de l'échec de la résolution d'une discussion.

La conversation quotidienne est souvent remplie d'éléments implicites qui jouent le rôle de thèses ou de prémisses inexprimées, et il est assez facile, la plupart du temps, d'ajouter à ces arguments «incomplets» ce qui leur manque pour devenir des arguments valides. De sorte qu'il paraît injustifié de juger, comme le fait le Traitement-Standard, le caractère sophistique à partir de la non-validité. La non-validité n'est pas ignorée dans l'approche pragmatico-dialectique, mais elle est envisagée dans sa propre perspective, sans perdre de vue la multiplicité des autres anomalies à l'intérieur d'un contexte discursif. Beaucoup de sophismes sont liés à d'autres règles de discussion : seules quatre catégories de sophismes parmi toutes celles distinguées dans la section 2 peuvent être considérées comme des transgressions directes de la règle de validité (règle VIII)[18].

Parce que la validité d'un argument ne peut être établie sans recourir à la logique, celle-ci sert aussi pour l'analyse de certains sophismes. Mais elle n'est pas capable, dans notre perspective, d'engendrer une théorie complète des sophismes qui prendrait en compte toutes les anomalies du discours quotidien. Faire abstraction de toutes les particularités du langage familier, se limiter à la forme des arguments, c'est ignorer les phénomènes concrets de la dimension implicite, des aspects indirects et de toutes les autres caractéristiques du langage susceptible de jouer un rôle à l'intérieur du sophisme (cf. van Eemeren et *al.*, 1984 : 116-123). C'est la raison pour laquelle le Traitement-Standard aura du mal à détecter les sophismes et à les identifier. Avec le modèle normatif idéal des actes de langage accomplis au cours d'une discussion critique, l'approche pragmatico-dialectique de l'argumentation nous fournit non seulement les moyens de dépister les sophismes dans une discussion, mais elle nous permet en même temps de mieux saisir la réalité pratique de l'argumentation.

Pour analyser les sophismes de manière adéquate, il faudra reconstruire la réalité argumentative — telle qu'elle se présente dans un contexte discursif — d'une manière normative, comme une discussion critique, afin de pouvoir expliquer ce qui s'y passe. Une telle reconstruction peut exiger certaines transformations dialectiques : suppression, addition, permutation ou substitution (cf. van Eemeren, 1986a). Comme l'a montré l'étude des différentes catégories de la section III, les transformations dialectiques d'addition et de substitution conviennent directement pour l'analyse. Par exemple, l'exagération ou la négation d'une prémisse inexprimée (transgression de la règle V) ne pourraient être identifiées comme telles sans appliquer la transformation dialectique d'addition. De la même façon, l'identification du sophisme de l'homme de paille et de la *petitio principii* requièrent une transformation de substitution (cf. van Eemeren, 1986b). Pour avoir souligné l'importance d'une reconstruction normative en vue d'une analyse pragmatico-dialectique des sophismes, nous ne pourrions nullement prétendre à l'exhaustivité de notre théorie pragmatico-dialectique de l'argumentation.

Un gros travail pragmatico-linguistique reste à faire [19] pour découvrir où et comment s'effectuent les différentes transformations dialectiques. Et même si les dix règles dégagées ici devaient effectivement refléter tous les aspects significatifs de la discussion critique, des développements et des précisions supplémentaires se révèleront nécessaires au fur et à mesure de l'énumération des différents types de transgression et de combinaison de sophismes. Par ailleurs, l'analyse dialectique elle-même pose encore toutes sortes de questions. Les logiciens peuvent être d'un grand secours dans l'exécution de ces tâches mais il faudrait, selon nous, intégrer leur approche logique au cadre pragmatico-dialectique, afin de situer leurs travaux dans leur véritable perspective [20].

REFERENCES

BARTH E.M. et KRABBE E.C.W., *From Axiom to Dialogue. A Philosophical Study of Logic and Argumentation*, Berlin : Walter de Gruyter, 1982.
BARTH E.M. et MARTENS J.L., «Argumentum ad Hominem : From Chaos to Formal Dialectic. The Method of Dialogue-Tableaus as a Tool in the Theory of Fallacy», *Logique et Analyse*, Nouvelle Série, vol. 20, n°s 77-78, pp. 76-96, 1977.
CRAWSHAY-WILLIAMS R., *Methods and Criteria of Reasoning. An Inquiry into the Structure of Controversy*, London : Routledge & Kegan Paul, 1957.
EEMEREN VAN F.H., «Dialectical Analysis as a Normative Reconstruction of Argumentative Discourse», *Text*, vol. 6, n° 1, pp. 1-16, 1986a.
EEMEREN VAN F.H., «For Reason's Sake : Maximal Argumentative Analysis of Discourse», in VAN EEMEREN F.H., GROOTENDORST R., ANTHONY BLAIR J. & WILLARD C.A. (éds), *Argumentation : Across the Lines of Discipline*. Papers contributed to the First International Conference on Argumentation of the University of Amsterdam, June 3-6. Dordrecht/Providence : Foris Publications, PDA 3, 1986b.
EEMEREN VAN F.H., GROOTENDORST R., *Speech Acts in Argumentative Discussions. A Theoretical Model for the Analysis of Discussion Directed towards Solving Conflicts of Opinion*, Dordrecht/Cinnaminson : Foris Publications, PDA 1, 1984.
EEMEREN VAN F.H., GROOTENDORST R., *Argumentation, Communication and Fallacies. Pragma-Linguistic Argumentation Analysis in Dialectical Perspective*, 1987.
EEMEREN VAN F.H., GROOTENDORST R. and KRUIGER T., *Handbook of Argumentation Theory. A Critical Survey of Classical Backgrounds and Modern Studies*, Dordrecht/Providence : Foris Publications, PDA 7, 1987.
EEMEREN VAN F.H., KRUIGER T., «Identifying Argumentation Schemes», in BLAIR *et al.* (éds), *Argumentation : Perspectives and Approaches*, Dordrecht/Providence : Foris Publications, PDA 3A, 1986.

GRICE H.P., «Logic and Conversation», in COLE P. & MORGAN J.L. (éds), *Syntax and Semantics 3 : Speech Acts*, New York : Academic Press, pp. 43-58, 1975.
GROOTENDORST R., «Some Fallacies about Fallacies», in VAN EEMEREN *et al.* (éds), *Argumentation : Across the Lines of Discipline*, Dordrecht/Providence : Foris Publications, PDA 3, 1986.
HAMBLIN C.L., *Fallacies*, London : Methuen, 1970.
JACOBS, SCOTT et JACKSON Sally, «Conversational Argument : A Discourse Analytic Approach», in COX J. Robert et WILLARD Charles A. (éds), *Advances in Argumentation Theory and Practice*, Carbondale/Edwardsville : Southern Illinois University Press, pp. 205-237, 1982.
JACOBS, SCOTT and JACKSON Sally, «Speech Act Structure in Conversation. Rational Aspects of Pragmatic Coherence», in CRAIG Robert T. et TRACY Karen (éds), *Conversational Coherence : Form, Structure, and Strategy*, Beverly Hills : Sage, pp. 47-66, 1983.
NAESS Arne, *Communication and Argument. Elements of Applied Semantics*, George Allen & Unwin, London, trad. de : *En del elementaere logiske emner*, 1966.
SEARLE J.R., *Speech Acts. An Essay in the Philosophy of Language*. Cambridge : Cambridge University Press, 1969, 1970.
WALTON Douglas N., *Logical Dialogue-Games and Fallacies*, Lanham : University Press of American, 1984.
WALTON Douglas N., *Arguer's Position. A Pragmatic Study of Ad Hominem Attack, Criticism, Refutation, and Fallacy*, Westport : Greenwood Press, Contributions in Philosophy, Number 26, 1985.
WOODS John et WALTON Douglas, *Argument : The Logic of the Fallacies*, Toronto : McGraw-Hill Ryerson, 1982.
WOODS John et WALTON Douglas, *Fallacies : Selected Papers 1972-1982*, Dordrecht/Providence : Foris Publications, PDA 5, 1987.

NOTES

[1] Cf. van Eemeren et Grootendorst, 1984 : 17-18.
[2] Selon notre modèle pragmatico-dialectique, la discussion critique passe par quatre étapes : (1) la phase conflictuelle, durant laquelle le débat est extériorisé; (2) la phase d'ouverture, durant laquelle on se met d'accord sur la manière de conduire le débat et la discussion; (3) la phase argumentative, durant laquelle on développe une argumentation et on y réagit; (4) la phase terminale, durant laquelle on s'entend sur la façon dont on va conclure la discussion (cf. van Eemeren et Grootendorst, 1984 : 85-87).
[3] Le modèle précise quelles sont les activités que doivent exécuter les participants pour contribuer à la résolution de la discussion. Dans notre approche pragmatique, les règles du modèle indiquent quels types d'actes de langage peuvent aider à résoudre le débat au cours des quatre phases de la discussion critique, et précisent le moment où les participants sont en droit, voire contraints, d'exécuter un acte spécifique.
[4] Cf. van Eemeren et Grootendorst, 1984 : 151-175.
[5] Dans le langage quotidien, l'usage du terme sophisme ne se réduit pas immanquablement à une conception théorique spécifique de la discussion rationnelle. La plupart du temps, il ne signifie rien de plus qu'un argument non valide et trompeur, ou même simplement une assertion erronée. Le terme est utilisé ici dans une acception à la fois plus précise et plus générale. Plus précise, au sens où il est systématiquement lié à une approche dialectique de l'argumentation; plus générale parce qu'il touche tous les aspects de la discussion et pas seulement la valeur de vérité des assertions ou la validité des arguments.

[6] Tandis que le langage ordinaire associe étroitement les sophismes aux tromperies délibérées. Accuser quelqu'un de sophisme, c'est presque automatiquement porter un jugement moral sur sa conduite. Notre conception exclut quant à elle toute condamnation morale.
[7] On trouvera une version plus élaborée des règles, avec une explication plus détaillée dans : van Eemeren et Grootendorst, 1988.
[8] Cf. Barth et Martens, 1977 : 79.
[9] Cf. van Eemeren et Kruiger, 1986.
[10] La force illocutoire d'une expression se rattache à l'acte de langage accompli par le locuteur ou l'écrivain (affirmation, requête, promesse, etc.). Cf. Searle, 1970 : 22-25.
[11] Ce que nous appelons le Principe de Communication correspond au Principe de Coopération de Grice. Plus précisément, l'exigence en question procède de la Maxime de Modalité qui dit : «Sois clair, évite les expressions obscures, évite l'ambiguïté, sois bref (pas de bavardage inutile), et sois ordonné» (1975 : 46).
[12] Cf. van Eemeren, 1986b (interprétation de l'argumentation indirecte) et van Eemeren et Grootendorst, 1987 (explicitation de prémisses inexprimées).
[13] Evidemment, un locuteur peut toujours se tromper sur les connaissances générales de l'auditeur, ou sur le niveau minimal à partir duquel le contexte et la situation parleront d'eux-mêmes. De même, l'auditeur peut se méprendre lorsqu'il associe le contexte et la situation à certains termes du locuteur, et peut donc attribuer à ce dernier des intentions erronées. Autrement dit, la poursuite de formulations et d'interprétations optimales ne constitue pas une condition suffisante pour que l'auditeur et le locuteur se comprennent, mais elle reste malgré tout une condition nécessaire.
[14] Naess évoque le niveau de compréhension en parlant de «la profondeur du sens projeté» (1966 : 34-36). Celle-ci dépend selon lui du contexte dans lequel la phrase intervient. L'importance du contexte pour interpréter les énoncés est également soulignée par Crawshay-Williams, 1957. Les conceptions de Naess comme celles de Crawshay-Williams sur le rôle du langage dans la discussion sont examinées par van Eemeren, Grootendorst et Kruiger, 1984 : 116-118, 122-131.
[15] Un usage déclaratif est un acte de langage qui tente de produire un effet illocutoire précis : la compréhension de l'acte de langage du locuteur. Exemples d'usages déclaratifs : les définitions, les précisions, les amplifications, les explications et les explicitations (cf. van Eemeren et Grootendorst, 1984 : 109-110).
[16] La logique de cette stratégie est expliquée dans van Eemeren, 1986b. Evidemment, la recommandation de recourir à cette stratégie en cas de doute peut elle-même engendrer de nouvelles sphères de doute; par exemple dans le cas des textes publicitaires, des discours électoraux et des discussions publiques. L'alternative consiste à assumer dès le départ le caractère déraisonnable du propos. Toutefois, cette dernière attitude paraît encore moins souhaitable que le faux pas toujours possible qui consiste à décréter que quelque chose est un sophisme alors qu'il n'en est rien en réalité. Ce dernier risque ne doit pas nous tourmenter outre mesure, aussi longtemps que nous gardons à l'esprit le caractère conditionnel de l'analyse des sophismes, et sa valeur toute relative.
[17] On trouvera dans Grootendorst, 1986 un aperçu critique du Traitement-Standard pré- et post-hamblinien. La conception des sophismes comme transgressions de règles inhérentes à l'argumentation rationnelle (destinée, selon notre vision théorique de l'argumentation, à résoudre une discussion) se trouve suggérée dans Barth et Martens, 1977 : 96. Une autre méthode d'analyse des sophismes consiste à définir ces derniers comme des arguments qui ne peuvent être produits à partir d'un nombre fini de règles de production d'arguments rationnels (Barth et Martens, 1977 : 96). Cette seconde alternative est également proposée dans Barth et Krabbe, 1982 : 90.

[18] C'est la raison pour laquelle il est judicieux de distinguer les transgressions de la règle VIII, qui sont des sophismes au sens étroit, et les sophismes au sens large, qui transgressent l'une des autres règles de la discussion.

[19] Dans un projet commun avec Sally Jackson et Scott Jacobs, nous tentons de développer une théorie de l'argument conversationnel, qui combine l'approche dialectique et certains éléments de l'analyse de la conversation. Une première esquisse a été ébauchée dans van Eemeren, 1986b. Pour le travail sur la conversation réalisé par Jackson et Jacobs, voir par exemple 1982 et 1983.

[20] Beaucoup de travail reste à faire, par exemple en ce qui concerne l'*argumentum ad consequentiam*, les sophismes de composition et de division, le sophisme de la généralisation hâtive, le *post hoc ergo propter hoc*, et la *petitio principii*. D'un point de vue logique, des contributions excellentes ont été fournies par Woods et Walton. Cf. par exemple Woods et Walton, 1982 et 1987, ainsi que Walton, 1984 et 1985.

Les arguments du séducteur

par Herman PARRET
F.N.R.S., Universités de Louvain et d'Anvers

Ceci n'est pas *Le Journal d'un séducteur* et je vous renvoie pour ce genre d'exercice évidemment à Kierkegaard. Je voudrais réfléchir, sans trop de certitudes, sur un thème qui n'est frivole que d'apparence : *Séduction et argumentation*. Je concède que cette conjonction est quelque peu démagogique, étant donné surtout que je voudrais démontrer que le séducteur *n'a pas* d'arguments et qu'un argument n'est pas séducteur. Le séducteur n'a pas d'arguments si l'on pose le problème à partir de la théorie de l'argumentation, telle qu'elle est dérivée de la rhétorique aristotélicienne. En fait, je vais accuser Aristote d'attitude et de mentalité anti-séduction, et, ce qui va de pair, on le verra, d'amusicalité, d'indifférence inquiétante pour le chant des Sirènes. En transcendant d'emblée la position aristotélicienne, j'introduis mon thème par quelques prolégomènes platoniciens.

La séduction est très présente chez Platon sous plusieurs formes et je n'en mentionne que deux : la *psuchagogia* et le *paramuthion*. L'art de parler est appelé une *psuchagogia*, une façon de «mener les âmes» par l'entremise des discours (*Phèdre*, 261a et 271c). Dans *Phèdre* également, l'amoureux est dit jouir de «son ferme assujettissement au service de l'aimé» (*paramuthion — Phèdre*, 240d). Ainsi sont suggérées deux faces de la relation de séduction : séduire, c'est «mener l'âme», être séduit est une jouissance accompagnant un ferme assujettissement. Si la sensibilité platonicienne pour la séduction se manifeste surtout dans *Phèdre*, il y a une dissémination de la séduction dans toute l'œuvre de Platon. Rappelons quelques passages du *Timée* et des *Lois*. Dans la physiologie des vivants mortels que Platon esquisse dans le *Timée*, c'est «l'âme appétitive» qui est dite *séduite* «par le manger, le boire et toutes ces choses dont la nature du corps lui fait éprouver le besoin» : «cette âme», dit Platon, «elle se laisse *fasciner*, la nuit comme le jour, par des images et des fantômes» (*Timée*, 71a). Dans les *Lois*, Platon évoque un autre type de *psychagogie* : les hommes, par les sacrifices, par les prières, par des incantations, *ensorcellent* les Dieux, et ils seront condamnés pour cela s'ils le font par égoïsme («en vue de s'enrichir») (*Lois*, 909b). Cette *fascination* de l'âme appétitive, cet *ensorcellement* des Dieux, tant de figures de séduction.

Platon se souvient de l'Odyssée et du chant des Sirènes. Il évoque le charme magique des Sirènes dans le *Cratyle* (403d), dans le *Symposium* (216a), dans la *République* où les Sirènes chantent chacune leur note sur chaque cercle planétaire de façon à constituer la musique des Sphères. Dans *Phèdre* également, les enchantements des Sirènes sont évoqués, précisément là où le récit des cigales introduit les Muses si favorables aux philosophes-musiciens. Je reviendrai, en guise de conclusion, à cette superposition des Sirènes et des Muses sur fond de musique et de chant. La séduction, chez Platon, se comprend par *mélomanie*. Et c'est bien inquiétant de constater qu'Aristote condamne dans un même geste, dans la *Rhétorique*, la *psychagogie* et la *mélomanie*, la séduction et l'amour du chant.

Je développe le thème de cette étude en trois sections. Je voudrais esquisser, dans une première partie, une phénoménologie de l'art de séduire, sans ésotérisme, sans hermétisme. Baudrillard, ce proto-sociologue kierkegaardien, se profile évidemment sur le fond de cette réflexion, mais je ne jouis pas de tous ses caprices et ellipses. La deuxième partie, plus technique, moins intuitive, posera le problème de la relation de la séduction au mensonge, à la manipulation, à la communication indirecte, à la non-sincérité et à la non-loyauté discutées par Austin sous la dénomination de *Infelicities*. Le séducteur n'est pas un menteur ni un manipulateur, il s'installe aucune «indirection», aucune «infelicity» dans la communication. Aucune modélisation vérifonctionnelle, sémiotique ou (post-)austinienne ne semble avoir d'impact théorique sur la séduction, comme c'est bien le cas respectivement pour le mensonge, la manipulation et l'indirection dans la communication. C'est à partir de ce résultat négatif que je poserai, dans la troisième partie, la question de la possibilité d'une rhétorique de la séduction, pour me retrouver, en fin de parcours, avec Aristote. Je ferai un effort pour retrouver dans la *Rhétorique* et dans la

Poétique quelque espace pour la séduction. Mais on constatera que la conception aristotélicienne de la persuasion et de l'argumentation ne permet aucune sensibilité pour la spécificité de l'imposition séductrice. Et c'est par nostalgie que je retournerai, dans ma conclusion, à Platon et ses cigales, faisant un petit détour du côté de Don Juan — celui de Mozart, celui de Kierkegaard — en conseillant aux théoriciens de l'argumentation de se laisser séduire par la séduction, de se convertir en mélomanes.

A. LA PHENOMENOLOGIE DE L'ART DE SEDUIRE

Une phénoménologie de l'art de séduire pourrait se concevoir de la façon suivante. Selon le point de vue éthico-théologique, la séduction est vue comme un mal et le séducteur comme un corrupteur. Ce point de vue se combine tout naturellement avec l'idée libertine de la séduction : la séduction serait l'affirmation de la volonté d'un sujet qui se rend maître de la volonté d'un co-sujet par le biais de la tromperie. Le désir subjectif imposerait sa souveraineté au moyen de manœuvres. Baudrillard le rappelle, séduire vient de *se-ducere*, où *se* signifiant «à part, à l'écart» prend le sens de *séparation*. On peut dire : séduire, c'est mener, conduire à l'écart. Un sens dérivé est celui de détourner, tirer à soi, comme le fait le *dux* qui s'attire ceux qui le suivront. D'où le sens de corrompre, de dévoyer. On trouve en latin également *sub-ducere*, «enlever secrètement». A cause de l'enlèvement, du rapt, du secret, de ce qui a lieu en dessous, à cause de l'efficacité souterraine, *subductio* signifie *calcul* chez Cicéron, et *extase* chez Augustin (il y a, en fait, un glissement intéressant de sens du calcul au ravissement). Détourner, ravir, calculer, sont donc autant de connotations de la sémantique de la séduction [1].

En plus, l'action de mener à l'écart évoque la communication furtive d'un *secret*. S'il arrive, dans le rapport à l'*écart*, qu'un secret soit communiqué, l'action de soustraire, qui est aussi celle de sauver, s'y accomplit également. *Séparer, diviser, éloigner* sont autant de sens du verbe *seducere*. En psychologisant l'action de séduire, on présuppose un *étourdissement* de la part du séducteur à l'égard du co-sujet qui sera «objet» de cette action. En éloignant le co-sujet du lieu qu'il occupait, en le détournant de sa voie, le séducteur attire, le séduit : le séducteur devient ainsi l'agent du mal et de l'intrigue, et il séduit l'innocente victime. Pourtant, l'indice ultime de la séduction est le *secret* auquel fait allusion l'acte même de mener quelqu'un à l'écart : le lieu de la séduction se soustrait à la connaissance des autres. *Seducere* s'oppose, de plus d'un point de vue, à *pro-ducere*, signifiant «porter à la lumière», «rendre visible». *Seducere* évoque le mouvement contraire : retirer de dessous, éloigner et soustraire. Le séducteur est tenu par l'engagement à garder le secret. Mais il y a une profonde ambiguïté de la séduction : séduire, c'est se retirer dans le secret *et* se produire dans le visible. Il y a complémentarité et contraste entre *seducere* et *producere*. C'est ainsi que ce que Don Juan a séduit, c'est-à-dire soustrait, subtilisé en cachette, sera par après produit sur la liste, pris en compte dans le catalogue. Le plaisir de la liste, la *technè* du chiffre, le calcul, appartiennent au vocabulaire de la séduction en ce qu'ils rendent visible le secret. Il est évident que, si l'acte de séduction évoque le secret, il stimule en même temps le regard sur une visibilité produite. Il y a donc un circuit de la séduction et de la production. La séduction est un mouvement dialectique invoquant le secret et la visiblité.

Je reprends plus systématiquement trois aspects phénoménologiques de la séduction. D'abord, on peut opposer à la perspective théologico-libertine l'idée d'une *logique de la séduction*. Ensuite, et comme nous l'avons déjà suggéré, cette logique est essentiellement liée au fonctionnement du *secret*. Et enfin, cette prépondérance du secret, dans son ambiguïté, nous ramène à la «dramaturgie de l'Etre et du Rien», là où se situe le topos de l'*esthétique*.

Par «logique de la séduction», je veux dire que la séduction s'impose au séducteur comme au séduit, qu'elle est indépendante et opposée à leur volonté intentionnelle et subjective. Les Sophistes ont défendu l'idée que le séducteur est en rapport avec le *kairos*, l'instant. Le charme fascinateur de la séduction provient de ce que le *kairos* n'est pas une loi universelle, qu'il ne suit pas la logique de l'identité, mais qu'il est en constante contradiction avec lui-même. Il s'agit d'une logique qui abolit l'identité du séducteur, étant donné qu'il est toujours différent, occupant de nombreux endroits. Le séducteur n'est marqué par aucune subjectivité et même par aucune localisation spatio-temporelle identifiable : la séduction n'émane de Personne. Cette sophistique résonne dans la sémantique de la séduction, tant dans sa signification de mise à l'écart, de détournement, d'enlèvement que dans sa signification de calcul et d'extase. Le séducteur ne peut être ce qu'il est qu'à condition de n'être *personne*. Il devrait y avoir donc une indétermination totale des qualités du séducteur, et le charme de celui-ci est l'effet de cette ouverture, de cette liberté, de ce vide, de cette façon de faire place au *kairos*, l'occasion. En évoquant une «logique» de la séduction, je voudrais suggérer que la séduction fonctionne autant comme «déréalisation» que comme «désubjectivation». *Rien* ne se passe puisque *personne* n'agit.

Et cette «présence» du *rien* et de *personne* prend facilement la forme du simulacre, de la simulation, des apparences. Ce n'est pas un hasard que Baudrillard nous parle si brillamment à la fois du simulacre et de la séduction. Il écrit : «Je préfère la forme de la séduction, qui maintient l'hypothèse d'un duel énigmatique, d'une sollicitation ou d'une attraction violente, qui n'est pas dans la forme d'une réponse, mais celle d'un défi, d'une distance secrète et d'un antagonisme perpétuel...»[2]. Ce défi n'est pas celui d'un sujet puisque la séduction désubjectivise : «Le sujet ne peut que désirer, seul l'*objet* peut séduire»[3].

Cette phénoménologie des apparences — qui transcendent la vérité et le mensonge — aboutit tout naturellement au secret et à l'esthétique. La séduction est *énigmatique* (mais non pas mystérieuse) : le lieu séducteur est *paratopique* et *parodique* — *parodos*, le parcours dans un espace paradoxal. L'alliance de la séduction avec le secret exclut qu'elle s'identifie avec le mensonge et avec la manipulation. Si elle est intelligible mais ne peut être dite ou révélée, c'est que le monde de présence de la séduction est celui du paratopique-parodique qui n'est pourtant pas le néant globalement opaque ou une absence totale de lieu. C'est ce paradoxe qui nous mène au philosophème de la dramaturgie de l'Etre et du Rien. Il est vrai que le séducteur, ou plutôt l'*objet* séducteur, *joue* sur le Rien. «Il machine, il esquisse, il esquive, il feint, il aguiche, il se dérobe, il s'avance jusqu'à devenir insaisissable»[4]. L'illusion qu'évoque en nous l'objet séducteur est de faire passer le rien pour le tout. Il le fait en s'engageant dans une visée théâtrale, dans une mise en scène, amplifiant les simulacres et les stratagèmes. C'est ainsi que le séducteur s'incarne de manière privilégiée dans le charmeur, le malin, voire dans le Mal. Il provoque une indétermination absolue en nous, et la fascination qu'il exerce, dépend du fait que notre imagination ne parvient pas à assumer, à contrôler ce qui la surplombe. Ontologiquement, on a donc affaire à la mise en scène du combat de l'être et du rien. S'il ne s'agit pas d'une véritable dialectique de l'être et du rien — il n'y aura pas de synthèse, pas de transcendance de l'opposition initiale —, c'est que, dans ce jeu de miroirs, il n'y a pas de *fondement* — le réel, la subjectivité, la rationalité, la praxis —, il n'y a que des apparences, et c'est là, sans doute, que la beauté s'épanouit.

Pourquoi cette longue phénoménologie de l'art de séduire? Pourquoi évoquer et insister sur la *marge*, le *vide*, le *rien*? C'est qu'il faut se convaincre du fait que c'est toujours un *objet* qui séduit, et non pas le sujet. La séduction désubjectivise. Voilà un point important pour la différence entre la séduction d'une part et le mensonge et la manipulation de l'autre. La séduction n'a aucun lien intrinsèque avec une intentionalité quelconque, et il n'y a ni volonté ni conscience dans la séduction. C'est précisément l'aspect que je voudrais approfondir dans la seconde partie de cette étude. Mais je conclus d'abord ma modeste phénoménologie. Les Sirènes, Shéhérazade, Don Juan, Valmont, Lovelace, Johannes, Julien Sorel, le Serpent, voire Jésus lui-même, tous des séducteurs qui installent le même paradoxe, le même paratopique, la même alliance avec le secret, la même logique d'objectivation. Toutes les grandes cultures, et non seulement celle qui est tributaire de la *psychagogia* platonicienne, enfantent de la séduction. Pensons à la *jadah* hébraïque, reprise par Spinoza. Et de la séduction, il y en a sûrement dans les imposantes cultures orientales et archaïques. Toutefois, la séduction est multiforme. Le secret inhérent peut se transformer en *étrange*[5], en *fantastique* — j'évoque l'ensorcellement par les fantômes, les diables et les illuminés —, en *merveilleux*. Même Aristote, si amusical et si anti-séduction, faisant allusion à Homère, se montre sensible au merveilleux. Je cite la *Poétique* : «Il faut ménager le merveilleux (*poiein to thaumaston*), et dans l'épopée il est même possible d'aller jusqu'à l'irrationnel (*alogon*), qui est une très grande cause de merveilleux; or le merveilleux est agréable (*to de thaumaston èdou*)» (*Poétique*, 1460a). Mais l'étrange, le fantastique, le merveilleux comportent tous cet élément de négativité typique au secret qui provoque le charme fascinateur de la séduction. Et une autre diversification peut s'ajouter encore. Il y a des formes dérivées de la séduction, tout comme une typologie des séducteurs peut être faite. La horde des séducteurs qui peuplent les œuvres littéraires, surtout au XVIIIe siècle, est bien diversifiée. Les séducteurs mâles se comportent en initiateurs, acquérant la psychologie de parasites ou d'inquiets. Les séductrices sont ensorcelleuses — la Suzanne de *La Religieuse* — ou, à un niveau d'une plus grande banalité, coquettes — la Marianne de Marivaux. Mais cet éparpillement du séducteur en psychologies palpables ne peut se faire que sur le fond de ce qui a paru essentiel pour une phénoménologie adéquate de la séduction : la dominance du secret, la dramaturgie de l'être et du rien, l'objectivation de la subjectivité.

B. LE SEDUCTEUR N'EST PAS UN MENTEUR

Même si la séduction est «déceptive» — puisqu'elle détourne, ravit et calcule —, elle n'est pas une déception comme le mensonge. Bien que le mot de mensonge soit familier et commun, son sémantisme, s'il faut l'expliciter, reste vague et plurivoque. Le mensonge est défini comme «une action d'altérer sciemment la vérité» (*Grand Larousse*), comme «une affirmation contraire à la vérité» (*Dictionnaire Dubois*), comme «tout acte accompli dans l'intention de tromper» (*Dictionnaire de l'Académie*). L'*Oxford English Dictionary* donne : «lie = a false statement made with intent to deceive». Où est la cohérence dans ces définitions ? Elle n'y est pas, et il faut prendre les décisions définitionnelles suivantes. Le mensonge est-il toujours une assertion fausse ? Non, un enfant qui dit «Paris est la capitale de la Belgique» ne ment pas. Faut-il nécessairement une intention de tromperie pour qu'il y ait mensonge ? Elle n'est certainement pas nécessaire : une blague peut être un mensonge, tout comme l'ironie. Il y a mensonge même si l'énonciateur ne sait pas qu'il y a mensonge. En plus, on peut mentir par habitude, sans avoir l'intention de tromper quiconque. En éliminant donc la nécessité de l'assertion d'une proposition fausse et la nécessité de l'intention de tromper, on arrive à une définition plus adéquate du mensonge en termes de *masque discursif* : on ment si on *croit* une chose et on *exprime* (consciemment) autre chose. C'est la définition de Saint Augustin et de Saint Thomas : pas de mensonge sans séquence discursive *contra mentem*. Trois conditions sont nécessaires pour qu'il y ait mensonge : d'abord, A doit avoir une croyance ; ensuite, A doit faire une assertion qui contredit cette croyance ; enfin, A doit avoir une intention de communication sans pour autant avoir une intention de tromperie ; en d'autres mots, A doit s'engager/contribuer causalement à ce que B acquiert la croyance que p (où p est évidemment la proposition fausse), sans que A ait nécessairement l'intention de le tromper. Il est vrai que la relation entre l'état de croyance de A et la proposition exprimée est multiple. Il y a ainsi une échelle de «gravité» du mensonge (ce que les vérifonctionnalistes doivent nier, par définition). Si p est la proposition exprimée contraire à la croyance de A, on peut distinguer quatre cas : A ne croit pas que p et il ne croit pas que non-p ; A croit que non-p ; A croit qu'il n'est pas vrai que p ; A croit qu'il est faux que p. Je n'entre pas dans cette typologie des mensonges[6]. Il suffira de remarquer qu'une telle définition n'a rien de vérifonctionnelle puisqu'elle ne présuppose pas la *fausseté* de la proposition exprimée mais seulement la non-concordance de la proposition de croyance (proposition «épistémique») et de la proposition exprimée sur le fond d'une intention de communication.

Le séducteur n'est pas un menteur. On le sait intuitivement, et on voit maintenant pourquoi. La séduction ne comporte, dans la phénoménologie proposée dans ce qui précède, aucune des composantes de la définition du mensonge : état épistémique (propositionnellement déterminé), assertoricité ou, plus simplement, discursivité assertorique, et intention de communication. La séduction ne fonctionne pas à partir d'un état de croyance substantielle, ni à partir d'une discursivité assertorique du séducteur, ni à partir d'une intention de communication. S'il y a intentionalité, ce n'est pas une intentionalité de communication propositionnelle mais éventuellement une «intentionalité de tromperie» non propositionnelle, ce qui revient à dire : une «intention» de non-communication ou de communication essentiellement tronquée. Mais même cette éventualité n'est pas adéquate puisqu'elle nous ferait identifier la séduction à la manipulation. En effet, pour qu'il y ait manipulation, il faut une intentionalité explicite de non-communication ou de communication tronquée. C'est ainsi que je voudrais démontrer que la séduction est totalement étrangère à cette soi-disante «intention de non-communication».

C. LE SEDUCTEUR N'EST PAS UN MANIPULATEUR

Les auteurs du *Dictionnaire raisonné du langage* suggèrent que la séduction est un sous-type de la manipulation[7]. Selon Greimas et Courtés, la manipulation est soit de la provocation ou de l'intimidation (dans le cas où la compétence du manipulé est jointe à un *devoir-faire*), soit de la séduction ou de la «tentation» (dans le cas où la compétence du manipulé est jointe à un *vouloir-faire*). Cette modalisation ne me satisfait pas vraiment. Je doute que le «séduit» développe un programme selon un vouloir-faire, selon une intention de faire. S'il n'y a aucune ressemblance entre la séduction et la manipulation, c'est que le critère *intentionnel*, aussi bien pour le sujet séducteur que pour le sujet séduit, n'est pas pertinent. La séduction ne concerne pas la compétence intentionnelle d'action, le vouloir manipulatoire du destinateur, tout comme elle ne concerne pas l'intentionalité d'action dans le destinataire. Quelle est, en effet, la définition minimale de la manipulation?[8]

A première vue, la manipulation doit être considérée comme une action provoquant une action de la part de l'autre. Il faut noter, d'emblée, que l'acte manipulatoire n'est *pas* une unité d'*interaction*. La manipulation transforme l'agent-auditeur sans convertibilité, parce que l'agent-auditeur ne cause pas, *à la suite* de sa propre transformation, la transformation de l'agent-locuteur. L'action manipulatoire, personne n'en doute, est une action *unilatérale*. Deux situations que je voudrais mentionner en ce lieu, n'entament en rien cette constatation : le cas où l'agent-locuteur se manipule lui-même, et le cas où deux interlocuteurs se manipulent réciproquement. Dans le cas de l'automanipulation, il y a dédoublement d'un agent en deux actants et l'action reste unilatérale. Dans le cas de la manipulation réciproque, il y a deux manipulations parallèles. La manipulation n'est pas dialogique, il n'y a pas de méta-manipulation, même si, à première vue, le manipulateur lui-même est manipulé : ce n'est jamais *à cause* de sa propre transformation provoquée par la manipulation de l'agent-locuteur, que l'agent-auditeur manipule (éventuellement) l'agent-locuteur. La causalité unilatérale part toujours d'un agent-locuteur pour atteindre toujours l'autre. Ajoutons tout de suite une autre caractéristique essentielle. La manipulation est un *acte intentionnel* par excellence. C'est même un acte nécessairement intentionnel, et tous les modèles qui ne tiennent pas compte de cette propriété, par exemple en sémantique vérifonctionnelle où on décrit la manipulation comme une simple substitution de mondes possibles, ne parviennent pas à la reconstruire adéquatement. J'insiste donc sur l'analyse *intentionnelle* de la manipulation sans toutefois rejoindre automatiquement la phénoménologie classique qui, en hypostasiant l'intentionalité, n'a que peu d'impact sur les *actions* intentionnelles, sur le discours *comme action* dans le monde de l'intersubjectivité.

Comment rendre compte de cette action intentionnelle qu'est la manipulation ? Le problème central concerne la *non-avouabilité* de l'acte manipulatoire. En fait, l'acte discursif de manipulation est un acte discursif mutilé : l'intentionalité y est nécessairement couverte et non avouable. La structure *être/paraître* de la manipulation ne peut être expliquée qu'en situant très précisément l'intention de manipuler par rapport à l'*intention de communiquer*. On dira que l'intention de manipuler est une intention de communication partiellement *neutralisée*. La situation est complexe. Cette étrange structure de l'*être/paraître* de l'art de manipuler trouve son explication dans le fait que l'intention de manipulation n'est pas *entièrement* différente de l'intention de communication, mais, bien au contraire, une communication mi-manquée, un *faire mutilé*. C'est à partir de cette constatation qu'une phénoménologie de la manipulation peut se sémiotiser puisque cette intentionalité spécifiquement manipulatoire se concrétise évidemment sous forme d'un parcours ou d'un *programme* narratif. L'intentionalité manipulatoire n'est pas un contenu mental (ce serait une interprétation psychologiste de la manipulation), mais une action intersubjectivante dans le monde, repérable comme un parcours d'événements. La manipulation se caractérise donc comme une action d'un agent sur d'autres agents, visant à leur faire exécuter un programme donné. Pour qu'il y ait manipulation, il faut que l'action du sujet$_2$ soit impliquée par le vouloir spécifique (ou la compétence modale) du sujet$_1$. C'est ainsi que le prototype d'une manipulation est exprimé dans la formule suivante (où M est le manipulateur, et m le manipulé) : vouloir [savoir, pouvoir] → faire-faire$_M$ ⊂ pouvoir-faire$_m$, ou : la manipulation est une intention du manipulateur reposant sur sa compétence cognitive et pragmatique, et menant à son intervention (l'intention se traduit donc en faire persuasif), et impliquant une performance (action) de la part du manipulé. Il y aurait toute une typologie des manipulations à faire à partir de cette formule, résultant, par exemple, de quatre attitudes possibles du manipulateur : Intervention, Empêchement, Laisser-faire, Non-intervention, ou de positions actionnelles du manipulé : Impuissance, Obéissance, Indifférence. Je renvoie pour cet exercice à d'autres travaux[9].

Revenons un instant à la relation de la séduction à la manipulation. Avant de les confronter, je relève les traits pertinents dans la définition de la manipulation. Il faut sans doute se garder de teinter d'emblée la manipulation de toutes sortes d'évaluations éthiques et déontologiques, pour le simple fait que la manipulation est une propriété essentielle de toute structure *contractuelle* qui n'est jamais absente quand il y a une relation d'intersubjectivité. Si le *polemos*, le polémique, est à l'origine, il faut de la pacification par contrat. La manipulation est la mise en question de cette contractualité : la manipulation met en cause le contrat initial et elle provoque le retour vers le polémologique incontrôlable. C'est ainsi que la manipulation neutralise (partiellement) l'intention de communication, ce qui n'est pas le cas, comme nous venons de le voir, avec le mensonge. La manipulation est une mutilation de la communication : elle est inavouable puisque, une fois avouée, elle ne fonctionne plus. *Modalement*, le faire-faire du manipulateur présuppose une compétence cognitive et pragmatique, c'est-à-dire un vouloir bien déterminé, reposant sur un savoir et un pouvoir; d'autre part, dans le manipulé, il y a un pouvoir-faire provoqué par le faire-faire du manipulateur, donc une performance provoquée par un programme d'action du manipulateur.

La séduction ne possède aucun des traits pertinents énumérés. D'abord, elle n'implique pas la *mise en cause d'un contrat* et un retour au polémique initial : il n'y a pas de *polemos* dans l'imposition séductrice, il n'y a aucune trahison d'un quelconque contrat. Ensuite, la séduction est globalement *avouable* et surtout son avouabilité n'affecte en rien sa tensitivité. Il y a, comme je l'ai fait remarquer dans la phénoménologie de la séduction proposée dans la première section de cette étude, un lien intrinsèque entre le secret séducteur *et sa visibilité*. La séduction présuppose la mise en scène et la théâtralisation du secret : il n'y a pas de secret du secret et, paradoxalement, le secret *apparaît* sous la forme du simulacre et du déguisement. Enfin, la séduction ne présuppose aucune concaténation modale dans le sujet séducteur et dans le co-sujet séduit. C'est bien ainsi que le séducteur, en fait, ne peut être considéré comme porteur d'une compétence et d'un programme d'action. Le séducteur, on l'a dit et redit, n'est pas un sujet mais un *objet*. Aucune performance n'est effectuée à partir d'une compétence bien déterminable et substantielle. La séduction, en fin de compte, n'est même *pas performantielle*. On n'est jamais «compétent» en séduction, il n'y a pas d'*experts* en séduction. On pourrait évidemment objecter en qualifiant Don Juan comme le Grand Performateur, comme un Expert par excellence. Ce serait banaliser la séduction. Le séducteur, étant essentiellement séduit par la séduction, n'a aucune psychologie interne, aucune véritable motivation. C'est ainsi qu'une approche modale de la séduction est honteusement réductrice. Il n'y a pas de sémiotique modale de la séduction, il ne peut y en avoir.

D. LE SEDUCTEUR N'EST PAS NON SINCERE ET LA SEDUCTION N'EST PAS UN MALHEUR

La théorie des actes de discours, à partir d'Austin, s'est beaucoup intéressée à toute une gamme de soi-disants actes de discours *indirects*, et plus généralement, à la *communication indirecte*. On pourrait se demander si les approches d'Austin et de ses successeurs ont une certaine pertinence une fois qu'on les «applique» à la sphère de la séduction. L'analyse austinienne de l'indirection dans la communication est basée sur la centralité de la condition essentielle de *sincérité* (avec ses violations et marginalisations possibles). On devra conclure que, en face de la séduction, une éventuelle analyse en termes austiniens serait d'un simplisme désarmant : elle se placerait *in globo* en dehors de la phénoménologie proposée dans les pages qui précèdent. Regardons de plus près pourquoi Austin poserait le problème en se demandant s'il y a un *préfixe performatif* pour une «performance» séductrice. Ce serait également situer SEDUIRE sur l'échelle suivante : «donner une indication/un signe» (*to hint*), suggérer, insinuer. Peut-on identifier le «sens» de la séduction au sens d'un acte d'indication, de suggestion ou d'insinuation? Je m'efforce de circonscrire quelque peu ces trois types de communication indirecte. DONNER UNE INDICATION est démontrer ouvertement son intention de faire savoir à l'interlocuteur B que la proposition qu'on énonce comporte une information qui mettra B en état de trouver la réponse au problème auquel il est confronté, assumant que B possède encore de l'information supplémentaire. C'est le cas des devinettes où une question ou un énoncé quelconque du locuteur A *donne une indication* concernant la pertinence d'une information pour la solution du problème. Aucune intention n'est couverte ici, et l'asymétrie informationnelle entre A et B n'est que provisoire. Il faut toujours qu'il y ait une attente raisonnable que B réalisera la reconnaissance complète de ce qui est signifié. L'acte de «donner une indication» se sert, en plus, de *moyens conventionnels* qui sont acceptés par tous les usagers du langage, et qui font que cet acte est facilement détectable et clairement reçu comme différent d'un simple acte d'assertion, mais aussi des actes de suggestion et d'insinuation. Il y a donc une différence, bien que minime, entre l'acte de «donner une indication» et l'acte de SUGGERER. Celui qui «donne des indications» est tenu inconditionnellement à la vérité de ce qu'il énonce; celui qui suggère est tenu seulement au fait que ce qu'il énonce est *probablement vrai*. Dans le premier cas, il faut une chance raisonnable que B reconnaisse la proposition finale vraie, tandis que dans le cas de la suggestion, ce qui est suggéré n'est que probable, relatif à ce qui est dit, et l'inférence peut donc raisonnablement échouer. Il y a donc dans le cas de la suggestion des chances raisonnables de supposer que B *manque* les prémisses pour compléter sa proposition initiale afin qu'elle devienne vraie. Toutefois, il y a un écart très significatif entre donner une indication/suggérer d'une part, et INSINUER, de l'autre. Insinuer, tout comme manipuler, ne peut se faire *ouvertement* et *explicitement* : A ne peut révéler ses intentions en ajoutant, par exemple, le préfixe performatif «Je vous insinue que...». Austin affirme d'ailleurs qu'il n'y a pas de forme explicite : «j'insinue...». Il est vrai qu'il n'est pas exact de dire que ce qui est insinué est toujours répréhensible et que le caractère répréhensible de la proposition insinuée serait la raison de cette impossibilité de préfixation performative (un médecin peut essayer d'insinuer dans l'esprit du malade qu'il serait bon de suivre un régime). Reste que l'insinuation est un essai de A de *faire comprendre quelque chose*, bien que de manière couverte, à B. L'acte d'insinuation semble se réaliser quand A veut faire savoir p à B, *sans que A veuille que B juge* que A a ce vouloir de faire savoir p. L'idée que l'on a de l'acte discursif de MANIPULER situe la manipulation encore plus à droite sur l'axe de la non-avouabilité. Je serais enclin de dire que l'insinuation est *déjà* un certain type de manipulation, mais que d'autres types de manipulation transgressent l'insinuation en ce que d'autres sous-intentions ou constellations de sous-intentions restent couvertes, comme j'ai essayé de le démontrer en évoquant la manipulation dans les pages qui précèdent.

Austin, comme la plupart des philosophes post-austiniens, reste prisonnier, dans ce genre de classification, de sa double option [10]. Il continue d'insister sur le fait que le sens d'une séquence discursive (i.e. d'un acte de discours) dépend de deux conditions : sa *vérifonctionnalité* et la *sincérité* des intentions à la base de la production de cette séquence. Les intentions sont sincères quand elles peuvent être conventionalisées, par exemple par des formules performatives. La *non-sincérité* concerne alors un conflit entre l'état d'esprit (l'état psychologique) de l'énonciateur et l'action discursive conventionalisée. Les «Malheurs» (*Infelicities*) du discours dépendent tous de l'état de non-sincérité des intentions, des croyances, des émotions de l'énonciateur. Voici comment les «Malheurs» sont classifiables :

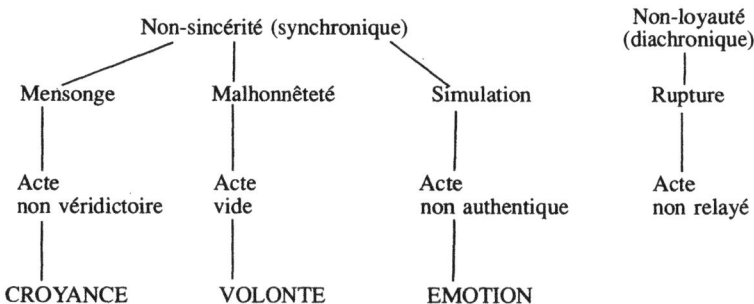

Selon cette classification[11], Austin devrait qualifier la séduction comme une *simulation positive* : celui qui séduit exprime des émotions qu'il n'a pas, et la séduction serait ainsi un acte de non-authenticité. Une telle approche, cela va de soi, est d'un réductionnisme effarant, et on ne voit pas comment on pourrait faire mieux dans le cadre spécifique de la théorie des actes de discours. Qu'Austin pense le sens à partir de la *sincérité* des intentions, exigeant ainsi pour toute activité discursive réussie la conventionalisation de principe de l'intentionalité sous-jacente, est un point de départ très contingent qui pèse lourdement sur la philosophie du langage. Cette position n'a pourtant rien d'absolu. Le point de départ aurait pu se situer en dehors de l'ambiance juridico-contractuelle qui marque la philosophie d'Austin. Organiser les actes de communication indirects selon le critère de la sincérité abolit d'emblée toute possibilité d'une conception austinienne de la séduction. Le séducteur n'est pas non sincère, tout comme il n'est pas sincère, et la *rhétorique de la séduction* ne mesure évidemment aucune sincérité des intentions à partir de leur conventionalité. L'axe austinien qui va de la sincérité à la non-sincérité n'offre pas de lieu au calcul, au détournement, au ravissement de la séduction. Il faut chercher ailleurs. Mais où?

E. LA RHETORIQUE DE LA SEDUCTION

Nulle part. Ne peut-on dire que l'on ne comprend rien à la séduction si on n'est pas séduit par la séduction? La théorie des actes de discours tout comme la sémiotique interactantielle ne semblent avoir aucun impact sur la séduction. Qu'en est-il de la rhétorique de la persuasion et de l'argumentation ? Peut-on soutenir la possibilité d'une rhétorique de la séduction ? Et c'est ainsi que l'on sera ramené à Aristote et au chant des Sirènes.

Shoshana Felman invente, dans son livre *Le Scandale du corps parlant. Don Juan avec Austin ou la Séduction en deux langues*[12], le syntagme «rhétorique de la séduction». Elle emprunte à Austin, obsédé par le concept juridico-contractuel de sincérité, comme nous l'avons vu, l'idée d'une mise en jeu des actes de discours. Elle suggère que la rhétorique de la séduction consiste en effet presque exclusivement en une débauche de performatifs explicites qu'elle appelle des «performatifs d'engagement séducteurs». Don Juan énonce fréquemment des séquences modifiées par des formules performatives : «je m'engage à...», «je m'oblige à...», «j'en réponds à...», «je vous prie de...», «je prends à témoin que...», «je vous donne ma parole que...», «je vous réitère ma promesse que...», etc. L'énoncé performatif du séducteur serait par excellence : «je vous promets que...». Le dialogue de Don Juan avec ses «victimes» serait donc le dialogue entre deux ordres qui, en réalité, ne communiquent pas : l'ordre du *sens* et l'ordre de l'*acte*, le registre de la *jouissance* et le registre de la *connaissance*. Bien qu'il n'ait pas l'intention de tenir ses promesses, le séducteur, on l'a déjà démontré, *ne ment pas* puisqu'il ne fait que jouer sur la propriété sui-référentielle de ses énoncés performatifs. Le discours séducteur, selon Felman, exploite à travers l'auto-référence des verbes performatifs, la capacité du langage de se réfléchir lui-même. Et «l'illusion spéculaire de l'auto-référent permet à Don Juan d'esquiver le statut de *référent*»[13], ce qui revient à dire que les stratégies du séducteur seraient de créer une dette réflexive, auto-référentielle, qui en tant que telle ne l'engage pas à l'égard de ses «victimes».

Cette analyse de Shoshana Felman dissocie donc la performativité (i.e. la conventionalisation d'une intentionalité profonde) de la condition *sine qua non* de *sincérité*. Ceci est rendu possible par la projection dans la performativité de cette force d'auto-référentialisation qui caractériserait le discours du séducteur. L'idée de l'auto-référentialité des discours modifiés par des formules performatives, toutefois, me paraît étrangère à l'ambiance juridico-contractuelle qui règne chez Austin. Je pense qu'aucun philosophe des actes de discours ne me contestera. Mais tournons-nous un instant vers l'autre composante du syntagme de Felman : *rhétorique* de la séduction. Quel ensemble de propriétés le terme de «rhétorique» couvre-t-il? S'agit-il ici d'une notion toute métaphorique de la «rhétorique» ou s'agit-il de la vraie rhétorique, la seule, celle d'Aristote (qu'elle soit ancienne ou nouvelle)? Qu'en est-il de la séduction dans la rhétorique d'Aristote?

Mais faisons un petit détour par Fontanier. Y a-t-il une rhétorique de la séduction chez Fontanier, rhétoricien par excellence? Pas explicitement, bien sûr, et implicitement, j'en doute. Fontanier écrit qu'il y a des *causes occasionnelles* des tropes : leur *nécessité* (tenant à la pauvreté de la langue) et leur *agrément* (tenant à l'effet même des tropes). Plus importantes sont les *causes génératrices* qui ne peuvent tenir qu'à l'organisation de nos facultés humaines. Parmi les causes génératrices, Fontanier distingue la première et la dominante, l'*imagination*, ensuite l'*esprit*, et enfin la *passion*. Comme l'imagination et l'esprit, par leur nature, ne peuvent être séducteurs, il faut évidemment se tourner vers la passion qui, comme le dit Fontanier, «imprime tellement au langage son caractère et, en conséquence, sa force, son énergie, qu'elle semble l'inspirer, le dicter»[14]. Il pourrait y avoir dans ce domaine une véritable source de séduction, mais malheureusement, Fontanier nous coupe l'herbe sous les pieds puisque, comme il dit, «la passion, à quelque degré de violence qu'elle montre, n'est pas cause génératrice de la même manière que l'imagination et que l'esprit. Elle n'est moins véritablement cause génératrice que *cause motrice*»[15]. Reliée au statut d'une cause seconde, la passion ne *causera* jamais des séquences séductrices. Comment peut-on concevoir la séduction sans base passionnelle ou érotétique? Comment pourrait-il y avoir de la séduction comme seul effet de l'esprit et de l'imagination?

Cette dépréciation de la passion, génératrice de séduction, est une constante dans les traités des passions et dans les rhétoriques au cours des temps modernes. Un exemple seulement que je viens de relever dans *De l'Usage des passions* de Senault (1641). Un chapitre s'intitule : *Que les arts séduisent les hommes par le moyen des passions*[16]. Toute la machinerie (néo-aristotélicienne) contre la séduction fonctionne : et, on ne s'en étonne pas, la guerre est en même temps déclarée contre la musique. La musique — harpe, lyre, luth — *séduit*, «réveille nos passions», «la Musique est devenue esclave de la volupté»[17], «elle séduit, charme, persuade». La rhétorique, dit Senault, est un peu plus heureuse dans ses desseins que la musique et la poésie, et les orateurs sont plus innocents que les musiciens. La principale fin des rhétoriciens reste quand même de persuader de la vérité. Quant à la musique, «elle séduit comme le démon qui perdit l'homme par le moyen de la femme»[18]. On s'approche doucement d'Aristote et de la mentalité anti-séduction du Stagirite.

Bien des occasions ont été manquées au cours de l'histoire des rhétoriques, et je n'évoque en ce lieu que *L'Art de se taire* de l'Abbé Dinouart, rhétoricien sensible formulant ainsi une réponse à *L'Art de parler* de Lamy. L'abbé Dinouart dénombre dans *L'Art de se taire*[19] (1771) les diverses formes du silence et les stratagèmes silencieux de la saisie et, j'ajouterais, de la séduction de l'interlocuteur. Le silence, comme l'ellipse et tout élément d'hétérogénéité dans le discours, est porteur d'une grande force de séduction puisqu'il connote excellemment le secret et la dramaturgie de l'Etre et du Rien. Mais Dinouart se démarque trop vite du jeu des masques et des miroirs, en faisant une taxinomie (silence de surprise, silence complaisant de flatterie, silence moqueur, silence et mépris, silence de froideur) qui s'appuie sur une classification psychologique substantielle excluant le silence de détournement, le silence du calcul, le silence opaque et paratopique, bref le silence de séduction.

Il est grand temps, par conséquent, de situer la raison de cette inquiétante absence d'une rhétorique de la séduction, dans Aristote lui-même, dans sa conception de la rhétorique hypostasiant la *persuasion* par refoulement de la *séduction*. Y a-t-il chez Aristote un rapport entre l'argumentation et la séduction? Ne discutons pas dans ces pages le problème de l'analogie de la rhétorique et de la dialectique ni la valeur démonstrative de l'exemple et de l'enthymème. S'il y a séduction, ce n'est ni dans la dialectique ni dans la démonstration. La question se restreint : la persuasion peut-elle être séductrice? Dans les trois genres d'argumentation discutés (le délibératif, le judiciaire et l'épidictique)[20], il pourrait sembler qu'il y ait de l'espace pour la séduction dans le genre *épidictique*. Le discours épidictique s'adresse au spectateur, *theoros*; dans le genre épidictique, c'est tantôt l'éloge, tantôt le blâme qui est énoncé, et pour ceux qui louent et blâment, les fins sont le *beau* et le *laid* (et non pas l'utile et le nuisible, le juste et l'injuste, qui sont les fins respectivement du genre délibératif et du judiciaire). Au genre épidictique appartient principalement le *présent* : c'est en raison d'événements contemporains que tous les orateurs louent et blâment.

La rhétorique ou l'art de parler épidictique, en principe, pourrait comporter des stratégies de séduction. Le *theoros*, le spectateur, «subit» l'éloge et le blâme concernant le beau et le laid dans une temporalité (le présent) de haute tensitivité. En plus, Aristote affirme que la rhétorique épidictique fonctionne par *approximations* et *paralogismes* (il en donne de bons exemples qui font parfois penser à une véritable rhétorique de la séduction : Aristote dit ainsi qu'«il faut aussi pour l'éloge comme pour le blâme traiter comme identiques aux qualités existantes celles qui en sont toutes proches, par exemple, faire parmi les qualités voisines le choix le plus flatteur»[21]). Toutefois — et c'est pourquoi la *persuasion* de la rhétorique épidictique ne peut être qualifiée de séductrice — il n'y a *pas de base pathémique* de l'activité de louer et de blâmer. Même si la fin est le beau ou le laid, ce ne sont pas les *passions* mais les *vertus* (justice, courage, libéralité, sagesse) qui sont louables puisque *bonnes*. Ce n'est donc pas l'esthétique des passions qui motive l'art de parler épidictique. La vertu est considérée non pas comme une passion, *pathos*, ni même comme une faculté, mais comme un *habitus*, caractérisé par le choix réfléchi du juste milieu entre l'excès et le défaut. Et il n'y a rien de moins séducteur que l'*habitus* de la vertu, qui est d'une a-pathie complète et totalement dépourvu de toute potentialité séductrice.

La *Poétique* non plus (la *Poétique* qu'il faut lire avec la *Rhétorique* puisque ces deux *technè* sont complémentaires), ne comporte aucune indication pointant vers la présence d'une force séductrice de la tragédie. On ne peut évidemment pas dire que le *tragique* séduise, qu'il «mène les âmes» au sens de Platon. On peut difficilement concevoir que la tragédie séduise puisqu'elle fonctionne comme le *pathèmaton katharsis*, la purification des passions (par pitié et crainte), purge de l'âme. La catharsis est vue par Aristote comme «le soulagement de l'âme accompagné de plaisir». La séduction, toutefois, ne peut être définie en aucun cas à partir de la catharsis hygiénique et purificatrice : la catharsis est détente et apaisement, perte de tensitivité, tandis que la séduction ne peut être pensée que comme une tensitivité qui ne permet aucune détente.

Il convient de conclure maintenant après cette brève incursion dans la *Rhétorique* et dans la *Poétique* : l'argumentation, sous toutes les formes sous lesquelles elle apparaît dans la *Rhétorique* aristotélicienne, n'a rien de séductrice. C'est ainsi que le séducteur n'a pas d'arguments si «argument» est pensé selon le schéma aristotélicien. Et pourtant Aristote mentionne la séduction, la *psychagogia*, si présent dans le texte de Platon. C'est en discutant le *chant*, composante de la bien superficielle et non essentielle élocution, qu'Aristote affirme : «Parmi les autres parties constitutives, le *chant* est le principal des assaisonnements. Le spectacle et le chant, bien que de nature à *séduire* le public, est tout ce qu'il y a d'étranger à l'art et de moins propre à la poétique»[22]. Les chants, *meloi*, sont donc condamnés en même temps que la séduction, *psychagogia*. Le récit, *muthos*, également, comme on sait. Kierkegaard, dans son esthétique de la séduction, associe fermement Johannes et Don Juan, celui de Mozart, et *Le Journal d'un séducteur* et *L'Eros et la Musique*. La séduction ne relève pas de la rationalité *argumentative* — rationalité dont la portée a été définitivement établie par Aristote et exploitée par toutes les rhétoriques qui ont pu se forger depuis. Le chant, tout comme le récit, relève d'un autre type de «rationalité». Je retourne un instant à *Phèdre* où Socrate et Phèdre constatent, lors de la pause du midi, que le chant-récit est un don des Dieux. Et Socrate raconte le mythe des cigales dotées par les Muses du privilège de pouvoir chanter jusqu'au terme de la vie sans avoir besoin de nulle nourriture. La musique propre aux Muses, nous raconte Socrate, fait «entendre des accents d'une suprême beauté». Platon évoque dans ce même contexte du mythe des cigales les Sirènes et leur charme séduisant. Il se souvient en ce lieu, tout comme dans le *Cratyle*, le *Symposium* et la *République*, qu'il est écrit dans l'*Odyssée* que «les Sirènes chantaient et que leurs voix admirables remplissaient le cœur du désir d'écouter», et que «les Sirènes charment tous les mortels qui les approchent»[23]. Le chant des Sirènes, explique l'auguste Circé, déroute, détourne, ravit. La séduction, en fait, tout comme le chant des Sirènes, n'a pas d'argument ni aucune force de persuasion. Pourtant, lit-on dans l'*Odyssée*, les fraîches voix des Sirènes — ces icônes de la Féminité — sont ravageuses. La séduction est cette marge ravageuse qui «mène les âmes» — *psychagogia* — et leur fait perdre ainsi toute leur dialectique, toute leur rhétorique. Le séducteur, ce mélomane ravagé, séduit par la séduction, par l'Objet séducteur, n'a pas, n'a plus d'argument(s).

NOTES

[1] Voir le numéro spécial de *Traverses* sur *La séduction*, 1979-1980, 18-19.
[2] J. BAUDRILLARD, *Les Stratégies fatales*, Paris : Grasset, 1983, p. 140.
[3] *Ibidem*, p. 163.
[4] P. SANSOT, «Une question ontologique : la séduction», dans *Traverses*, 1980, 18, pp. 119-134.
[5] Voir Louis VAX, *La Séduction de l'étrange*, Paris : P.U.F., 1965.
[6] Voir le chapitre *La manipulation et le mensonge* dans mon livre *Prolégomènes à la théorie de l'énonciation. De Husserl à la pragmatique*, Berne : Peter Lang, 1987, pp. 230-278.
[7] A.J. GREIMAS et J. COURTÉS, *Dictionnaire raisonné de la théorie du langage*, Paris : Hachette, 1979, pp. 220-221.
[8] Voir encore le chapitre mentionné dans la note 6.
[9] Voir également *Les Passions. Essai sur la mise en discours de la subjectivité*, Bruxelles : Mardaga, 1987, pp. 98-109.
[10] Voir encore le chapitre mentionné dans la note 6.
[11] Gabriel FALKENBERG, «Insincerity and Disloyalty», dans *Argumentation* (Numéro spécial sur *Lying*), 1988, 1, pp. 89-97.
[12] Paris : Editions du Seuil, 1980.
[13] *Ibidem*, pp. 40-41.
[14] P. FONTANIER, *Les Figures du discours* (1821), Paris : Flammarion, 1968, p. 164.
[15] *Ibidem*.
[16] J.F. SENAULT, *De l'Usage des passions* (1641), Paris : Fayard, 1987, p. 142.
[17] *Ibidem*, p. 143.
[18] *Ibidem*, p. 146.
[19] Abbé DINOUART, *L'Art de se taire* (1771), Paris : Jérôme Millon, 1987.
[20] Voir ARISTOTE, *La Rhétorique*, volume I, chapitres 3 et 9.
[21] *Ibidem, Rhétorique* 1366a-b.
[22] ARISTOTE, *Poétique*, 1450-b15-20.
[23] *L'Odyssée*, XII, 37-59 et 192 ss.

Table des matières

Remerciements : Michel MEYER 7

Présentation : Alain LEMPEREUR 9

PREMIERE PARTIE
HISTOIRE ET PHILOSOPHIE DE L'ARGUMENTATION 17

Charles KAHN
L'argumentation de Platon dans les dialogues socratiques.................... 19

Henry JOHNSTONE
La régression à l'infini et l'*argumentum ad hominem* 31

Alain MICHEL
Rhétorique et philosophie dans le monde romain :
les problèmes de l'argumentation 37

James GOLDEN
Rhétorique et production du savoir : les grands courants de la théorie
rhétorique américaine... 53

DEUXIEME PARTIE
STATUT EPISTEMOLOGIQUE DE L'ARGUMENTATION 77

Anthony BLAIR
Qu'est-ce que la logique non formelle ? 79

Charles WILLARD
L'argumentation et les fondements sociaux de la connaissance 91

Olivier REBOUL
Peut-il y avoir une argumentation non rhétorique ? 107

TROISIEME PARTIE
PRAGMATIQUE DE L'ARGUMENTATION 121

Jean-Claude ANSCOMBRE
Dynamique du sens et scalarité 123

Seymour CHATMAN
Arguments et narration 147

Francis JACQUES
Argumentation et stratégies discursives 153

Frans VAN EEMEREN et Rob GROOTENDORST
Les sophismes dans une perspective pragmatico-dialectique 173

Herman PARRET
Les arguments du séducteur 195

PHILOSOPHIE ET SCIENCES A CERISY

PUBLICATIONS DISPONIBLES

• **Alain, philosophe de la culture et théoricien de la démocratie** (Amis d'Alain) • **Les nouveaux enjeux de l'anthropologie (autour de Georges Balandier)** (Univ. de Bruxelles) • **Apprentissage et cultures** (Karthala) • **Arguments pour une méthode (autour d'Edgar Morin)** (Seuil) • **L'auto-organisation : de la physique au politique** (Seuil) • **Bachelard** (10-18) • **Bateson : premier état d'un héritage** (Seuil) • **Le centenaire du Capital** (Mouton) • **La décision : ses disciplines, ses acteurs** (P.U.L.) • **Le discours utopique** (10/18) • **La faculté de juger (autour de Lyotard)** (Minuit) • **Les fins de l'homme (autour de Derrida)** (Galilée) • **René Girard : violence et vérité** (Grasset) • **Individualisme et autobiographie** (Univ. de Bruxelles) • **Logos et théorie des catastrophes (autour de Thom)** (Patiño) • **Le mythe et le mythique** (Albin Michel) • **Nietzsche** (10/18) • **Perspectives systémiques** (L'interdisciplinaire) • **Le plaisir de parler** (Minuit) • **Le parler frais d'Erving Goffman** (Minuit) • **Karl Popper et la Science d'aujourd'hui** (Aubier-Montaigne) • **Positions de la sophistique** (Vrin) • **Psychanalyse des arts de l'image** (Clancier-Guénaud) • **L'avenir de la Recherche Opérationnelle** (Hommes et techniques) • **La sexualité** (Plon) • **Spinoza** (Inst. d'Epistémologie) • **Temps et devenir (autour de Prigogine)** (Patiño) • **Métamorphoses de la ville** (Economica) • **Simone Weil** (Aubier) • **Weimar, le tournant esthétique** (Anthropos).

PROCHAINS COLLOQUES

• **Culture et Institutions culturelles**, dir. R. Bordaz (du 4 au 11 juin 91) • **Autour de Gilbert Durand**, dir. M. Maffesoli (du 2 au 9 juillet 91) • **Structuration du social et modernité (autour d'A. Giddens)**, dir. M. Audet, H. Bouchikhi (du 11 au 18 juillet 91) • **Trois Moyen-Age : histoire, théologie, cinéma**, dir. J. Le Goff, G. Lobrichon (du 20 au 29 juillet 1991) • **Les mathématiques et l'art**, dir. M. Loi (du 2 au 9 septembre 91) • **L'auto-organisation 2**, dir. J.-P. Dupuy, F. Varela, G. Weisbuch (juin 92) • **Ethique et communication**, dir. Ph. Breton, S. Proulx (du 23 au 30 juin 92) • **L'ethno-psychanalyse dans l'Europe d'aujourd'hui**, dir. A. Clancier, J. Chemouni (du 23 juillet au 2 août 92) • **Autour de Jacques Derrida** (du 11 au 21 août 92) • **Valéry, les arts et la métaphysique** dir. N. Celeyrette-Pietri (du 25 août au 4 septembre 92) • **Roger Bastide**, dir. Ph. Laburthe-Tolra (du 7 au 14 septembre 92) • **Etudes sur la cognition**, dir. J.-P. Desclees, G. Vignaux (du 16 au 23 septembre 92) • **Michel Henry**, dir. A. Nicaud (août 93)

CENTRE CULTUREL INTERNATIONAL DE CERISY

- Le **Centre Culturel de Cerisy**, créé par Anne Heurgon-Desjardins, prolonge, depuis 1952, les **Décades de Pontigny** qui avaient réuni à l'initiative de Paul Desjardins, de 1910 à 1939, autour de thèmes artistiques, littéraires, philosophiques, politiques, sociaux, de nombreuses personnalités qui marquèrent leur époque. Entre autres : Bachelard, Copeau, Curtius, Gide, Groethuysen, Koyré, Malraux, Martin du Gard, Mauriac, Maurois, Saint-Exupéry, Valéry, Wells.

- Il dépend de **l'Association des Amis de Pontigny-Cerisy**, sans but lucratif, reconnue d'utilité publique en 1972, présidée actuellement par Maurice de Gandillac, et ayant pour but de favoriser les échanges entre artistes, intellectuels et savants de tous pays.

- Dirigé aujourd'hui par Edith Heurgon et Catherine Peyrou, **il accueille chaque année**, au château de Cerisy-la-Salle, monument historique, dans la Manche, **une douzaine de colloques, rencontres et ateliers**. De 1952 à nos jours, ont ainsi été organisés près de deux cents colloques, prolongés par de nombreuses publications.

- Les **colloques de Cerisy** abordent des domaines et des points de vue d'une grande diversité. Ils étudient aussi bien la culture du passé (ainsi *La Renaissance du XIIe siècle* et *Le Grand Siècle Russe*) que les mouvements de pensée et les pratiques artistiques contemporains (par exemple *Les chemins actuels de la critique* et *Le Nouveau Roman*). En outre, ils ont introduit une formule neuve de réunions organisées **autour et en présence de personnalités** parmi lesquelles Martin Heidegger, Arnold Toynbee et, plus récemment, Henri Atlan, Roland Barthes, Yves Bonnefoy, Michel Butor, Georges E. Clancier, Jacques Derrida, André Frénaud, René Girard, Algirdas Greimas, Eugène Guillevic, Eugène Ionesco, Edmond Jabès, Emmanuel Lévinas, Jean-François Lyotard, Gabriel Marcel, Edgard Morin, Francis Ponge, Ilya Progogine, Alain Robbe-Grillet, Léopold Senghor, Claude Simon, Jean Tardieu, René Thom.

- Le **public de Cerisy** est composé en grande partie d'artistes, de chercheurs, d'enseignants, d'étudiants, mais aussi de toutes personnes désireuses de **participer ou simplement d'assister** à de libres confrontations où plus d'un aspect de la pensée d'aujourd'hui s'élabore. Il compte une forte proportion d'étrangers attirés par la culture française.

- Pour tous **renseignements sur les colloques de Cerisy**, écrire au CCIC, 27 rue de Boulainvilliers, F-75016 Paris, France

PHILOSOPHIE ET LANGAGE
Collection publiée sous la direction de MICHEL MEYER

Ouvrages déjà parus dans la même collection :

ADAM : Eléments de linguistique textuelle.
ANSCOMBRE / DUCROT : L'argumentation dans la langue.
AUROUX : Histoire des idées linguistiques. T. 1.
BESSIERE : Dire le littéraire.
BORILLO : Information pour les sciences de l'homme.
CASEBEER : Hermann Hesse.
COMETTI : Musil.
DOMINICY : La naissance de la grammaire moderne.
EVERAERT-DESMEDT : Le Processus interprétatif - Introduction à la sémiotique de Ch. S. Peirce.
GELVEN : Etre et temps de Heidegger.
HAARSCHER : La raison du plus fort.
HEYNDELS : La pensée fragmentée.
ISER : L'acte de lecture.
JACOB : Anthropologie du langage.
KIBEDI-VARGA : Discours, récit, image.
KREMER-MARIETTI : Les racines philosophiques de la science moderne.
LARUELLE : Philosophie et non-philosophie.
LATRAVERSE : La pragmatique.
LAUDAN : Dynamique de la science.
LEMPEREUR : L'argumentation - Colloque de Cerisy
MAINGUENEAU : Genèse du discours.
MARTIN : Langage et croyance.
MEYER : De la problématologie.
MOUREY : Borges, vérité et univers fictionnels.
NEUBERG : Théorie de l'action.
PARRET : Les passions.
PARRET : La communauté en paroles.
SHERIDAN : Discours, sexualité et pouvoir (Michel Foucault).
STUART MILL : Système de logique.
VANDERVEKEN : Les actes de discours.
VERNANT : Introduction à la philosophie de la logique.

A paraître :

ANDLER *et al.* : Philosophie et cognition - Colloque de Cerisy.
AUROUX : Histoire des idées linguistiques - Tome 2.
AUROUX : Histoire des idées linguistiques - Tome 3.
CARRILHO : Pour une nouvelle rationalité.
COUTURE : Ethique et rationalité.
DECROSSE : L'esprit de société.
FAIVRE : Antoine Court de Gébelin.
HINTIKKA : Penser Wittgenstein.
MAYALI : Norme et consensus.
McCLOSKEY : La rhétorique de l'économie.
MORIN : Les figures du sujet à l'époque moderne.
ROSEN : Philosophie et crise des valeurs contemporaines.
SCHLIEBEN-LANGE : Idéologie, révolution.
STOCKINGER : Le contrat.
TAHA : Logique naturelle et argumentation.
TRABANT : Humboldt ou le sens du langage.
VIDIK / BAUER-BERNET : Intelligence artificielle.